Amizade e estética da existência em Foucault

Francisco Ortega

Amizade e estética da existência em Foucault

2ª edição
revista e ampliada

Prefácio de
Jurandir Freire Costa

PAZ & TERRA
Rio de Janeiro
2025

EDITORA PAZ & TERRA
Rua Argentina, 171 – 3º andar – São Cristóvão
Rio de Janeiro, RJ – 20921-380
Tel.: (21) 2585–2000.

Texto revisado segundo o Acordo Ortográfico
da Língua Portuguesa de 1990.

CIP-BRASIL. CATALOGAÇÃO NA PUBLICAÇÃO
SINDICATO NACIONAL DOS EDITORES DE LIVROS, RJ

O88a

2. ed. Ortega, Francisco, 1967-
Amizade e estética da existência em Foucault / Francisco Ortega ; prefácio de Jurandir Freire Costa. - 2. ed., rev. e ampl. - Rio de Janeiro : Paz e Terra, 2025.

ISBN 978-65-5548-159-4

1. Foucault, Michel, 1926-1984. 2. Amizade. 3. Ética. 4. Filosofia francesa. I. Costa, Jurandir Freire. II. Título.

CDD: 194
25-97809.0 CDU: 1(44)

Meri Gleice Rodrigues de Souza - Bibliotecária - CRB-7/6439

Impresso no Brasil
2025

A Bethânia e Luisa.

A Roberto Machado, in memoriam.

"Amizade sem divisão e sem reciprocidade, amizade para o que passa sem deixar rastro, resposta da passividade à não-presença do desconhecido [...]. A amizade não é um dom nem uma promessa, a generosidade genérica. Relação incomensurável de um para outro; ela está relacionada com o de-fora na sua ruptura e na sua inacessibilidade. O desejo, desejo puro impuro e o apelo, a superar a distância, o apelo a morrer em comum pela separação."

(Maurice Blanchot)

"É possível, sem fazer chorar os militantes de um humanismo edificante ou dogmático, pensar e viver o rigor doce da amizade, a lei da amizade como experiência de uma certa inumanidade, na separação absoluta, além ou aquém do comércio dos deuses e dos homens? E que política poder-se-ia fundar sobre essa amizade que ultrapassa a medida do homem sem virar um teologema? Tratar-se-ia ainda de uma política?"

(Jacques Derrida)

"Resta a questão da amizade. Ela é interior à filosofia [...]. Não se pode saber o que é a filosofia sem viver essa questão obscura, e sem respondê-la, mesmo se for difícil."

(Gilles Deleuze)

SUMÁRIO

PREFÁCIO À SEGUNDA EDIÇÃO (2025)

O presente livro, publicado em 1999, é a tradução revisada de minha tese de doutorado, defendida na Universidade de Bielefeld, na Alemanha.[1] Passaram mais de 25 anos da publicação, e a figura e a obra de Michel Foucault têm atingido uma dimensão global, como podemos concluir das centenas de eventos realizados em universidades de todos os continentes para comemorar os quarenta anos de sua morte em 2024. Nas mais de duas décadas que sucederam à publicação deste livro, viram a luz o quarto volume da *História da sexualidade: o pavor da carne*,[2] a totalidade dos cursos de Michel Foucault no Collège de France,[3] e uma grande quantidade de cursos e conferências inéditas proferidas em universidades de diversos países,[4] bem como diversos manuscritos inéditos.[5]

---

1 A tese foi defendida em 1995 e publicada em forma de livro em 1997 como *Michel Foucault: Rekonstruktion der Freundschaft* (Michel Foucault: Reconstrução da amizade).

2 Michel Foucault, *Les Aveux de la chair*, 2018. Ed. bras.: *As confissões da carne*, 2020.

3 A totalidade dos cursos tem sido publicada em 13 volumes pelas editoras Gallimard e Seuil na França e no Brasil pela editora Martins Fontes.

4 Michel Foucault, *Le Corps utopique, les hétérotopies*, 2009; reed. 2019; *Mal faire, dire vrai. Fonction de l'aveu en justice: Cours de Louvain 1981*, 2012; *L'Origine de l'herméneutique de soi, conférences prononcées à Dartmouth College, 1980*, 2013; *Qu'est-ce que la critique? Suivie de La culture de soi*, 2015; *Discours et vérité précédé de la Parresia*, 2016; *Dire vrai sur soi-même: Conférences prononcées à l'Universite Victoria de Toronto, 1982*, 2017; *La Sexualité, suivi de Le Discours de la sexualité*, 2018; *Folie, langage, littérature*, 2019; *La Question anthropologique: Cours 1954–1955*, 2022; *Nietzsche: Cours, conférences et travaux*, 2024.

5 Idem, *Binswanger et l'analyse existentielle*, 2021; *Phénoménologie et psychologie: Cours 1953–1954*, 2021; *Le Discours philosophique*, 2023.

Esse material não estava disponível quando este livro foi publicado,[6] embora o pensador francês já fosse, naquela época, um pensador global.

Na época que escrevi o livro, estudos acerca da temática da amizade em Foucault eram praticamente inexistentes, salvo alguma menção esporádica. Basta uma olhada rápida no Google scholar para ver como, na atualidade, a situação mudou, já que existem diversos livros e muitos artigos sobre o tema.[7] Similarmente, a relação de Foucault com autores como Pierre Hadot ou Peter Brown examinada neste livro era praticamente inexplorada na época, e na atualidade existe abundante literatura sobre o tema.[8]

Faz alguns anos que não me ocupo do pensamento de Foucault de maneira direta e, portanto, não estou atualizado com os debates em torno de sua obra. Existe, porém,

---

6 Embora em 1994 já tivessem sido publicados os quatro volumes dos *Dits et écrits* (1994) quando realizei essa pesquisa no início dos anos 1990, essa importante publicação não estava disponível e era necessário rastrear as entrevistas e textos citados neste livro nos lugares originais de publicação.

7 Me limito a um par de exemplos. Ver, entre outros, Tom Roach, *Friendship as a Way of Life: Foucault, AIDS, and the Politics of Shared Strangement*, 2012; Lorenzo Petrachi, *Rovine dell'amicizia: Il progetto incompiuto di Michel Foucault*, 2022.

8 Sobre Pierre Hadot e Foucault, ver Marta Faustino e Hélder Telo (orgs.), *Hadot and Foucault on Ancient Philosophy: Critical Assessments*, 2024; Moreno Montanari, *Hadot e Foucault nello specchio dei greci*, 2009; Luis Roca Jusmet, *Ejercicios espirituales para materialistas: El diálogo (im)posible entre Pierre Hadot y Michel Foucault*, 2017; Paul Allen Miller (org.), *Foucault's Seminars on Antiquity: Learning to Speak the Truth*, 2022. Sobre Peter Brown e Foucault, ver Niki K. Clements, "Foucault and Brown: Disciplinary Intersections". *Foucault Studies*, (32), 1–27, 2022; Johannes Zachhuber, "Sexuality and the Christian Self: Michel Foucault's Reading of the Church Fathers", *Toronto Journal of Theology*, 2020, 36:2, p. 170–182; Johannes Zachhuber, "Intériorité de la Conscience et Extériorité des Aveux: Le Sujet Chrétien Selon Foucault", in: P. Büttgen, P. Chevallier, A. Colombo e A. Sforzini (orgs.), *Foucault, les Pères, le sexe*, 2021, p. 53-65.

um tema sobre o qual me debrucei após a escrita deste livro e a sucessiva publicação de outros dois volumes sobre a questão da amizade,[9] que acredito que vale a pena mencionar neste prefácio.

Influenciado pela fenomenologia do *embodiment*, a filosofia da mente, o pragmatismo norte-americano e o feminismo materialista, reavaliei a posição de Foucault em relação à corporeidade e ao corpo na estética da existência apresentada neste livro, e concluí que existe um "déficit fenomenológico" na sua teoria do corpo. Como já desenvolvi essa questão em outro lugar,[10] limito-me aqui a uma descrição sucinta da problemática.

Apesar de Foucault afirmar que sua posição é mais materialista que a do marxismo, já que não examina os efeitos do poder no nível da ideologia e sim no nível do corpo, e de que o poder é "exercido *fisicamente* sobre os corpos",[11] esse corpo é conhecido apenas mediante o filtro de determinado discurso (médico, jurídico, pedagógico) ou das relações de poder. Ele é uma manifestação do social, e o pensador francês não se interessa pela materialidade do corpo como uma entidade ativa e intencional, nem oferece elementos conceituais para examinar a experiência sensorial envolvida no fato de termos um corpo. A experiência vivida do corpo é ofuscada pela ênfase nos controles reguladores sobre ele.

---

9 Francisco Ortega, *Para uma política da amizade: Arendt, Derrida, Foucault*, 2000; Idem, *Genealogias da amizade*, 2002.

10 Idem, *Corporeality, Medical Technologies and Contemporary Culture*, 2014; Idem, *O corpo incerto: corporeidade, tecnologias médicas e cultura contemporânea*, 2008.

11 Michel Foucault, *Dits et écrits (Ditos e escritos)*, vol. II, 1994, p. 523.

Meu argumento é que levar em conta a dimensão fenomenológica ou material da corporeidade traria uma série de ganhos para o pensamento de Foucault, pois permitiria, em primeiro lugar, superar o dualismo presente na sua obra; formular, em segundo lugar, uma ideia de ação consistente que superasse as aporias da genealogia do poder e permitisse articular a resistência, e, finalmente, explicar "como" se exercem as relações de poder. Uma vez observada a discussão anterior, mencionarei brevemente o segundo elemento, isto é, uma noção de corporeidade alternativa que permita articular a resistência contra o poder, o qual se relaciona mais diretamente com o presente livro.

A observação repetida por Foucault (e pelos foucaultianos) de que "onde há poder, há sempre resistência", precisa de outra noção de corporeidade que permita explicar donde a resistência aflui, se queremos que a frase acima citada seja mais do que um slogan sem conteúdo. Pois a ênfase nos efeitos do poder sobre o corpo reduz os agentes sociais a corpos passivos e não permite descrever como os indivíduos agiriam de maneira autônoma. Apesar de falar, nas páginas finais de *A vontade de saber* (1976), de uma outra economia dos corpos e dos prazeres como a forma de resistência ao dispositivo da sexualidade e ao biopoder, o indivíduo não dispõe dos meios para utilizar o corpo e os prazeres de forma ativa contra um poder que o constitui. Isto é, o mesmo corpo construído passivamente pelo poder deve ser agora a origem ativa da resistência, o que é, sem dúvida, problemático. Foucault era consciente dessa dificuldade presente na sua analítica do poder. A reviravolta que seu pensamento efetuou na segunda metade dos anos 1970, e que é analisada neste livro, constitui, a meu ver, uma tentativa de formular uma alternativa para esse círculo vicioso. Ele não pode se referir ao mesmo corpo como objeto do poder – o corpo dócil e maleável do construtivismo – quando pensa em outra economia do corpo e dos prazeres. Acreditamos que outra noção de corporeidade seja necessária.

Existe uma contradição entre o corpo como produto do discurso e das relações de poder e como origem pré-discursiva de prazer e resistência, uma espécie de fonte inesgotável de prazer anterior aos seus efeitos sociais, como diversos comentadores reconhecem.[12] O corpo fenomenológico, como potencial de ação que ultrapassaria a sua dimensão discursiva/construtiva, pode funcionar como instância crítica da redução de nossas práticas a uma relação instrumental com ele, como aparece nas disciplinas. Nesse sentido, a posição de Foucault permanece ambígua, pois, ao falar do indivíduo que se constitui como sujeito moral na Antiguidade, não podia ter em mente o mesmo corpo submisso e disciplinado que possibilitava a implantação de uma identidade na modernidade. Já não se trata de uma constituição passiva da subjetividade, mas de uma constituição ativa, que compreende as noções de liberdade, autonomia e capacidade de agência e que, consequentemente, pressupõe outro tipo de corpo.

---

12 Terence Turner, "Bodies and Anti-bodies: Flesh and Fetish in Contemporary Social Theory", in: Thomas J. Csordas (org.), *Embodiment and Experience. The Existential Ground of Culture and Self*, 2001, p. 27–47; Simon J. Williams e Gillian A. Bandelow, The *Lived Body: Sociological Themes, Embodied Issues*, 1998; David Couzens Hoy, "Critical Resistance: Foucault and Bourdieu", in: Weiss, Gail e Haber, Honi Fern (orgs.), *Perspectives on Embodiment: The Intersections of Nature and Culture*, 1999, p. 3–21; Hubert L. Dreyfus e Paul Rabinow, *Michel Foucault: Beyond Structuralism and Hermeneutics*, 1983.

O corpo das asceses não pode ser a "singularidade somática" das disciplinas.[13] Como o pensador francês não tematiza esse corpo, poderíamos pensar que se trata do corpo das disciplinas. Ora, o corpo disciplinado (uma construção social) pode dar origem às subjetividades modernas, aos indivíduos disciplinados e "assujeitados" descritos na genealogia do poder, mas não pode explicar a constituição ativa da subjetividade do mundo greco-romano, da qual muitos elementos serviriam para articular a resistência na contemporaneidade.[14] Parece que desse corpo, o corpo fenomenológico, o filósofo não quer falar, embora ele esteja pressuposto na noção ativa de subjetividade das estéticas da existência.

Queria concluir este prefácio mencionando que, apesar de estar muitos anos afastado do pensamento de Michel Foucault e ter me dedicado a temas nas áreas de saúde coletiva, sociologia das neurociências e neurodisciplinas, estudos da deficiência, antropologia médica e saúde global, conceitos e

---

13 Michel Foucault, *Le Pouvoir psychiatrique (1973-1974)*, 2003. Ed. bras.: *O poder psiquiátrico*, 2019.

14 Julia Levin (*Bodies and Subjects in Merleau-Ponty and Foucault: Towards a Phenomenological/ Poststructuralist Feminist Theory of Embodied Subjectivity*, 2008, p.193) não vê contradição no relato de Foucault sobre a corporeidade, argumentando que ser disciplinado e um agente livre não são mutuamente exclusivos e, portanto, que o primeiro Foucault não exclui o segundo. No entanto, embora o mesmo indivíduo possa ser um sujeito livre e um sujeito disciplinado em diferentes contextos sociais e históricos, a corporeidade humana em ambas as situações é a mesma, pelo que o corpo que subjaz à disciplina deve ser o mesmo que subjaz às técnicas do eu e à estética da existência. E este último exige ir além das singularidades somáticas das disciplinas. A observação de Bryan Turner ("Embodied Practice", in: B. S. Turner [org.], *Routledge Handbook of Body Studies*, 2012, p. 68–69) de que a exploração de Foucault do cuidado de si complica todas as investigações sobre a governamentalidade também não resolve o problema. Ele reconhece que o cuidado do corpo/self requer ir além dos corpos dóceis das disciplinas, mas não percebe que, para fazê-lo, seria necessário o corpo fenomenológico que Foucault tem tanta relutância em aceitar.

diversas problemáticas que aparecem neste livro têm sido importantes no trabalho que venho desenvolvendo desde há mais de duas décadas. Em primeiro lugar, a terminologia foucaultiana da ascese e das tecnologias do self pode ser útil para analisar formações de identidade neoliberais. As discussões sobre biossociabilidade, bioascese, bioidentidades que desenvolvi tanto no livro *O corpo incerto* como em trabalhos sobre neurodiversidade e neuroidentidades se inspiram nessa discussão.[15] A ideia de uma política da amizade presente em Foucault, bem como em autores como Hannah Arendt e Jacques Derrida,[16] entendida como experimentação com formas de sociabilidade, tem sido importante para compreender as formas de biossociabilidade presentes, por exemplo, no movimento da neurodiversidade, nas comunidades virtuais sobre autismo, TDAH e outros transtornos, nos movimentos sociais em saúde e nas práticas de sociabilidade em saúde.[17] A noção de amizade como é pensada por Foucault e esses autores mencionados é tremendamente atual e representa uma forma de comunidade sem identidade, a qual pode

15 Francisco Ortega. "The Cerebral Subject and the Challenge of Neurodiversity", *Biosocieties*, 4, 2009, p. 425–445; Francisco Ortega e Suparna Choudhury, "'Wired Up Differently'? Autism, Adolescence and the Politics of Neurological Identities", *Subjectivity* (edição especial: Neurosciences and Subjectivity), 4, 2011, p. 323–345.

16 Francisco Ortega, op. cit., 2000.

17 Francisco Ortega, op. cit., 2009, p. 425–445; Aude Béliard, Francisco Ortega e Livia Velpry, "Beyond Controversies in Child Mental Health: Negotiating Autism and ADHD Diagnosis in France and Brazil", 2022, p. 619–643; Francisco Ortega, Rafaela Zorzanelli e Clarice Rios. "The Biopolitics of Autism in Brazil", in: Katherine Runswick-Cole and Rebecca Mallett (orgs.), *Re-thinking Autism: Diagnosis, Identity and Equality*, 2016, p. 67-89; Francisco Ortega, "Biopolíticas da saúde: reflexões a partir de Michel Foucault, Agnes Heller e Hannah Arendt", 2004, p. 9–20.

operar como uma crítica à política identitária, tal como aparece, por exemplo, no ativismo autista e na neurodiversidade, para citar exemplos sobre os quais tenho trabalhado.[18] Nesse sentido, uma amizade entendida como "comunidade de singularidades"[19] seria um antídoto às armadilhas associadas a lutas identitárias.

Finalmente, a ideia da genealogia da subjetividade e a ênfase nos processos de subjetivação e nas tecnologias do self proposta por Foucault têm sido importantes para as minhas pesquisas sobre o sujeito cerebral e o surgimento das neuroculturas.[20] Nelas, me interessava compreender como certa concepção de pessoa (o "sujeito cerebral") surgiu historicamente, quais são as formas que adota na sociedade contemporânea e quais são as suas consequências concretas em diferentes âmbitos das práticas sociais e da experiência psicológica. Falar de cerebralização da identidade pessoal implica processos de subjetivação, isto é, processos pelos quais as pessoas pensam sobre si mesmas e sobre os outros como determinadas principalmente por seu cérebro, e pensam, agem e sentem em conformidade com essa crença.[21] Na concepção de Foucault, existiriam diferentes formas de

---

18 Francisco Ortega, *Corporeality, Medical Technologies and Contemporary Culture*, 2014; Idem, op. cit., 2009, p. 425–445; Idem, "Cerebralizing Autism within the Neurodiversity Movement: A Challenge for Critical Autism Studies?", in: Joyce Davidson e Michael Orsini (orgs.), *Critical Autism Studies: Enabling Inclusion, Defending Difference*, 2013, p. 73–95.

19 Giorgio Agamben, *La comunità che viene*, 1990.

20 Fernando Vidal e Francisco Ortega. *Being Brains: Making the Cerebral Subject*, 2017. (Ed. bras.: *Somos nosso cérebro? Neurociências, subjetividade, cultura*, 2019); Francisco Ortega e Fernando Vidal (orgs.), *Neurocultures. Glimpses into an Expanding Universe*, 2011.

21 Fernando Vidal e Francisco Ortega, op. cit., 2017.

subjetividade, tipos de "sujeito" na história da subjetividade. Na contemporaneidade, o "sujeito cerebral" é uma que atinge preeminência. Por outro lado, em nível individual, o sujeito cerebral não é um rótulo que possa ser permanentemente aposto a qualquer pessoa, mas é antes uma forma de denotar noções e práticas que podem estar a funcionar na vida das pessoas durante algum tempo. Na prática, nenhuma concepção do humano é monolítica ou hegemônica em dada cultura, e as pessoas não são apenas um tipo de sujeito. Noções como a de sujeito cerebral não pretendem sugerir que uma perspectiva neurobiológica dita sempre e de forma absoluta as visões da subjetividade, mas que, em alguns momentos e contextos, o faz efetivamente, por vezes em uma escala muito grande. Na vida real, as ontologias cotidianas coexistem, tanto no interior de uma sociedade como no interior de um único indivíduo. Mudamos de registro nas nossas formas de agir, experimentar e interagir, bem como de pensar e falar sobre nós próprios e sobre os outros.[22]

Com essa digressão queria deixar constância de que mesmo estando distanciado do estudo da obra de Foucault, o seu pensamento continua inspirando trabalhos mais recentes que, em princípio, pareceriam não ter nada a ver com a obra do filósofo francês, mas sua grade conceitual continua sendo fundamental para compreender os desafios de pensar subjetividade e a comunidade nas sociedades contemporâneas.

---

22 Ibid.; Francisco Ortega, "'Why not Both?': Negotiating Ideas About Autism in Italy, Brazil, and the US", in: Elizabeth Fein and Clarice Rios (orgs.), *Autism in Translation: An Intercultural Conversation on Autism Spectrum Conditions*, 2018, p. 89–106.

Queria neste prefácio render uma homenagem à memória de Roberto Machado, figura central para entender o pensamento de Foucault no Brasil. Roberto nos deixou em 2021. Ele foi um grande amigo e responsável pela revisão e publicação da primeira edição deste livro, bem como por seu título. Ao longo dos anos conversamos inúmeras vezes sobre diversos aspectos da obra de Foucault e gostava de ouvi-lo contar anedotas das vindas do filósofo ao Brasil, que recolheria no livro *Impressões de Michel Foucault*.[23] Sua partida deixa muita saudade.

Barcelona, 23 de dezembro de 2024

23 Roberto Machado, *Impressões de Michel Foucault*, 2017.

PREFÁCIO A TÍTULO DE DIÁLOGO

Jurandir Freire Costa[1]

O trabalho de Francisco Ortega sobre Foucault é único na produção brasileira. O autor se centra na noção de amizade, típica da última etapa do pensamento foucaultiano. A pretensão de Foucault, diz ele, era dupla: primeiro, definir a filosofia como estilo de vida e não como posse da habilidade argumentativa com vistas à descoberta da "verdade"; segundo, rediscutir a noção de ética, desvinculando-a dos tradicionais problemas morais. Em síntese, trata-se de conceber um modo de vida no qual o Bem e o Bom não se contradigam e o Um e o Outro não se sujeitem à heteronomia de um Grande Outro que oculta suas origens mundanas, sob regras transcendentais, princípios formais ou universalidades racionais apriorísticas.

A amizade seria o meio, digamos, institucional de atingir essa meta. Mas os termos "amizade" e "institucional" não nos devem confundir. No vocabulário foucaultiano, amizade não tem o mesmo sentido dado à palavra na língua corrente. Do mesmo modo, institucional pouco tem a ver com a rede de prescrições, interdições e permissões que nos tornam sujei-

1 Psiquiatra e psicanalista, é professor titular do Instituto de Medicina Social da Universidade do Estado do Rio de Janeiro e colaborador do Círculo Psicanalítico do Rio de Janeiro.

tos da vida privada ou pública. Amizade não é um artifício compensatório, um ornamento afetivo ao qual reservamos um lugar espremido e residual entre as obsessões amoroso-sexuais e os deveres cívicos. Institucional, por outro lado, não significa recitar códigos morais que nos tornam burgueses, na vida familiar, e cidadãos, nos regimes democráticos.

Foucault faz pouco caso dessas distinções. Sua preocupação é com a ética, com o que rompe as fronteiras das morais vigentes e leva o sujeito a se transformar, estilizando sua existência na presença do outro. A amizade seria o quadro relacional dessa constante recriação de si. Donde as sucessivas tentativas de defini-la, de forma a se contrapor aos sentidos literalizados com os quais nos familiarizamos. Assim, amizade é descrita como uma "forma de subjetivação coletiva" e uma "forma de vida" que permite a "criação de espaços intermediários capazes de fomentar tanto necessidades individuais quanto objetivos coletivos". Ela é, continua Ortega, "um convite, um apelo à experimentação de novos estilos de vida e de comunidade. Reabilitá-la representa introduzir movimento e fantasia nas rígidas relações sociais, estabelecer uma tentativa de pensar e repensar as formas de relacionamento existentes em nossa sociedade, as quais, como observa Foucault, são extremamente limitadas e simplificadas".

A amizade "representa algo inquietante e perigoso" que "possui um caráter inesperado e intenso". Esse elemento transgressor é responsável por duas estratégias históricas destinadas a controlar seus riscos: a) sua codificação social, como na prática da *philia* grega e b) sua "desafetivação", como na estratégia cristã que converteu a *philia* na *ágape*, forma de amor pelo próximo, espiritual, desencarnado e sublimado.

Foucault quer recuperar o poder subversivo da amizade. Apenas dessa forma, pensa ele, conseguiremos descolar o sujeito de suas atuais identidades, congeladas nas categorias do público e do privado. Mas por que essa amizade, feita da revisão crítica da *philia* grega, da *amicitia* romana e da *ágape* cristã, seria a resposta ética à lassidão da cultura burguesa, anestesiada pelo frenesi do mercado e do consumo? Por que não recorrer ao tradicional código liberal dos direitos de cada um e dos direitos de todos?

A questão se esclarece ao considerarmos, de um lado, a obstinada convicção de Foucault em ver as relações humanas como relações de poder, e, de outro, sua recusa em admitir uma lei transcendental que diga, de uma vez por todas, o que somos e devemos ser. As relações de amizade seriam "um jogo agonístico e estratégico" no qual os indivíduos agiriam uns sobre os outros com "a mínima quantidade de domínio". Falar de amizade, diz Ortega, refraseando Foucault na terminologia de Deleuze, "é falar de multiplicidade, intensidade, experimentação, desterritorialização". Relação, portanto, provisória e aberta a novos posicionamentos do sujeito. Na relação de amizade, o poder não esconde sua cara. Pelo contrário, desvela ao sujeito sua condição de matéria-prima para a renovação das relações interpessoais. Ser amigo significa não ter lugar social marcado nem objetivos fixos, quando se trata de buscar satisfação pessoal ou perseguir ideais coletivos.

Porém, que sujeito fabricado nas teias da amizade seria esse? O que desejaria para si e para o outro? Foucault, fiel a si mesmo, evita cair no beco sem saída das descrições universalistas ou essencialistas da "natureza humana". Para ele, o sujeito nada mais é do que uma forma particular da consciência de si. O suporte dessa modalidade singular de consciência deve ter, é óbvio, um predicado qualquer que nos permita saber que estamos falando de "um sujeito" e não de uma pedra, de um boneco, de um robô ou de um espantalho. Os candidatos históricos ao lugar desse predicado foram inúmeros: a razão, a vida política, a raça, a essência divina humanamente encarnada, os princípios morais apriorísticos etc. O candidato de Foucault é o prazer.

O prazer seria a qualidade da experiência que manteria viva a relação de amizade e faria da ética não uma letra morta nos céus das ideias, mas uma pragmática da construção de si, em perene estado de reinvenção. Ao falar de ética, nas relações de amizade, como observa Ortega, ele diz que seu objetivo é tentar responder à seguinte pergunta: "Podemos nos dar uma ética das ações e de seus prazeres suscetível de considerar o prazer do outro? É o prazer do outro algo que pode ser integrado em nosso próprio prazer – sem relação à lei, ao matrimônio e a não sei que mais?" Uma nova "economia dos corpos e dos prazeres", diz Ortega, é o que Foucault buscava, ao tentar "superar a divisão existente, desde a Antiguidade, entre desejo e prazer, e o consequente privilégio do desejo" em detrimento de relações que favoreçam a "intensificação mútua do prazer".

Ortega sustenta, com competência e inteligência, a visão foucaultiana da amizade prazerosa, que seria o núcleo irredutível da estilística da existência. Certos tópicos dessa ética, no entanto, merecem ser mais bem discutidos. Deixo de lado a ideia de amizade, por considerá-la inovadora e consistente com o resto da obra de Foucault. O mesmo, entretanto, não acontece com a noção de prazer. Nesse caso, penso que as teses foucaultianas precisam ser refinadas ou reavaliadas em sua pertinência. Proponho, então, que este prefácio seja uma espécie de diálogo público com Ortega, em torno de Foucault. Como ele, admiro o pensamento foucaultiano a ponto de querer vê-lo sempre rejuvenescido, em seu soberbo potencial criativo; como ele, acredito que o saber digno desse nome é o que tem compromisso, apenas, com sua coerência e com o horizonte de liberdade para o qual se dirige e do qual se alimenta.

Começo pelo mais simples: será tão fácil, realmente, estipular que o prazer mútuo dos parceiros, nas relações de amizade, deve ser o escopo das asceses pessoais ou éticas da existência? Penso que não. Foucault nunca se preocupou em explicitar o que entendia por "prazer". Mas usa o termo em vários contextos descritivos, e acaba por desenhar, mesmo de maneira imprecisa, sua gramática. O primeiro uso do termo prazer tem uma ressonância, por assim dizer, ontológica.[2] O prazer é o atributo que nos permite reconhecer a liberdade do sujeito sonhada por Foucault. Assim como para Nietzsche a pluralidade subjetiva constitutiva do "eu"[3] encontrava o ponto de ancoragem na "unidade do corpo",[4]

---

2 Utilizo a palavra ontologia no sentido que lhe é dado por Donald Davidson e Richard Rorty, ou seja, como o conjunto de coisas, estados de coisas ou eventos aos quais os termos se referem. Ontologia é a "*aboutness*"; aquilo sobre o que se fala. No caso, dizer que o prazer é o suporte referencial privilegiado por Foucault na definição do sujeito não significa dizer que o autor pretende criar uma ontologia fixa ou uma concepção universalista ou essencialista de "sujeito". Sobre a discussão da ontologia em Davidson e Rorty, ver: Jurandir Costa, "Pragmática e processo psicanalítico", in: *Redescrições da psicanálise*, 1994; Idem, *A face e o verso: estudos sobre o homoerotismo II*, 1995.

3 Ver Alexander Nehamas, *Nietzsche: Life as Literature*, 1966, p. 177–179.

4 Ibid., p. 177 e p. 181.

para Foucault os prazeres corporais serão o mínimo denominador comum do sujeito plural, arquiteto dos estilos de vida modelados nas relações de amizade.

O segundo uso do termo prazer tem uma função epistemológica. O prazer é o critério que permite conhecer, racionalmente, se estamos nos constituindo de maneira livre. A liberdade é a capacidade de "se tornar infinitamente mais suscetível aos prazeres".[5] O terceiro uso, enfim, remete à ideia de prazer como experiência emocional.[6] Esse uso é, sem dúvida, o mais interessante e o mais discutível. Foucault, às vezes, emprega o termo prazer tendo como referente estímulos corporais da ordem das sensações.[7] Outras vezes, fala de prazer como estados de consciência diversos, vinculados ou não às relações interpessoais, como sentimentos amorosos, sofrimentos ou êxtases passionais,[8] e, por fim, como estados de gozo paroxístico, próximos do transe místico.[9]

Os prazeres são, assim, polimorfos, plurifuncionais e sempre abertos a redefinições. Mas, justamente em virtude dessa mobilidade e indeterminação, dificilmente podem se prestar ao papel de solo da liberdade pessoal imaginada

5 Ver Michel Foucault, *Dits et écrits (Ditos e escritos)*, IV, 1994, p. 165.

6 Uso o termo emoção ou experiência emocional como sinônimo de complexo afetivo, cognitivo e volitivo, no qual a ênfase é dada ao afeto. A emoção, como a entendo, é formada por *afetos* (sensações e sentimentos), *crenças cognitivas* – enunciados ou proposições sobre a existência de coisas, estados de coisas e eventos – e *julgamentos* – atitudes de discriminação e valoração de fatos de mundo. A partir desse quadro, o que Foucault chama de "prazer" pode ser entendido como um elemento constitutivo das emoções seja na vertente das "sensações", seja na vertente dos "sentimentos". Ver Jurandir Costa, *Sem fraude nem favor: estudos sobre o amor romântico*, 1998.

7 Ver, por exemplo, Foucault, op. cit., 1994, p. 738.

8 Ibid., p. 251–252.

9 Ibid., p. 533–534.

por Foucault. Vejamos, por exemplo, a função ontológica do prazer na estilística da amizade. Como Foucault poderia compatibilizar sua visão de prazer com outras afirmações sobre a construção histórica do sujeito, sem tornar seu argumento inconsistente? Explicitando, Foucault cita diferentes estados, processos e eventos corporais e mentais como exemplos de "prazer" que formam o tipo de consciência de si posteriormente reconhecida como "o sujeito".[10] Mas não esclarece "o que" faz do prazer "prazer" e não qualquer outro fenômeno físico-mental aparentado. Sem essa distinção, ou o prazer é algo físico, historicamente invariável, ou é apenas a soma dos usos da palavra "prazer" na linguagem corrente. No primeiro caso, a noção de estilo de vida se torna supérflua, pois, para ter prazer basta estar fisicamente hígido;[11] no segundo caso,

---

10 Em uma entrevista concedida a Gilles Barbedette e André Scala, Foucault respondeu à pergunta "o sujeito, para você, é condição de possibilidade de uma experiência?" dizendo: "De modo algum. É a experiência que é a racionalização de um processo, ele próprio provisório, que culmina em um sujeito ou, antes, em sujeitos. Chamarei subjetivação o processo pelo qual se obtém a constituição de um sujeito, mais exatamente, de uma subjetividade que, evidentemente, é apenas uma das possibilidades dadas de organização de uma consciência de si." Ibid., p. 706.

11 Dizer que o prazer não é um estado puramente biológico não é o mesmo que dizer que o prazer é mental, no sentido idealista e mentalista do termo. Do ponto de vista do naturalismo pragmático, como define Ramberg, não temos como decidir, *sub specie aeternitatis*, o que é mental e o que é físico, ao falarmos dos indivíduos. Ao discutir as concepções de Dennett, Davidson e Rorty, Ramberg sugere que aceitemos a "estratégia interpretativista" para falar de qualquer fenômeno que diga respeito ao sujeito. Na perspectiva dessa estratégia, o que conta são os interesses práticos da descrição oferecida. Assim, penso, descrever o prazer como reflexo puramente físico, embora seja uma estratégia descritiva possível, não representa nenhuma vantagem, nem teórica, nem prática. Os obstáculos de ordem epistemológica, lógica e ética são de tal ordem que uma descrição fisicalista do prazer se tornaria uma inutilidade teórico-prática. Para a discussão do naturalismo pragmático, ver Bjorn Ramberg, *Naturalizing Idealizations: Pragmatism and the Interpretivist Strategy*, 2004, p. 1–66;

saber "o que é prazer" depende do aprendizado da cultura, e Foucault nada diz sobre as regras linguísticas que lhe permitiram identificar qual o prazer conforme a ética ou ascese orientada para a liberdade.

Se qualquer prazer é adequado à estilística da amizade, por que os prazeres do sexo domesticado pelas disciplinas ou pelo "desejo cristão-psicanalítico" deveriam ser vistos como restritivos, monótonos, mesquinhos ou obsoletos? Mais que isso, mesmo se a ideia fosse corrigida em suas incoerências, caberia perguntar o que, de fato, ganharíamos trocando os "vícios sexuais" pelas "virtudes do prazer".

Foucault critica, com justiça, os efeitos de violência correlatos à divisão dos sujeitos em espécimes sexuais. Mas a crítica não para aí. Ele via a cultura moderna como daninha à consciência de si, porque a moral da suspeita em relação ao sexo destrói, pouco a pouco, a confiança do sujeito na aptidão para conduzir os rumos de seu próprio desejo. Mas, em que um prazer frouxo, complacente, indiscriminado, volúvel e descomprometido com a história e a cultura poderia oferecer algo de mais sólido ao sujeito voltado para a amizade e a liberdade? Por que, de repente, essa confiança ingênua no corpo e nas sensações, vinda do autor que, mais que qualquer outro, nos ensinou a ver as garras do poder na fabricação histórica de nossos corpos, sexos e prazeres? Se o único critério que temos para reconhecer "o que é um prazer livre ou libertário" é a intensidade e a novidade do que sentimos, como podemos

---

Idem, "Post-ontological Philosohy of Mind: Rorty *versus* Davidson", in: Robert Brandom (org.), *Rorty and His Critics*, 2000, p. 351–370 (Col. Philosophers and Their Critics). Ambos os textos de Ramberg foram originalmente consultados em 1997, quando eram manuscritos ainda não publicados.

distinguir o prazer do super-homem do prazer do psicopata ou do burguês viciado em sexo, drogas e credicard?

A noção de prazer como raiz ontológica da liberdade pessoal, portanto, não me parece satisfatória, e o mesmo pode ser dito da sua função epistemológica. Para que o prazer possa ser um critério para o reconhecimento do uso correto da palavra "liberdade", é necessário diferenciar o prazer que escraviza do que libera. Se qualquer coisa pode ser descrita como "prazer" – êxtases passionais, sofrimentos corporais, sofrimentos mentais, sensações de excitação induzidas por drogas, experiências indizíveis no limiar da morte etc. –, é impraticável decidir se estamos nos tornando livres ou estamos nos submetendo ao poder de quem define o que é prazer segundo interesses particulares.

Na verdade, penso que os problemas teórico-epistemológicos da noção de prazer refletem, antes de mais nada, as indecisões das imagens de uma vida ideal, cujo esboço começava a ser feito quando Foucault morreu. A noção de ética como ascese dos prazeres é, em certos aspectos, uma colagem dos melhores momentos da Grécia, de Roma e das "califórnias" de hoje.[12] Na prática, contudo, a distância entre

---

12 Ver, sobre esse tópico, a resposta dada a Dreyfus e Rabinow: "No culto californiano de si se deve descobrir, por princípio, seu verdadeiro eu, separando-o do que poderia torná-lo obscuro ou aliená-lo, decifrando sua verdade, graças a uma ciência psicológica ou psicanalítica que pretende ser capaz de dizer qual é seu verdadeiro eu. Do mesmo modo, não somente não identifico a cultura antiga de si ao que se poderia chamar de culto de si californiano, mas penso que são diametralmente opostos. O que se produziu, entre os dois, é, exatamente, uma reversão da cultura clássica de si. Isso ocorreu na era cristã, quando a ideia de si a qual se tinha de renunciar – porque se ligar a si mesmo era se opor à vontade de Deus – foi substituída pela ideia de um si que era preciso construir e criar como uma obra de arte." Michel Foucault, *Dits et écrits (Ditos e escritos)*, IV, 1994, p. 402–403.

o *ethos* da Antiguidade clássica e o da cultura do narcisismo é maior do que Foucault quis acreditar. Ele se esforçou, desesperadamente, para extrair de existências mimadas no ócio e na opulência um clarão das virtudes epicuristas, estoicas ou socráticas que tanto admirava. Quis conciliar o sentido de disciplina, de medida e de moderação das culturas clássicas com a tendência ao consumo de prazer, característico dos filhos privilegiados do Ocidente. Criou um oxímoro existencial, uma autossuficiência feita de prazeres orgásticos[13] inconcebível ao olhar dos Sênecas, Cíceros, Epitetos e Epicuros que hipnotizaram sua irrequieta e fascinante imaginação.

Atenas e Roma, definitivamente, se perderam e não há motivo algum para chorarmos o que passou. Em contrapartida, se quisermos guardar aquilo que julgamos digno de ser lembrado, temos de estar cientes dos séculos emocionais que nos afastam de nossos antepassados. A ética dos prazeres descrita por Foucault deveria ser uma atividade "agonística" de "dominação-obediência", "comando-submissão", "domínio-docilidade", de si para consigo.[14] A cultura clássica do cuidado de si pede decisão, escolha e, por fim, prazer na renúncia aos prazeres fáceis; a cultura "californiana" do narcisismo, ao contrário, é voraz e pouco seletiva em relação a qualquer promessa de prazer, inclusive a das *overdoses*. Será realmente possível casar grandeza e indulgência? O impulso para o prazer, na cultura do narcisismo, é sinal de força e domínio de si ou de pusilanimidade e *adição*?

---

13 Sobre a discussão do prazer em Aristóteles e nas escolas pós-aristotélicas, ver Gérard Lebrun, "A neutralização do prazer", in: Adauto Novaes (org.), *O desejo*, 1990.

14 Michel Foucault, *Histoire de la sexualité 2: L'Usage des plaisirs*, 1984, p. 81–82.

É verdade, Foucault sempre criticou a cultura psicológica/psicanalítica do autointeresse impermeável ao mundo. Mas também nunca quis dizer o que poderia separar o prazer heroico de outrora do mais tacanho "estou me lixando" neoliberal ou do fútil "*pick and choose*" das "psicorreligiões emocionais" analisadas por Champion e Hervieu-Léger.[15] Em vista disso, o que pode diferenciar a ética dos prazeres de Foucault do que Ulrich Beck chamou de "arranjos experimentais de modos de vida egocentrados" e "*do-it-yourself biography*",[16] dos mais servis cúmplices do *status quo*?

Indo além, a ambiguidade da noção foucaultiana de prazer pode, efetivamente, ser uma vacina contra a burocratização de nossos espíritos. Mas pode ser, igualmente, material reciclável pela cultura publicitária dos corpos e das sensações. Ao falar, por exemplo, do consumo de drogas, distinguindo as boas das más, Foucault parece ter minimizado os efeitos da globalização do comércio legal e ilegal de drogas. Como distinguir as boas das más drogas, se cocaína e Prozac são ambos consumidos em nome do prazer, nas favelas do Rio

15 Eis algumas das características citadas pelas autoras: "ênfase na experiência pessoal e nas manifestações sensíveis dessa experiência"; "busca, frequentemente, muito elaborada de um engajamento total do corpo e dos sentidos na expressão religiosa"; "privilégio dado ao sujeito dos afetos contra o sujeito da razão"; "nenhum dos grupos tende a fornecer a seus membros uma identidade comunitária" mas a ajudá-los "a encontrar a unidade de sua personalidade sob o signo da confiança, da comunicação e da realização de si"; "a experiência emocional dos interessados aparece como uma experiência instável e sempre provisória, que pode marcar o trânsito do fora para o dentro da comunidade e/ou a passagem de dentro ou de fora da religião". Françoise Champion e Danièle Hervieu-Léger, *De l'émotion en religion: Renouveau et traditions*, 1990, p. 7, 12, 14.

16 Ulrich Beck, *The Reinvention of Politics: Rethinking Modernity in the Global Social Order*, 1997.

ou em Wall Street? A questão, penso, não é saber se as drogas são boas ou más. A questão é que as drogas do prazer, cujo comércio é legal, já são chamadas pela mídia de *lifestyle drugs*, e o que é crime hoje pode ser recomendação moral amanhã. Hoje consumimos, em escala gigantesca, tranquilizantes, hipnóticos e antidepressivos; amanhã poderemos perfeitamente fazer uso legal de morfina, cocaína e heroína. Quem e o que decidirá quais drogas serão boas ou más serão os interesses econômicos dos mafiosos e dos patrões da indústria farmacêutica, e não a retidão de caráter de uns poucos homens de boa vontade. E qualquer decisão tomada muito provavelmente visará manter o modo de vida e as engrenagens do lucro que exigem mais e mais drogas para que possamos, simplesmente, dormir, trabalhar, nos divertir, fazer amor, sentir prazer ou suportar um cotidiano feito de brutalidades, injustiças e perda da razão de viver. Acho que tudo mudaria muito pouco se tivéssemos mais drogas à nossa disposição, pois, dependendo do prazer que se busca, o caminho mais fácil é sempre mais tentador. A noção fugidia de prazer, em Foucault, pode trazer de volta algo do mundo de Sócrates, Epicuro, Sêneca e Marco Aurélio, mas também legitimar intelectualmente os pesadelos de Aldous Huxley e George Orwell.

Finalmente, ao falar da exploração do corpo como fonte de prazer, será que Foucault levou em conta a epidemia de anorexias, bulimias, síndromes de pânico, depressões distímicas e outros estéreis estados de alma que assolam os mais frágeis? Será tão simples assim decantar o prazer das asceses clássicas em meio à cultura do alheamento em relação à miséria física e moral que nos ronda? Mudar a vida, disse Foucault, implica mudar a si mesmo. Mas o poder de mudar a vida está, de fato, "*au bout du plaisir*"? Para nós, familiarizados com o "*Brazilian way of life*", essa palavra de ordem parece estranha e constrangedora. Ela evoca, quase inevitavelmente, a idiotia de nossas elites, consumidas no egoísmo das pequenas dores, feitas das grandes dores dos outros. Nessa rotina de "prazer", o cuidado de si se tornou indiferença ao outro e o uso dos prazeres, punição de corpos massacrados em nome do mercado das sensações e da alienação em relação ao mundo.

Essas e outras questões surgem quando lemos o belo livro de Francisco Ortega. Não se trata de apontar para os limites do que ele fez; trata-se de mostrar como ele foi bem-sucedido na empreitada intelectual que assumiu. Pois pensar com Foucault é jamais parar de pensar. É perguntar, sempre e uma vez mais: por que tem de ser assim? Por que não poderia ser de outra maneira? Por que devemos acreditar no que nos dizem agora se antes já nos disseram tantas coisas, tantas vezes, tão diferentes? O grande mérito de Ortega é que ele é foucaultiano porque é Francisco Ortega no modo de pensar, de se inquietar e de nos levar a querer ser outra coisa, depois de ouvi-lo falar sobre o prazer e a amizade em Michel Foucault. Não vejo que maior elogio poderia ser feito a seu trabalho.

1998

implicar [illegible] mesmo? Mas o que é demandar a cada [illegible] política plena? Para uns, [illegible] os [illegible] nessa primeira ordem [illegible] [illegible]

[illegible]

INTRODUÇÃO

> "Quando eu escrevo, faço-o acima de tudo para transformar a mim mesmo e não pensar a mesma coisa que antes."[1]
>
> "[...] a filosofia é, ainda hoje, o que era anteriormente, isto é, uma 'ascese', um exercício de si mesmo no pensamento."[2]

Este livro é o resultado de uma pesquisa de mais de quatro anos sobre o pensamento de Michel Foucault e nele se pretende demonstrar como a amizade representa o último projeto do filósofo, inacabado em razão de sua morte.

A literatura que se ocupa da obra de Foucault é imensa e inabarcável, tendo ele se tornado um guia de numerosas disciplinas. Quarenta anos após sua morte, não se parece ter cumprido o dito de Jean Baudrillard: *Oublier Foucault* [*Esquecer Foucault*]. Mas, apesar dessa intensa ocupação com o pensamento e a vida de Foucault, a maior parte da literatura se limita a seus escritos dos anos 1960 e 1970. Com isso, reduz-se sua recepção à problemática da analítica do poder ou da arqueologia do discurso, tentando-se recorrentemente classificá-lo, defini-lo de acordo com o respectivo interesse.

---

1 "Entretien avec Michel Foucault", *Dits et écrits* (*Ditos e escritos*), IV, p. 42. Daqui em diante, o título será citado como DE.

2 *L'Usage des plaisirs* (*O uso dos prazeres*), p. 15. Daqui em diante, o título será citado como UP.

Foucault é assim encarado como estruturalista ou como teórico do poder imperturbável e calculista. Este trabalho pretende conscientemente distanciar-se dessa dimensão da discussão e concentrar-se nos últimos escritos do filósofo, ainda pouco estudados, cuja verdadeira dimensão ético-política, até agora, não tem sido compreendida.

Ascese, conversão, parrhesía e *amizade* são conceitos-chave na obra de Foucault que até agora foram negligenciados. Isso se deve, em parte, ao fato de não possuírem uma tematização sistemática no *corpus* foucaultiano – não são tratados, por exemplo, diretamente na *História da sexualidade* –, embora tenham seu foro em uma multidão de artigos, conversações e conferências. Foucault, homem público que era, concedeu muitas entrevistas e proferiu inúmeras palestras ao longo de toda a sua vida. Algumas delas foram publicadas em 1994, na França, em um livro que reuniu seus textos "menores" escritos entre 1954 e 1984, sob o título *Dits et écrits* (*Ditos e escritos*). Essa publicação poderá contribuir para melhor compreensão da obra de Foucault, principalmente se a leitura de seus livros for realizada simultaneamente à leitura de suas entrevistas e seus artigos dos anos correspondentes. Essa afirmação é sobretudo importante no que diz respeito à produção dos seus últimos anos. Sobre isso poderiam ser apresentados dois exemplos: 1. Há um intervalo de oito anos entre a publicação do primeiro volume da *História da sexualidade* (1976) e os volumes seguintes (1984). Ao longo desses anos, ocorreram inúmeras mudanças na trajetória do pensamento foucaultiano, que, se não acompanhadas, criam a impressão de uma ruptura em sua filosofia: o sujeito repudiado de sua obra, nos anos 1960 e 1970, será retomado (uma ampla literatura ocupa-se desse aspecto). Somente analisando as entrevistas e os artigos dessa época é que se pode reconhecer que o que realmente aconteceu foi um *deslocamento teórico no eixo do poder*, que vai da analítica do poder às tecnologias do governo, permitindo, com isso, o surgimento de um si mesmo constituído esteticamente. 2. Uma genealogia da amizade – o último e inacabado projeto de Foucault – toma apenas forma (impressionista) nas suas entrevistas. Seus livros não oferecem nenhum testemunho disto.

O segundo e terceiro volumes da *História da sexualidade* – *O uso dos prazeres* e *O cuidado de si* – representam investigações históricas sobre a ética sexual e a arte da vida greco-romanas. Nestes, não se constrói uma ponte com o presente. Desse modo, tais textos distanciam-se na sua construção, no seu método e na sua sistemática dos livros anteriores de Foucault. *A história da loucura* e *Vigiar e punir* constituem, entre outros livros, pesquisas históricas sobre o surgimento da prisão como método preferido de punição, ou sobre a medicalização crescente da loucura. Porém, esses livros foram lidos e utilizados como textos de combate e caixas de ferramentas.[3] Assim, por exemplo, Foucault foi celebrado como representante da antipsiquiatria na França. Ele mesmo se considerava um cartógrafo, e afirmações como "cada livro procede de uma experiência concreta" (com a psiquiatria, com a justiça penal) suportam essa hipótese.[4]

Nos últimos livros, não se realiza a passagem para a atualidade. Quando Foucault trata finalmente de uma pos-

---

3 Embora se tratasse de investigações históricas, as quais em regra nem sequer abarcavam até o século XX.

4 "Entretien avec Michel Foucault", DE, IV, p. 46.

sível atualização da estilística da existência antiga, é acusado de individualismo, de glorificar a coação da penetração ou de esteticismo amoral. A situação existencial, que foi sempre para Foucault origem e causa de cada um de seus livros, volta-se agora contra ele, pois observa-se, precisamente em seus últimos livros, uma espécie de *Philosophiae consolatio*, uma tentativa de fazer uma bela obra de uma vida ameaçada pela presença constante da morte pela aids – em concordância com a filosofia antiga,[5] o que representa uma atualização do estoicismo. A ligação estreita entre a vida e o pensamento constitui uma das razões que impedem muitas pessoas, nesse caso, de se interessar por Foucault. Mas seus últimos livros permanecem fundamentais para Hervé Guibert e outras existências trágicas parisienses, que, como Foucault, sabiam que suas vidas estavam ameaçadas.[6]

Este texto se ocupa do que poderia ser chamado *pars construens* do pensamento de Foucault, que aponta para a elaboração de uma relação não normatizada (nem normatizável) consigo como alternativa às estratégias de subjetivação do poder disciplinar moderno e do biopoder – subjetividade como decisão ético-estética, como cuidado de si, e não como objeto de um poder "des-cuidante". O indivíduo possui a capacidade de efetuar determinadas operações sobre si para se transformar e constituir para si uma forma desejada de existência (Foucault denomina esse processo *ascese* ou *tecnologias de si*). Não se trata simplesmente de uma reabilitação do

5 Durante uma bela caminhada em Águas de Lindoia, Roberto Machado me contou como Daniel Defert não conseguia ler *O cuidado de si*, pois via nele a morte de Foucault.

6 Cf. H. Guibert, *À l'ami qui ne m'a pas sauvé la vie*, 1990.

dandismo no século XX, mas de uma luta política. A relação consigo oferece uma alternativa a Foucault, uma forma de resistência diante do poder moderno. A ascese representa uma arma, uma possibilidade de "se equipar". A política, entendida nesses termos, é uma *política espiritual*, uma *revolução da alma*.

A elaboração ascética de si não constitui um exercício na solidão – na Antiguidade, o cuidado de si representava uma práxis social (*ergo* intersubjetiva). Dessa maneira, o último projeto de Foucault alcança um significado surpreendente: *uma genealogia da amizade como subjetivação coletiva e forma de vida*, isto é, a criação de um espaço intermediário, capaz de fomentar tanto necessidades individuais quanto objetivos coletivos.

Estas páginas constituem a tentativa de realizar uma análise desses aspectos importantes e não percebidos pela recepção do pensamento foucaultiano, possibilitando assim uma melhor compreensão de sua filosofia. Estou convencido de que Foucault desenvolve, entre 1977 e 1982, uma série de conceitos inter-relacionados (governo, ascese, espiritualidade, conversão, entre outros) que iluminam seu último projeto, indicando a direção que este poderia ter tomado se seu autor não tivesse morrido. O governo é um "conceito redentor" no aparelho conceitual arqueológico-genealógico de Foucault, cuja incorporação, em 1977, permite fugir da fundamentação circular do poder e da resistência. Até esse momento, ele não era capaz de articular os pontos de resistência – que foram localizados no corpo e nos prazeres – ante um poder cujo funcionamento consistia precisamente na criação de corpos dóceis e indivíduos submissos. Fundamentalmente, mediante a introdução do conceito de governo (deslocamento teórico no eixo do poder) como *des-dobra* da linha de poder, será possível dobrá-la para dentro, produzindo uma autoafetação: o si ou a subjetivação. O indivíduo está agora capacitado para aplicar poder sobre si, com o objetivo de criar uma relação satisfatória consigo, ou seja, tem-se um indivíduo dotado de capacidade de resistência. Trata-se de uma subjetividade *autônoma* e *anárquica*, que se opõe a interpretações neoliberais. Aqui, encontram seu lugar os outros conceitos desenvolvidos nesses anos: *ascese, espiritualidade* e *conversão*. Duas experiências políticas pessoais de Foucault, no Irã e na Polônia, ocorrem nessa época e coincidem com a *des-dobra* do conceito de poder. Ele encontra no Irã uma experiência de política e de revolta que consiste exatamente na produção de uma relação consigo, entendida como uma "conversão do poder". Não há transformação do mundo sem a transformação de si – é essa a lição que Foucault obtém da revolução iraniana.

Uma noção semelhante de poder e de política aparece acompanhada, em 1978, de uma leitura intensa dos padres da Igreja – para os quais ascese e conversão representam estruturas fundamentais – na procura de uma saída para a sua história da sexualidade. O encontro com Pierre Hadot lhe permitiu também desenvolver uma nova concepção de filosofia, como ascese e exercício espiritual, a qual deve ser atualizada. Foucault realiza tal reabilitação no seu próprio trabalho. A minha tese é a seguinte: o segundo e terceiro volumes da *História da sexualidade* constituem a ascese pessoal de Foucault. De fato, escrever representa uma atividade *etho-poética* como autoformação e autotransformação, que já existia em Plutarco e que Foucault reencontra na literatura moderna, especialmente em Raymond Roussel.

Tais elementos e conceitos, nomeados aqui brevemente, têm sua origem no final dos anos 1970 e serão introduzidos nos seus últimos livros, mais implícita que explicitamente. Um dos pontos principais deste trabalho consiste no realce e no ordenamento sistemático desse conjunto de conceitos. Para tanto utilizei-me, malgrado a não correspondência de seus aparelhos conceituais, de um "intercessor"[7] para melhor entender a obra e a pessoa de Foucault: Gilles Deleuze, seu alter ego. Embora as diferenças sejam frequentemente tão acentuadas a ponto de não ser possível estabelecer qualquer elemento comum, Deleuze desenvolve, no entanto, uma série de conceitos (nômade, linhas de fuga, entre outros) que, a meu ver, são apropriados para servir como guias nos escritos de Foucault dos anos 1980.

A parte central deste livro tem como objetivo principal o desenvolvimento de uma ontologia da amizade, ao lado da tentativa de realçar a dimensão agonística e intersubjetiva do cuidado de si relacionando-a com a análise da amizade. A amizade é um conceito-chave na obra foucaultiana, sendo também um elemento de ligação entre a elaboração individual e a subjetivação coletiva. Ela é, para o pensador francês, um convite, um apelo à experimentação de novos estilos de vida e de comunidade. Reabilitá-la representa introduzir movimento e fantasia nas rígidas relações sociais, estabelecer uma tentativa de pensar e repensar as formas de relaciona-

7 Sobre o papel do intercessor na filosofia, cf. Gilles Deleuze, "Os intercessores", *Conversações* (daqui em diante, o título dessa obra será citado como C), p. 154–159.

mento existentes em nossa sociedade, as quais, como observa Foucault, são extremamente limitadas e simplificadas. Isso, como vou mostrar, tem uma enorme importância política, pois oferece uma alternativa à analítica do poder foucaultiana. Se ele considerou uma alternativa política, ela se encontra nessa direção. Pensar, hoje em dia, em conceitos como ascese ou amizade constitui um dos desafios legados por Michel Foucault.

Porém, apesar de abrir tais perspectivas novas e estimulantes sobre sua obra, para além do individualismo, a problemática da amizade, ponto de inflexão da filosofia social e política tardia de Foucault, infelizmente não tem recebido, até agora, a atenção que merece na recepção foucaultiana.[8] Talvez estas páginas sirvam como impulso para uma discussão futura desse aspecto até agora subestimado do pensamento de Michel Foucault. Se isso de fato ocorrer, este livro terá cumprido seu objetivo.

Devo muito a uma série de amigos que, entre o Brasil e a Alemanha, me ajudaram e animaram a escrever e reescrever este texto, compartilhando comigo a opinião da importância da amizade em nossos dias e a importância de repensar sua história. Minha pesquisa sobre amizade na área da sociologia e da psicologia social mostrou-me como, nos últimos vinte anos, o interesse por ela aumentou consideravelmente. Sua importância como garantia de compensação e estabilidade

8 Desde a publicação da primeira edição deste livro em 1999, têm aparecido diversos estudos sobre a temática da amizade em Foucault. Ver, entre outros, Tom Roach, *Friendship as a Way of Life: Foucault, AIDS, and the Politics of Shared Strangement*, 2012; Lorenzo Petrachi, *Rovine dell'amicizia: Il progetto incompiuto di Michel Foucault*, 2022.

diante das tendências individualizantes e subjetivantes da sociedade moderna é sublinhada com frequência. No amigo encontramos um triplo apoio: emocional, cognitivo e material, uma possibilidade de superação solidária dos riscos e proveito das oportunidades de nossa sociedade individualizada. Essas análises sociológicas e sociopsicológicas são apresentadas unicamente como contraste à noção foucaultiana de amizade, com o objetivo de mostrar o caráter transgressor desta última. Seu estudo, porém, permitiu-me compreender, entre outras coisas, as dificuldades que os homens têm, em contraponto às mulheres, para introduzir uma dimensão de afetividade em suas relações de amizade, incapazes que são de ir além de uma "palmada no ombro", o que representa, no fundo, um atrofiamento histórico.

A amizade constitui uma nova sensibilidade e uma forma diferente de perceber a realidade, baseada no cuidado e na encenação da boa distância, esse *pathos* da distância com que Nietzsche sonhava. Desse modo, a amizade se vincula a outra forma de relação com o outro, de afinidade eletiva, desvalorizada em nossos dias, mas que exatamente hoje deveria ser repensada: a *cortesia*. Trata-se, como Roland Barthes belamente exprime, "de uma maneira de se proteger, sem danificar o outro: um estado de equilíbrio muito sutil, difícil de defender".[9] Schopenhauer, Barthes, Deleuze, Bergson fizeram da *cortesia* um *ethos*.

Em 1997, ministrei cursos sobre filosofia social da amizade, na Universidade de Bielefeld, na Alemanha, e no mes-

9 Roland Barthes, "Autoportrait de Barthes. Entretien avec Jean Montalbetti", *Magazine Littéraire*, 1984, p. 78.

trado em filosofia política da Universidade Federal de Goiás, o que me permitiu discutir com meus alunos alguns dos problemas ligados a essa temática. Os resultados me ajudaram a terminar este trabalho e a levar a sério a necessidade de criar uma "arte da amizade", definida pela sua intensidade, passível de oferecer uma alternativa às tradicionais e desgastadas formas de relacionamento como a família e o matrimônio.

Das numerosas conversas com Jürgen Frese, em Bielefeld, nasceu meu interesse pela filosofia das emoções, na qual a amizade ocupa, para mim, um lugar privilegiado. As emoções são tematizadas, na tradição filosófica, principalmente com vistas a seu disciplinamento e sua supressão: de fato, salvo algumas exceções, como o existencialismo e a *Lebensphilosophie,* não encontramos uma valorização substancial das emoções. Quanto à amizade, constitui uma emoção inquietante e perigosa, pois possui um caráter inesperado e intenso que conduziu historicamente a seu controle e codificação. Exceto na Antiguidade, quando podemos falar da existência de uma *téchne* da *philia* – situada, porém, em um contexto de regulamentação e institucionalização que excluía precisamente esse caráter de desassossego –, a amizade foi sempre vista com receio em nossa cultura ocidental. Dois testemunhos históricos dão prova disso: de um lado, a "desafetivação" da amizade no cristianismo, no qual a substituição da *philia* pela *ágape* supõe a supressão do vínculo afetivo e intersubjetivo representado pela amizade na Antiguidade greco-latina; de outro, a noção de amizade como ampliação da família na literatura filosófico-moral do começo do século XX, em que os sentimentos de simpatia são normalizados e civilizados mediante o emprego das relações familiares como modelo de emocionalidade e interação íntima.

Nos últimos anos, apareceram várias tentativas de pensar a amizade, por parte de Foucault, Derrida, Deleuze e Guattari, constituindo-se hoje em dia, em minha opinião, em uma das principais tarefas filosóficas.

O presente livro, escrito com o intuito de colaborar com esse projeto, levou também, creio, a uma compreensão da forma de Foucault operar nos seus últimos anos, a qual consistiu em reabilitar uma série de conceitos da filosofia antiga, desvalorizados ou carregados de uma forte conotação negativa na atualidade: *ascese, conversão, philia*. Esses três conceitos estruturam, a meu ver, seu pensamento nos anos 1980, quando o filósofo francês nos mostra como podem ser atualizados, constituindo o fundamento de uma alternativa ético-política na procura de novas formas de subjetividade. Estas páginas procuraram também ressaltar a influência que alguns autores, até agora negligenciados pela recepção foucaultiana, exerceram na sua filosofia. Se existem vários livros que descrevem e analisam a influência de Canguilhem, Bachelard ou Dumézil sobre Foucault, são, todavia, praticamente ignoradas as contribuições de Pierre Hadot ou de Peter Brown. O primeiro estabelece uma compreensão da filosofia antiga como *exercício espiritual*, passível de atualização, a qual será recuperada por Foucault, que falará, por sua vez, de *ascese* ou de *prática/tecnologia de si*. Já Peter Brown acentua a noção de *estilo*, de *estilização da existência*, nas suas análises da Antiguidade tardia, um conceito que será também incorporado por Foucault à sua estética da existência. Além disso, o estudo da obra de Peter Brown oferece-nos – esta é minha tese – a possibilidade de estabelecer um esboço do quarto volume da *História da sexualidade*: *As confissões da carne* (*Les Aveaux de la chair*).[10]

Resta somente agradecer às diversas pessoas que, de uma forma ou de outra, ajudaram-me e apoiaram-me a escrever este texto: na Alemanha, agradeço a Jürgen Frese e Volker Krech, pelas numerosas conversas sobre amizade, ascese e emoções em geral; no Brasil, a Roberto Machado e Jurandir Freire Costa, pelo apoio e interesse que mostraram pelo trabalho – Roberto teve também a paciência de revisar o texto e fazer importantes sugestões; José Ternes, que me animou a desenvolver mais profundamente algumas partes deste livro; Paula Andréa Marques do Valle e Fernando Vázquez Corredoira, pela correção do manuscrito; e o Centre Michel Foucault de Paris, que, gentilmente, cedeu-me alguns artigos de Foucault de difícil acesso.

10 O quarto volume permanecia inédito quando a primeira edição deste livro foi publicada e apareceu em 2018. Ver Michel Foucault, *Les Aveux de la chair*, 2018. (Ed. bras.: *As confissões da carne*, 2020.)

1

DOBRA, RE-DOBRA, DES-DOBRA

"Toda revolução mundial é precedida
de uma revolução da alma."[1]

1 T. H. Macho, "Umsturz nach innen: Figuren der gnostischen Revolte", in: P. Sloterdijk e T. H. Macho, *Weltrevolution der Seele*, 1993, p. 489.

Depois de um silêncio de mais de oito anos, quando são publicados *O uso dos prazeres* e *O cuidado de si* como continuação de *A vontade de saber*, surge um novo curso na trajetória foucaultiana: a dupla ontologia de saber-poder transforma-se em uma tripla de saber-poder-sujeito. Um novo elemento é acrescentado: o si mesmo (*soi*).

Alguns exegetas do pensamento de Foucault creem reconhecer, nesse novo caminho, um retorno, o qual reintroduziria o sujeito que Foucault repudiara nos anos 1960 sob o lema da "morte do homem". Porém, como Deleuze observa: "É uma estupidez dizer que Foucault descobriu ou reintroduziu um sujeito oculto, o qual tinha desterrado previamente."[2] Existem duas razões que impossibilitam falar da reintrodução do sujeito depois de este ter sido recusado: por um lado, o sujeito constitui o tema geral do pensamento de Foucault, como ele mesmo afirma em 1982. Por outro, nos últimos livros trata-se de uma concepção de subjetividade sob a forma de uma relação consigo (*rapport à soi*) e não a da autoconsciência, mais de um sujeito-forma que um sujeito-

2 "Um retrato de Foucault", C, p. 141.

-substância, o qual, partindo dos gregos, corresponde a uma experiência do indivíduo e não do sujeito.[3]

Foucault não parece dar muito valor a uma diferenciação conceitual entre *sujeito, si mesmo* e *indivíduo,* falta de precisão esta que pode conduzir a numerosas confusões. Pois, de um lado, ele afirma que os gregos não possuíam nenhuma experiência do sujeito, ao passo que analisa, de outro, a constituição de si como sujeito moral. Importante, porém, é o esforço de Foucault em recusar uma visão essencialista do sujeito em favor de um sujeito constituído autonomamente mediante práticas de si.

A análise da subjetividade ética permite conceder uma determinada autonomia e uma possibilidade de resistência a um tipo de subjetividade tematizada negativamente desde o começo da modernidade como um produto do biopoder, sem com isso cair no postulado de um sujeito universal. Essa nova direção de pensamento precisa de determinadas transformações – que possibilitem a passagem da dupla à tripla ontologia –, sendo, porém, a expressão *retorno,* nesse contexto, enganosa. A recepção de Foucault está de acordo quanto ao fato de sua analítica do poder não conseguir explicar a resistência presente em toda relação de poder. Essa

3 Cf. "Le Retour de la morale", DE, IV, p. 705–706: "Na Antiguidade clássica falta a tematização da constituição de si mesmo como sujeito [...], eu diria simplesmente que não há sujeito. O que não quer dizer que os gregos não se esforçassem por definir as condições através das quais se dá uma experiência que não é a do sujeito, mas do indivíduo, na medida em que tenta se constituir como mestre de si." Em *O cuidado de si* (*Le Souci de soi.* Daqui em diante, o título dessa obra será citado como SS), Foucault define o individualismo como "a intensidade da relação consigo mesmo" (p. 56–57); uma noção que se aproxima da sua definição de si mesmo. Cf. W. Schmid, *Auf der Suche nach einer neuen Lebenskunst*, 1991a, p. 237.

situação será caracterizada de maneira diferente na literatura: "impasse" para Deleuze; "viragem apolínea" para Wilhelm Schmid; "retorno" para Rudi Visker.[4]

Em *A vontade de saber*[5] apresentam-se os pontos de resistência como o irredutível diante das relações de poder. No caso do dispositivo da sexualidade como complexo de saber-poder, localizam-se os pontos de resistência no corpo e nos prazeres. O indivíduo não dispõe, porém, dos meios para utilizar o corpo e os prazeres de forma ativa contra esse poder subjetivante.[6] Ele é somente objeto de um aparelho de poder constituinte ao mesmo tempo da verdade e da realidade. Assim, a analítica do poder foucaultiana não permite nenhuma possibilidade de resistência para além do poder. Um ano depois da publicação de *A vontade de saber* (no texto "A vida dos homens infames"), Foucault reconhece sua incapacidade de atravessar a linha do poder; confessa estar preso às relações de poder, mostra-se consciente das dificuldades apresentadas por sua analítica

4 Deleuze, *Foucault* (daqui em diante, o título da obra será citado como F), p. 103; W. Schmid, *Die Geburt der Philosophie im Garten der Lüste*, 1987, p. 106; R. Visker, *Michel Foucault. Genealogie als Kritik*, 1991, p. 104. O termo "regresso" é inadequado, pois os três eixos da ontologia foucaultiana encontravam-se presentes desde o começo, o que assegura a continuidade da obra. Foucault (UP, p. 12) mesmo utiliza o termo "deslocamento" (*déplacement*), o qual exprime com precisão a situação.

5 Cf. *La Volonté de savoir* (*A vontade de saber*. Daqui em diante, o título será citado como VS), p. 127.

6 Cf. "L'Éthique du souci de soi comme pratique de la liberté", DE, IV, p. 709–710: "Desconfiei sempre do tema geral da libertação, pois se não é tratado com cuidado e dentro de limites determinados, arrisca-se a se ver remetido à ideia da existência de uma essência ou natureza do homem, que, mediante uma série determinada de processos históricos, econômicos e sociais encontra-se oculta, alienada ou cativa em e mediante mecanismos repressivos. Segundo esta hipótese, seria suficiente fazer explodir a tranca repressiva para o homem se reconciliar consigo mesmo, reencontrar sua natureza ou se relacionar com sua origem e restabelecer uma relação positiva e satisfatória consigo mesmo."

do poder, mantendo, porém, sua posição, pois até 1976 somente pode conceber a vida, a subjetividade, como objeto do biopoder. Contudo, oito anos depois responderia à pergunta se sua noção de resistência não precisava de um sujeito ativo (isto é, de uma relação consigo não normalizada): "Isto faz voltar ao problema do que eu entendo por poder".[7] Foucault define a seguir – analogamente à obra *A vontade de saber* – sua concepção das relações de poder como "móveis, reversíveis e instáveis", nas quais um elemento de resistência lhes é imanente. Porém, é introduzida uma diferenciação, alheia a *A vontade de saber*, entre relações de poder e estados de domínio, estando desprovidos estes últimos do elemento de liberdade próprio de toda relação de poder. Foucault quer dizer com isso que a deficiência de que acusavam sua analítica de poder com respeito à impossibilidade de explicar a resistência devia-se ao tratamento das relações de poder como estados de domínio: "A afirmação: 'você vê poder por toda parte e não deixa lugar para a liberdade' parece-me totalmente inadequada. Ninguém pode afirmar que para mim o poder é um sistema de domínio que controla tudo e não deixa lugar para a liberdade."[8] Apesar de não considerar o poder um sistema de domínio, torna-se difícil utilizar os pontos de resistência distinguidos por Foucault – o corpo e os prazeres – contra um poder cujo produto é precisamente esse corpo e esses prazeres.

Foucault deverá efetuar um deslocamento teórico para poder conceder uma voz à resistência, como confessou em

7 Ibid., p. 719.
8 Ibid.

1982: "Não [existe] nenhum ponto de resistência ao poder político mais útil e com mais prioridade [...] que o consistente numa relação consigo."[9] O cuidado de si aparece como uma "conversão do poder", uma forma de manter o poder sob controle.

O deslocamento consiste em dar preferência ao terceiro eixo da genealogia (o si mesmo), até agora sempre presente. Foucault utiliza diferentes expressões para caracterizar este movimento: "mudança da perspectiva", "dar voltas sobre o mesmo problema", "mudança de opinião", "inverter a frente".[10]

A passagem da dupla à tripla ontologia

Um triplo deslocamento no pensamento e na vida pessoal de Michel Foucault o conduz a situar o problema do sujeito (como possibilidade de resistência ao poder político) no centro da reflexão: 1. Um deslocamento teórico no eixo do poder, tematizado principalmente nos cursos do Collège de France a partir de 1976, tem como resultado a des-dobra da analítica do poder: a noção de poder, de cunhagem nietzschiana, como relação de forças será substituída por uma ideia de poder como governo, orientada para uma teoria da ação. 2. O desenvolvimento pessoal de Foucault entre 1976 e 1984. Foucault elabora um novo conceito de política e de resistência

9 "Hermeneutik des Subjekts", *Freiheit und Selbstsorge*, p. 54. (Daqui em diante, as referências a esse texto serão dadas apenas pelo título do artigo.)

10 Cf. "Une esthétique de l'existence", DE, IV, p. 731; "Le Souci de la vérité", DE, IV, p. 670.

ao poder político a partir das experiências políticas no Irã e na Polônia em conexão com a mencionada temática do governo e de crítica como sua reação. Trata-se de uma "política espiritual", uma "política como ética", rebelando-se contra formas estabelecidas de subjetividade e aspirando à criação de outras novas. 3. Modificações no projeto originário da *História da sexualidade*. Foucault abandonará o plano original por "tédio" e como resultado de uma "curiosidade" por uma forma de ser diferente, alcançável mediante um distanciamento do horizonte de confiança. O tratamento da sexualidade como experiência significa mais do que a recusa da hipótese repressiva; cumprirá elaborar uma genealogia do homem do desejo, a qual exige um retorno à Antiguidade.

Essas três linhas de desenvolvimento não representam três rumos diferentes do pensamento foucaultiano, mas encontram-se em estreita relação. Existem poucos pensadores para os quais pensamento e existência mantêm uma relação tão íntima. Minha intenção é analisar seus deslocamentos filosóficos de três perspectivas diferentes, mostrando como os avanços em uma delas influi diretamente sobre as outras.

Do poder ao governo

Se compararmos o primeiro volume da *História da sexualidade* com o segundo e o terceiro podemos observar, como já foi mencionado, uma reorientação do trabalho de Foucault. Desde 1976, constata-se um deslocamento teórico no eixo do poder em sua obra – o que não significa um "corte" ou "regresso", mas um desenvolvimento, um "desdobramento"[11] – que o conduz à substituição do conceito de poder pelo de *governo*, para, finalmente, desembocar na temática do governo de si e da autoconstituição, isto é, em um deslocamento teórico no eixo do sujeito. Vejamos isso pormenorizadamente.

Foucault admite ter estado preso, até o começo dos anos 1970, a uma noção negativa de poder, cuja melhor forma de expressão é constituída pela hipótese repressiva. Esta será substituída por uma noção de poder positiva, produtiva e constituinte de verdade e de objetos.

Na obra *A vontade de saber*, Foucault defende uma concepção monista do poder inspirada em Nietzsche. Aí o poder é visto como "multiplicidade de relações de força"; e, no curso do Collège de France de 7 de janeiro 1976, o mesmo poder é entendido como conflito guerreiro de forças.[12] Com a passagem para a análise das tecnologias de governo, Foucault amplia, influenciado por Jürgen Habermas, sua concepção do poder para um tipo determinado de relações entre indivíduos, ou seja, uma forma de relação social junto a outras. Assim, o conceito "poder" é substituído pelo conceito "governo", considerado por Foucault mais operacional. Sua concepção bélica do poder também se modifica, não se incluindo na noção do governo:

11 Segundo Deleuze, a subjetivação é uma dobra (*pli*), um afetar-se a si mesmo, uma re-dobra da linha de poder. Para que essa re-dobra aconteça, é necessário que a linha de poder se des-dobre, se transforme em uma relação social. O jogo com os termos dobra, re-dobra, des-dobra efetuado por Deleuze em diversas publicações permite uma visualização exemplar desta transformação do poder em governo. Cf. Deleuze, F, p. 103–106; "A vida como obra de arte", C, p. 122–123; "Rachar as coisas, rachar as palavras", C, p. 115–117; "Um retrato de Foucault", C, p. 140–141; "Sobre a filosofia", C, p. 188–189.

12 Cf. "Cours du 7 janvier 1976", DE, III, p. 173.

"O modo de relação próprio do poder não deve ser buscado nem do lado da violência nem do lado da *luta*, nem do lado do contrato nem do lado do laço voluntário [...], mas do lado desse modo de ação singular – nem guerreiro nem jurídico – que é o governo."[13] A noção foucaultiana de poder transforma-se, desdobra-se, desloca-se.[14]

Em um de seus últimos cursos de 1983/1984 no Collège de France, Foucault descreve os três eixos da experiência (o da *verdade*, o do *poder* e o do *sujeito*) sublinhando que, nos anos 1960, concentrou-se mais no eixo da verdade (ou do

---

13 "Le Sujet et le pouvoir", DE, IV, p. 237 (grifo meu).

14 Esse "des-dobramento" na analítica do poder aparece, por exemplo, na sua defesa do direito a ter um advogado: "Existe um direito a ter um advogado que fala por você, com você, que lhe permite ser ouvido e garantir sua vida, sua identidade e a força de sua recusa. [...] Este direito não é uma abstração jurídica nem um ideal de sonhador, mas um direito que faz parte de nossa realidade histórica" ("Va-t-on extrader Klaus Croissant?", DE, III, p. 365). Porém, esse apelo aos direitos humanos é um apelo prático: "Quando você é confrontado com o fenômeno totalitário a gente assentiria, num primeiro momento, que o recurso a um código jurídico, a um sistema legal, à referência dos direitos humanos é muito importante; mas eu penso que a gente também assentiria que isso é, o que poderia dizer? *Um recurso tático. Talvez seja útil, talvez seja a única coisa possível por agora, mas eu não acredito que voltar às estruturas jurídicas de governo seja agora a solução para nossos problemas.*" (Entrevista com Foucault, 23 out. 1980. Citado por J. Miller, *The Passion of Michel Foucault*, 1993, p. 452. Grifo meu.) Tais declarações "cautelosas" testemunham uma mudança, a qual se encontra parcialmente em contradição com declarações anteriores de Foucault sobre a justiça (Cf. "Sur la justice populaire. Débat avec les maos", DE, II, p. 340 ss.). Contudo, querer fazer de Foucault um cruzado dos direitos humanos (Cf. B. Barret-Kriegel, "Michel Foucault and the police state", *Michel Foucault Philosopher*, 1992, p. 192 ss.) ou o criador do neoliberalismo na França dos anos 1980 (Cf. B. Barret-Kriegel, "De l'Etat de police à l'Etat de droit", *Le Monde*, 13 out. 1989, p. 43; A. Glucksmann, "En horreur de la servitude", *Libération*, 30 jun.–1º jul. 1984, p. 22) é um tanto exagerado. Tais afirmações não são compatíveis com sua noção nietzschiana e belicosa de sociedade. Analogamente, podemos constatar uma recusa por parte dos comentadores de Foucault de ver, nos seus últimos escritos, o esforço de constituição de uma noção anárquica de subjetividade, como será mostrado na última parte deste livro.

saber); nos anos 1970, no eixo do poder; e nos anos 1980, no do sujeito. Porém, não se deve esquecer que os três eixos se encontram entrelaçados. Essa forma de dividir sua obra é mencionada em outras ocasiões.[15] O novo desses cursos radica-se no fato de não se tratar mais dos deslocamentos que acontecem na passagem de um eixo para o outro, mas dos deslocamentos *dentro* de um mesmo eixo:

O *primeiro deslocamento,* no *eixo da verdade* vai da *formação do conhecimento* à *análise das formas do dizer verdadeiro.*

O *segundo deslocamento,* no *eixo do poder,* leva de uma *teoria geral do poder ou do domínio* à *história* e à *análise dos procedimentos do pensamento governamental e de suas tecnologias.*

O *terceiro deslocamento,* no *eixo do sujeito,* conduz do *desligamento de uma teoria do sujeito* a uma *análise das modalidades e técnicas da relação consigo* ou à *história das diferentes formas de uma pragmática do sujeito.*

Ao deslocamento da atenção de um âmbito a outro da experiência corresponde uma sobreposição no domínio da experiência respectiva. O deslocamento dentro de um eixo constitui a condição de possibilidade do deslocamento teórico para um outro eixo. Minha tese é a seguinte: *sem o deslocamento no eixo do poder – o qual conduz à questão do governo – não teria sido possível a passagem para o outro eixo, o do sujeito.* Pois somente depois de ter sido realizado o deslocamento, Foucault pode passar do *governo dos outros* ao *governo de si* a fim de introduzir a temática da autoconstituição. A análise

15 Cf. “À propos de la généalogie de l’éthique: un aperçu du travail en cours”, DE, IV, p. 344.

das práticas de governo permite relacionar as "técnicas de poder" com as "técnicas de si": "Se se entende por governo um campo de relações de poder móveis, transformáveis e reversíveis, então nem esse conceito nem a reflexão sobre o conceito de pensamento governamental podem prescindir, nem teórica nem praticamente, do elemento de um sujeito definido mediante uma relação consigo."[16] Porém, tal deslocamento não significa uma ruptura; devemos falar antes numa mudança de perspectiva, possibilitando o deslocamento dentro dos eixos.

A partir do ponto de vista do governo ou da direção da consciência, pode-se projetar uma nova luz sobre os escritos antigos de Foucault, como ele mesmo admite. A loucura teria sido analisada não em termos dos critérios das ciências formais, mas com o objetivo de mostrar como determinada direção dos indivíduos tornou-se possível por um discurso. A descrição foucaultiana da modernidade em *Vigiar e punir*, com o surgimento das disciplinas e do poder normalizador, é também uma consequência do "desdobramento" das diferentes tecnologias de governo (descendentes do poder pastoral), as quais experimentaram um crescimento e uma expansão extraordinários nos séculos XV e XVI. Em *Vigiar e punir* e em *A vontade de saber*, Foucault (com outro aparelho categorial) já contara o último capítulo desta história das diferentes artes de governo dos homens.

---

16 "Les Techniques de soi", DE, IV, p. 785; "Hermeneutik des Subjekts", p. 54. Analogamente em "L'Éthique du souci de soi comme pratique de la liberté", DE, IV, p. 728: "Afirmo que o pensamento governamental implica uma relação consigo mesmo."

O deslocamento para as técnicas e procedimentos de governo na análise do poder permite a elaboração das técnicas de si, sendo a governabilidade definida por Foucault como a relação entre as técnicas de governo dos outros e as do governo de si. No governo pode-se tratar da condução de um Estado, de uma casa, da alma, da consciência ou de si.[17] A transformação do poder possibilita, portanto, a transformação do sujeito. O ponto seguinte vai ajudar na visualização dessa ideia.

---

17 Em *O uso dos prazeres* e *O cuidado de si* fala-se do governo, da condução, do domínio de si (*enkrateia*), dos prazeres (no sentido da continência: *sophrosine*) etc. Entende-se melhor a continuidade entre ética e política, característica da Antiguidade, operando com os conceitos de governo, condução, direção (de si, dos prazeres, da casa, da pólis) que com o conceito do poder. O mesmo poder que constituía nos anos 1970 o indivíduo como seu objeto (na forma da sujeição) é aplicado pelo indivíduo sobre si na sua autoconstituição. Como Deleuze [...] observa: "É como se as relações do fora se dobrassem, se encurvassem para conseguir um duplo e produzir uma relação consigo, para constituir um interior, o qual enfronha-se e desenvolve-se em uma dimensão *sui generis*: a 'enkrateia'; a relação consigo como domínio 'é um poder exercido sobre si no poder exercido sobre os outros'", e continua: "O domínio dos outros deve se duplicar em uma relação consigo mesmo. [...] Isto é o que os gregos fizeram: eles dobraram a força sem que ela deixasse de ser força. Eles aplicaram-na sobre si mesmos. Longe de ignorar a interioridade, a individualidade, a subjetividade, inventaram o sujeito, mas como derivação, como o resultado de, uma 'subjetivação'" (F, p. 107).
Deleuze descreve o dispositivo da pólis ateniense como a convergência de duas linhas de força: uma traçada por meio da rivalidade dos homens livres, e outra, divergente da primeira, segundo a qual o homem que comanda homens livres deve ser dono de si mesmo (Cf. "Qu'est-ce qu'un dispositif?", *Michel Foucault Philosophe*, 1989, p. 187–188). Embora Deleuze não use os conceitos de governo, condução etc., aparece como consequência de suas análises esta nova relação entre poder e subjetivação (não no sentido de uma sujeição, mas de uma constituição autônoma do sujeito), esta duplicação e desligamento da força, esta inversão da linha do poder de forma mais clara. Ao mesmo tempo, apresenta-se a relação entre *A vontade de saber*, por um lado, e *O uso dos prazeres* e *O cuidado de si*, por outro, não como uma ruptura, mas como sua premissa necessária.

Pensamento e existência de Foucault entre 1976 e 1984

Para entender a transformação que conduz à tematização da relação consigo e ao esboço de si, tal como aparece nos últimos trabalhos de Foucault, é necessário examinar pormenorizadamente o encadeamento estreito entre seu pensamento e sua experiência pessoal nesses anos. A des-dobra no pensamento do poder determina e muda certas opiniões políticas de Foucault, e as vivências políticas o obrigam a pensar novamente e de maneira diferente o já pensado.

Um ano após o aparecimento de *A vontade de saber* (1976/1977), os cursos no Collège de France não são dados. O título do curso do ano anterior (1975/1976) era Em defesa da sociedade (*Il faut défendre la société*), em que se elaborava uma reflexão sobre a guerra como paradigma metodológico para o estudo das relações de poder.[18] Foucault suspende os cursos de 1976 porque o caminho seguido até aquele momento não lhe parecia mais o adequado. Quando, em 1977, retoma os cursos com o tema Segurança, território e população (*Securité, territoire et population*), aparece já a temática do governo, da qual nunca antes falara. Isso implica uma mudança no plano originário, pois pensava-se que Foucault falaria sobre o problema da população segundo a linha do último capítulo de *A vontade de saber.*

A análise da problemática do governo continuará nos cursos de 1978/1979, sob o título Nascimento da biopolítica (*Naissance de la biopolitique*). Nesse curso aparecem os tópicos principais em torno dos quais se organiza o pensamento de

18 Cf. "Il faut défendre la société", DE, III, p. 124–130.

Foucault entre 1977 e 1979: governo, poder pastoral, razão de Estado e liberalismo.

O ano de 1977 representa, além disso, a ruptura com Gilles Deleuze, por causa de uma diferença de opiniões acerca do terrorismo de esquerda (desencadeada pelo caso Klaus Croissant).

Em 25 de maio de 1978 Foucault profere a conferência intitulada "O que é a crítica?" (*Qu'est-ce que la critique?*), na qual a atitude crítica é caraterizada como um *ethos*.[19] Sua origem situa-se em um complexo de relações entre o poder, a verdade e o sujeito. Ainda nesse ano, no mês de setembro, Foucault viaja ao Irã como correspondente do jornal italiano *Corriere della Sera*. Tal experiência será muito importante para compreender sua noção de poder e subjetividade naqueles anos, como testemunha Bani Sadr, líder da oposição iraniana no exílio: "Michel Foucault ia a minha casa em Cachan [...]. Ele queria entender como podia se produzir aquela revolução [...]. *Ele queria refletir sobre a noção de poder.*"[20]

O que exerceu tanto fascínio na revolução iraniana sobre Foucault foi a experiência de uma espiritualidade política, de uma "revolta mística". Partindo da explosão da revolução iraniana, da reflexão sobre as práticas de governo e do con-

19 Essa caraterização pode-se observar de maneira exemplar no caso da Polônia, onde a crítica das práticas governamentais vai ser considerada a partir de uma perspectiva ética: "Por razões éticas devemos colocar o problema da Polônia na forma de uma não aceitação do que lá está acontecendo e de uma não aprovação da passividade de nossos governos. Creio que esta atitude é ética e também política; não se trata simplesmente de dizer: eu protesto, mas de fazer desta atitude um fenômeno político, tão substancial como seja possível, que os governantes aqui ou ali, mais tarde ou mais cedo, vejam-se obrigados a aceitar." ("Politique et éthique: une interview", DE, IV, p. 588.)

20 Citado por D. Eribon, *Michel Foucault*, 1990, p. 266 (o grifo é meu).

ceito de crítica, Foucault desenvolve uma noção de política que permanece constante em todos os seus trabalhos futuros: política entendida como recusa das formas impostas de subjetividade;[21] ou seja, política como atitude crítica. Esse tipo de revolta aparece na Reforma como renúncia a determinada forma de subjetivação, a uma maneira determinada de se relacionar com o texto sagrado, ou na mística. Quando, em 1978, a experiência iraniana é analisada, ela é incluída na história da tradição crítica, da luta antissubjetivante. A própria transformação como condição de possibilidade da revolução constitui a lição mais importante desta, o que significa a busca de um relacionamento com o Islã que permita a transformação de si.[22]

Em uma série de conversas com Duccio Trombadori, no final de 1978, Foucault destaca sua noção de experiência

21 A ideia de um tipo de subjetividade surgido na modernidade como objeto de um poder disciplinar e um biopoder aparecia já em *Vigiar e punir* e em *A vontade de saber*. Porém a localização dos pontos de resistência na recusa do tipo de subjetividade imposto e na criação de novas formas de individualidade constitui uma novidade destes anos.

22 Cf. "L'esprit d'un monde sans esprit", DE, III, p. 748 ss. Um ano antes (1977), Pierre Hadot publicava seu artigo "Exercices spirituels", que contém como lema as seguintes palavras de Georg Friedmann: "Muitos são os que, na preparação da revolução social, absorvem-se totalmente na política militante. Muito poucos são os que, na preparação dela, querem primeiro se fazer dignos dela." (*Philosophie als Lebens-form*, 1991, p. 13.) Coincidência? Talvez. De qualquer forma, Foucault tinha começado nesses anos a se ocupar da patrística buscando um novo rumo para sua *História da sexualidade* (Cf. J. Miller, op. cit., 1993, p. 301). Possivelmente tinha conhecimento já nesses anos dos trabalhos de Pierre Hadot. Cf. T. H. Macho, op. cit., 1993, p. 488. Macho analisa a relação entre conversão e revolução, em que a conversão desempenha um papel importante como preparação para a revolução. Pierre Hadot escreveu um interessante artigo sobre os diferentes tipos de conversão: política, religiosa etc. (Cf. *Exercises spirituels et philosophie antique*, 1987, p. 173–182). Cf. "Hermeneutik des Subjekts", p. 49, no qual é sublinhado o significado da conversão para a prática revolucionária no século XIX. No capítulo seguinte será analisada minuciosamente a relação Pierre Hadot-Michel Foucault.

proveniente de Nietzsche, Bataille e Blanchot, considerada como atividade des-subjetivante, ideia já presente nos escritos literários dos anos 1960 sob a forma da crítica ao sujeito universal, epistêmico. Porém, na conversa com Trombadori, a possibilidade de desprender-se o sujeito de si, de uma transformação de si mediante o ato de escrever, recebe um significado suplementar. Já não se trata de destroçar a subjetividade, de decompor o sujeito em um número infinito de "larvas-sujeito", mas de sua transformação. É dessa perspectiva que Foucault contempla seus livros prévios: *Vigiar e punir* traz à luz uma experiência que pode permitir uma transformação da relação que temos conosco e com nosso universo cultural; a *História da loucura* possibilita o estabelecimento de uma experiência da modernidade que nos permita sair dela transformados.

Em 1979, Foucault demarca seus trabalhos prévios, nos quais se analisavam diversas experiências (loucura, morte, criminalidade, sexualidade), em relação a uma tecnologia de poder e sua problemática atual, a individualidade, ou a identidade relativamente a um poder individualizante. Com isso, pode-se apreciar como o deslocamento para a subjetividade é consequência do deslocamento do poder. O deslocamento *dentro* do eixo do poder permite o deslocamento *para* o eixo do sujeito.

Os cursos de 1979/1980, denominados Do governo dos vivos (*Du gouvernement des vivants*), analisam o exame de consciência e a confissão no cristianismo primitivo no contexto geral das práticas governamentais. Em 1980, em Berkeley, Foucault estende essa temática a Sócrates e Sêneca, aparecendo pela primeira vez a expressão *técnicas de si*.

A reorientação temática desemboca, em 1982, no escrito programático *O sujeito e o poder* (*The subject and power*), em que se encontram no centro das relações de poder "a recalcitrância da vontade e a intransigência da liberdade". Como resultado, a vontade individual – que Foucault pretendera deixar de lado – ocupa uma posição principal.[23]

Modificações no projeto da História da sexualidade

O plano inicial da *História da sexualidade*, como foi concebido em 1976, previa como continuação de *A vontade de saber* uma série de trabalhos sobre uma temática similar. Ele toma, porém, outra forma oito anos depois. Quando Foucault busca a origem do discurso da sexualidade no cristianismo (uma arqueologia da psicanálise), encontra uma *técnica de si*, onde esperava encontrar uma forma de vida codificada em detalhe. Essa descoberta obriga-o a reestruturar o livro, já completo (cujo título era *As confissões da carne*), e buscar a origem das técnicas do eu na Antiguidade pagã. Os cursos no Collège de France de 1980/1981 e de 1981/1982, Subjetividade e verdade (*Subjectivité et vérité*) e A hermenêutica do sujeito (*L'Hermé-*

---

23 Isso já tinha sido anunciado em 1978: "Agora é preciso colocar o problema da vontade. Não se pode seguir o fio do poder sem chegar à questão da vontade. Na realidade, isso é tão claro que deveria tê-lo notado desde o começo; mas, posto que o problema da vontade tem sido manejado sempre pela filosofia ocidental com muito cuidado e de forma hesitante, tentei, na medida do possível, recusá-lo. Porém, ele é irrecusável." (Michel Foucault, *Was ist Kritik?*, 1992, p. 54.) Cf. "Face aux gouvernements, les droits de l'Homme", DE, IV, p. 707–708.

neutique du sujet), respectivamente, são o resultado do estudo das tecnologias de si na Antiguidade; uma temática que será incluída (com algumas transformações) em *O uso dos prazeres* e *O cuidado de si*.

Esses trabalhos testemunham uma reestruturação da *História da sexualidade*, a qual já não tem seu centro de gravidade na hipótese repressiva, mas pretende mostrar como se formou essa longa história que une em nossas sociedades o sexo e o sujeito.

Na introdução a *O uso dos prazeres*, Foucault descreve a reelaboração do projeto originário: não se trata mais da reconstrução da origem da sexualidade como objeto de saber – como aparecia em *A vontade de saber*. O objetivo é antes uma história da sexualidade como *experiência*, que leva os indivíduos a "se reconhecerem como sujeitos de uma sexualidade".

A introdução do conceito de experiência constitui um ganho importante do aparelho terminológico foucaultiano. Esse conceito já fora utilizado na *História da loucura*, em que se falava de uma "experiência da loucura". Seu reaparecimento não representa um esforço de Foucault para unificar ou homogeneizar uma trajetória que estaria constituída (como muitos críticos afirmam) por saltos, reorientações e inconsequências. As coisas não são tão simples. Por um lado, Foucault utilizou o conceito de experiência já em 1978; por outro, sua reintrodução não significa simplesmente um esforço para dar unidade à obra. Trata-se antes de uma forma de relacionar os três eixos da genealogia (domínios de saber, tipos de normatividade, formas de subjetividade) e, sobretudo, o que é ainda mais importante para este livro, uma possibilidade de considerar seus trabalhos prévios de uma perspectiva *espiritual* ou *ascé-*

tica. A experiência constitui algo do qual se sai transformado. A experiência constitui uma práxis espiritual ou ascética, ou seja, as transformações que deve experimentar o sujeito para alcançar outra forma de ser. Em consonância com essa ideia, Foucault vê o homem como um "animal de experiência", pois "no curso de sua história, o homem não cessou de se construir a si mesmo, ou seja, de trasladar continuamente o nível de sua subjetividade, de se constituir numa série infinita e múltipla de subjetividades diferentes que nunca alcançam um final nem nos colocam na presença de algo que pudesse ser o homem".[24] Isso representa uma virada importante no pensamento de Foucault.

O interessante em tais conversas com Trombadori é o fato de terem ocorrido no final de 1978, após o regresso de Foucault do Irã, onde, como já foi observado, havia analisado uma experiência espiritual da política, experiência que seria reconhecida na prática da escrita. A introdução do conceito de experiência nesse último sentido lhe permitirá aplicar a função espiritual, ascética, ou seja, transformadora da subjetividade, da escrita, a seu próprio trabalho. Isso constituiria a *ascese pessoal* de Michel Foucault, a qual não tem sido estudada pela literatura secundária. É nesse contexto que deve ser entendido o "desprender-se de si" tratado em *O uso dos prazeres*, uma experiência que aparecia em 1978 e que determinaria desde então o desenvolvimento da obra foucaultiana até sua morte em 1984.

Considerar a sexualidade como experiência supõe não somente recusar a hipótese repressiva como horizonte metodológico, mas também dispor de instrumental teórico que permita pensar os três eixos da experiência. A análise do ter-

24 "Entretien avec Michel Foucault", DE, IV, p. 75.

ceiro eixo (como se reconhecem os indivíduos como sujeitos de uma sexualidade) apresentava a Foucault certas dificuldades que ele pensava resolver com uma genealogia do homem do desejo, desencadeada pelo desejo sexual, com o objetivo de "descobrir como os indivíduos são levados a exercer uma hermenêutica do desejo sobre si e os outros".[25] A realização dessa premissa exigia um retorno à Antiguidade. Foucault distancia-se então de seu projeto original, o que, porém, lhe permite relacionar o sujeito e a sexualidade de um modo diferente. O sujeito já não se constitui de forma heterônoma, como objeto de um aparelho de saber-poder (dispositivo da sexualidade), mas obtém certa autonomia, de modo que possa ser pensado além desse dispositivo.

Este capítulo pretendeu mostrar como não faz sentido falar de um *regresso* no pensamento foucaultiano, que reintroduziria "pela porta dos fundos" um sujeito previamente recusado de uma forma tão pomposa. Se em seus últimos trabalhos Foucault fala do sujeito, não se trata do sujeito epistêmico ou genealógico, mas de um sujeito ético, constituído através de práticas de si. A análise do pensamento e da existência de Foucault entre 1976 e 1984 testemunha assim um suave deslizamento, mais do que um salto ou uma ruptura.

Apêndice. Michel Foucault e Max Weber sobre governo e direção da vida

O número de trabalhos que tentam estabelecer uma relação entre a sociologia de Max Weber e a analítica do poder fou-

25 UP, p. 12.

caultiana tem aumentado desde o início dos anos 1980.[26] Porém, Wilhelm Hennis é o único que, mediante o reconhecimento da problemática da direção da vida (*Lebensführung*) como o fio condutor da sociologia de Max Weber, possibilita um conhecimento adequado da relação entre Max Weber e Foucault. Embora tenha consciência de que o sentido das duas obras não coincide e que Foucault raras vezes mencionou Weber, o que dificulta o estabelecimento de uma estreita relação, considero que esta, contudo, existe. Hennis não menciona Foucault em momento algum, mas suas análises permitem sublinhar a relação entre Weber e Foucault de uma forma mais profunda do que fazem os autores que se ocupam diretamente deles.[27] Assim, existe, evidentemente, uma convergência entre Weber e Foucault em vários pontos. Meu intuito nestas páginas não consiste em apresentar todos os aspectos dessa relação, mas mostrar como a concentração de Max Weber no problema da direção da vida coloca-o

---

26 Um dos primeiros autores que analisa essa relação é Barry Smart, dedicando-lhe um capítulo inteiro de seu livro *Foucault, Marxism and Critique*. A. Honneth oferece um resumo importante dessa discussão. Cf. "Zur philosophisch-soziologischen Diskussion um Michel Foucault", *Ethos der Moderne. Foucaults Kritik der Aufklärung*, 1990, p. 22 ss. Cf. entre outros: J. O'Neill, "The Disciplinary Society: From Weber to Foucault", *The British Journal of Sociology*, 1986; S. Breuer, "Foucaults Theorie der Disziplinargesellschaft. Eine Zwischenbilanz", *Leviathan*, 3, 1987; H. H. Kögler, *Michel Foucault*, 1994; B. S. Turner, "The Rationalization of the Body: Reflections on Modernity and Discipline"e C. Gordon, "The Soul of the Citizen: Max Weber and Michel Foucault on Rationality and Government", ambos in: S. Lash, S. Whimster (orgs.), *Max Weber, Rationality and Modernity*, 1987; P. Pasquino, "Moderne, Subjekt und der Wille zum Wissen", *Anschlüsse. Versuche nach Michel Foucault*, 1985.

27 Na literatura que conheço, a única exceção é constituída por Pasquino (idem) e Gordon (idem) – este último principalmente, porque se baseia nas análises de Hennis. Honneth (idem), que pretende apresentar uma visão de conjunto da literatura sobre essa problemática, não menciona a questão do governo/*Lebensführung*.

na proximidade da concepção foucaultiana do poder como governo. A análise da obra weberiana poderia representar, neste contexto, um "des-dobramento" da analítica do poder de Foucault em direção à temática do governo.

Por se ter concentrado, dentro da sociologia weberiana, nos processos de racionalização e no desencantamento do mundo (*Entzauberung der Welt*), a maior parte da literatura não analisa a relação entre *Lebensführung* e governo. Nessa linha, Smart reconhece o parentesco entre Weber e Foucault nas análises da racionalização, a qual se apresenta para Weber sob a forma de um processo geral e global, até de uma constante antropológica, ao passo que Foucault se interessa pelas diferentes formas de racionalidade.[28] Smart sublinha também que Foucault se orienta por uma concepção do poder positiva e produtiva, enquanto Weber permanece em uma noção negativa e jurídica. Além disso, reconhece os processos disciplinares como ponto de convergência dos dois autores. O que não percebe, porém, é que os processos de disciplinamento constituem formas de direção da vida, do governo sobre os outros – segundo a terminologia de Foucault –, e com isso um capítulo da longa história do poder pastoral e sua reestruturação nas diferentes instituições – polícia etc. –, da mesma maneira como o fato de as disciplinas exprimirem formas de

28 Cf. Barry Smart, op. cit., 1990, p. 125. Porém, como W. Hennis mostra, Weber nao se ocupa da racionalidade como um processo global e a-histórico mas dos diferentes processos de racionalização, "os quais se referem a 'todas as formas da ética prática', à 'racionalização da *Lebensfuhrung*'". Sobre isto, resulta importante uma nota de rodapé na mesma página: "Precisamente aqui deveria ser evidente para qualquer leitor atento com que negligência Weber fala dos *processos* de racionalização. O que ele considera são 'sucessos' (*Vorgange*), manifestações históricas." (W. Hennis, "Max Webers Fragestellung", *Zeitschrift fürPolitik*, 1982, p. 257.)

um poder produtivo. Também a respeito da resistência, Smart observa diferenças entre ambos os autores, pois, enquanto Foucault reconhece um elemento de resistência em toda relação de poder, os processos de racionalização weberianos não permitem nenhuma possibilidade de resistência.

Uma relação mais estreita e mais útil entre Max Weber e Michel Foucault deveria ser localizada do lado da análise das tecnologias do governo e das formas de direção da vida. Nesse contexto, Pasquino[29] formula a hipótese de que Foucault recupera a empresa de Max Weber. O interesse principal de Weber localizava-se nas "transformações particulares, o disciplinamento e a metodização da conduta da vida cotidiana, especialmente mas não exclusivamente econômica".[30] A temática da direção da vida está, segundo Wilhelm Hennis, presente na obra de Weber de forma tripla: 1) alguns de seus trabalhos, principalmente *A ética protestante e o espírito do capitalismo*, têm como objeto a conduta da vida; 2) a direção da vida constitui, além disso, o princípio que inspira seu trabalho metodologicamente, em especial *Economia e sociedade*; 3) finalmente, a direção da vida é o critério fundamental de valorização ética na obra weberiana.[31]

Nas duas versões existentes de *A ética protestante* (de 1905 e 1920) podem ser constatadas pequenas diferenças, que não modificam, porém, o núcleo da argumentação. Trata-se de um trabalho concentrado sobre a elaboração da direção racional da vida: "Uma das partes constituintes do espírito

---

29 Cf. P. Pasquino, op. cit., 1995, p. 39.

30 W. Hennis, op. cit., 1982, p. 258.

31 Cf. C. Gordon, op. cit., 1987, p. 295.

capitalista moderno, e não somente deste, mas da cultura moderna, a *direção racional da vida* na base da ideia de profissão [...], nasceu do espírito da *ascese cristã*". A ascese cristã, ou seja, o puritanismo cristão, participou da constituição de um estilo e de uma regulamentação da vida, de um *hábito*: o espírito do capitalismo. Hábito designa "a forma especial da direção da vida, a qual se desenvolve 'dentro das ordens do mundo: família, vida do trabalho, comunidade social'".[32]

Em 1915, Weber começa a composição de *A ética econômica das religiões mundiais* (*Wirtschaftsethik der Weltreligionen*) como um grupo de ensaios de sociologia de religião comparada. Estes remetem diretamente aos trabalhos mais antigos da ética protestante, nos quais se tratava da diferenciação dos efeitos da ética calvinista, pietista, sobre o estilo da vida. Com isso as religiões mundiais serão vistas como "sistemas religiosos ou condicionados pela religião da *regulamentação da vida*", o que não significa uma ruptura com seus primeiros estudos. Na *ética* protestante, o "racionalismo ascético" constitui o fator principal de direção da vida moderna, embora a existência de outros elementos influentes não fosse estranha para Weber, como mostram suas investigações sobre a temática das seitas. Dessa forma, ele orienta suas análises ulteriores no sentido de apresentar o significado do racionalismo ascético para o conteúdo da ética sociopolítica, ou seja, para o tipo de organização e as funções das comunidades sociais, do conventículo até o Estado.

32 M. Weber, *Gesammelte Aufsätze zur Religions soziologie*, I, 1989, p. 202; Cf. W. Hennis, op. cit., 1982, p. 252.

Duas histórias de percurso paralelo podem dar conta, segundo Weber, do desenvolvimento da humanidade: a história da ciência moderna e a história da direção moderna da vida. Sobre esta última concentraram-se suas análises; até os artigos sobre a doutrina da ciência (*Wissenschaftslehre*) constituem uma contribuição para a "sociologia da direção da vida", pois neles se trata da "recusa das exigências sobre a direção da vida da economia, esse poder especificamente ateu e hostil à piedade".[33]

A mudança terminológica depois de *A vontade de saber* – isto é, o deslocamento da analítica do poder às práticas governamentais – contribui para a plausibilidade da hipótese de Pasquale Pasquino (sobre se Foucault não continuaria o projeto weberiano). Para ambos os autores, a modernidade é compreendida da perspectiva da direção da vida. Max Weber concebia o "autodisciplinamento do sujeito" como a forma de vida específica do Ocidente, e a ética protestante como a direção da vida que realiza esse disciplinamento. A descrição das disciplinas e do poder normalizador em *Vigiar e punir* constitui o outro lado da visão weberiana da modernidade segundo *A ética protestante e o espírito do capitalismo*, dois lados da mesma medalha.

Para Foucault, o Estado moderno é uma forma de poder ao mesmo tempo totalizante e individualizante, cuja origem remonta ao poder pastoral, e sua continuação se localiza nas diferentes tecnologias de governo, da polícia até o biopoder e as disciplinas. É precisamente essa noção de prática governamental apontando simultaneamente para o indivíduo e a

33 W. Hennis, op. cit., 1982, p. 278 ss.

população que a sociologia weberiana não conhece. Pois, para Weber, existe uma recusa absoluta da ideia de uma racionalidade política individualizante:

> A diferença é, evidentemente, que Foucault concebe o Estado moderno como o projeto "demoníaco" de combinar ou sobrepor, dentro de uma política totalmente secularizada, estes dois âmbitos tão díspares de dominação. No caso de Weber, pode-se dizer que o problema central da política social é a manutenção das condições coletivas que sustentam e ativam a direção *da vida* individual, resistindo à sua incorporação numa supervisão rígida, penetrante, pastoral-coletiva e numa *regulamentação* da vida.[34]

Abstraindo as múltiplas diferenças existentes entre Weber e Foucault, parece-me que a problemática do governo e da direção da vida é um ponto de partida importante para analisar a relação entre ambos os autores, que poderá orientar as investigações futuras.

34 C. Gordon, op. cit., 1987, p. 207, 296–305.

2

EM BUSCA DE UMA NOVA NOÇÃO DE FILOSOFIA

Michel Foucault e Pierre Hadot sobre ascese e filosofia

No capítulo anterior tratou-se do caminho desde *A vontade de saber* a *O uso dos prazeres* e *O cuidado de si*. Meu propósito foi mostrar como o desenvolvimento triplo de Foucault desde 1976 conduzia necessariamente a uma ampliação de sua, até esse momento, dupla ontologia (saber-poder). Foram mostradas também algumas dificuldades colocadas pela reestruturação da *História da sexualidade*.

O objetivo deste capítulo é examinar a noção de uma constituição ético-ascética do sujeito. Este autorrelacionamento, na forma do cuidado, do trabalho do indivíduo sobre si (ascese), representa para Foucault uma forma de resistência ao poder subjetivante, constituindo assim seu programa político. Além disso, os últimos trabalhos de Foucault tratam de outra coisa, a saber, do significado da própria filosofia, com a intenção de reabilitar a concepção antiga da filosofia como *ascese*,[1] o que não é incompatível com um programa político, como será mostrado. Historicamente a recepção do pensamento foucaultiano tem enfatizado os primeiros escritos, especialmente os da analítica do poder, dando uma

1 É como se, nos últimos momentos de sua vida, um filósofo que renunciava a ser chamado como tal reconciliasse consigo mesmo e com sua própria atividade. O último livro publicado em conjunto por Gilles Deleuze e Félix Guattari, *Qu'est-ce que la philosophie?* tem um intuito similar.

relevância menor aos textos dos anos 1980. É evidente que existem exceções, mas elas permanecem geralmente no nível de uma reprodução de *O uso dos prazeres* e *O cuidado de si*.

Concentrar-me-ei a seguir na noção de filosofia apresentada por Foucault especialmente na introdução a *O uso dos prazeres*, mostrando como ela é influenciada pelo trabalho de Pierre Hadot, a partir de cujas análises ela pode ser entendida em toda sua complexidade histórica.

a. Pierre Hadot: exercício espiritual

Muitas páginas foram escritas sobre o papel exercido por Georges Canguilhem ou por Gaston Bachelard sobre o pensamento de Foucault; porém, a influência de Pierre Hadot não tem tido a mesma fortuna crítica.[2]

Foucault menciona Pierre Hadot na introdução a *O uso dos prazeres* sem especificar sua influência. Assim, precisar o rastro de Pierre Hadot no pensamento foucaultiano constitui uma tarefa importante para os estudiosos de sua obra tardia. Não se trata de roubar-lhe originalidade, mas de mostrar como, me-

2 O artigo de A. I. Davidson, "Spiritual Exercises and Ancient Philosophy: An Introduction to Pierre Hadot", *Critical Inquiry*, 1990, constitui um exemplo nessa direção. Davidson mostra como a ocupação com Pierre Hadot pode ser útil à hora de analisar a obra tardia de Foucault. Meu propósito nestas páginas difere, porém, do de Davidson. Entretanto, desde a publicação da primeira edição deste livro, essa relação tem sido explorada. Ver, entre outros, Marta Faustino e Hélder Telo (orgs.), *Hadot and Foucault on Ancient Philosophy: Critical Assessments*, 2024; Moreno Montanari, *Hadot e Foucault nello specchio dei greci: La filosofia antica come esercizio di trasformazione*, 2009; Luis Roca Jusmet. *Ejercicios espirituales para materialistas: El diálogo (im)posible entre Pierre Hadot y Michel Foucault*, 2017; Paul Allen Miller (org.), *Foucault's Seminars on Antiquity: Learning to Speak the Truth*, 2022.

diante sua análise, revela-se o objetivo principal de Foucault: a reabilitação da filosofia como ascese e forma de existência.

O livro de Pierre Hadot intitulado *Exercices spirituels et philosophie antique* (*Exercícios espirituais e filosofia antiga*) centra-se na pergunta sobre o que a filosofia propriamente é: "O livro que têm em suas mãos é o resultado de uma ocupação de muitos anos com a filosofia antiga, mas também o término de uma meditação realizada durante toda a minha vida sobre a essência mesma da filosofia [...]. Neste livro propõe-se de novo para ser discutida a questão acerca da autêntica definição da filosofia."[3] Na discussão com os filósofos antigos, Hadot ressalta uma concepção de filosofia oposta à moderna, porém suscetível de ser atualizada: filosofia como *exercício espiritual*, como forma e estilo de existência.

Hadot resume toda a filosofia antiga em relação aos exercícios espirituais, os quais são expressão de um esforço que não aspira a transmitir informação sobre teorias abstratas, mas antes a formar as almas dos alunos. O objetivo dos exercícios espirituais é formar em vez de informar; não se trata de uma construção teórica, mas de um exercício de formação de si, da *paideia* que ensina a viver em harmonia com a razão.[4] Essa

---

3 Pierre Hadot, *Philosophie als Lebensform*, 1991, p. 9.

4 Ibid., p. 47. A atividade de formação do homem define a essência da *paideia* grega. Não se tratando da mera transmissão de conhecimentos teóricos, mas, como W. Jaegger afirma, de: "pôr todos estes conhecimentos como forças formadoras a serviço da educação e de formar verdadeiros homens como o oleiro molda o barro e o escultor forma a pedra" (*Paideia: Die Formung des griechischen Menschen*, I, 1959, p. 12). Em sua obra monumental sobre a *paideia* grega, Jaegger ressalta – como Hadot e Foucault – precisamente esse aspecto de formação da educação grega, caracterizando, portanto, o grego como o mais "antropoplasta" entre os povos (idem). Uma categorização análoga estabelece Roheim ao denominar a cultura primitiva "autoplasta" e a moderna "aloplasta". Cf. M. Douglas, *Reinheit und Gefärdung*, 1988, p. 154.

noção de filosofia forma uma constante em todas as escolas filosóficas da Antiguidade greco-latina – dos platônicos aos estoicos. A matemática para os platônicos, os três *topoi* para Marco Aurélio – a física como disciplinamento do desejo, a ética como disciplinamento das inclinações e a lógica como disciplinamento do juízo – constituem importantes exercícios espirituais, pois permitem identificar a mirada da alma e a mirada divina e tentam oferecer uma regra de existência que possa estar à mão em qualquer circunstância e que permita resolver os problemas que a vida apresenta a cada instante. Até mesmo o próprio conhecimento representa um exercício espiritual para Platão e Plotino. Todas as doutrinas filosóficas concordam que mesmo o tratado mais sistemático aspira a fomentar o processo espiritual do aluno: formação em vez de transmissão de informação.

O exercício espiritual não é somente de natureza ética, mas sobretudo ontológica; por meio dele alcança-se uma transformação total do modo de pensar e de ser, a metamorfose do eu, a superação da própria individualidade e de seus limites. Por meio desses exercícios o eu transcende a subjetividade individual e escrava das paixões, alcançando a perspectiva cósmica e universal da mãe natureza.

O exercício espiritual que mais interessa a Hadot, e que se localiza principalmente no platonismo e no estoicismo, é a *atenção* (*prosoche*), que consiste na concentração no momento presente, na tensão do espírito. Esse exercício dos filósofos greco-latinos transforma-se com o cristianismo na atitude fundamental do monge. Especialmente o "exercício para a morte" (*melete thanatou*) possibilita a fixação no presente.

Hadot volta a encontrar essa atenção no presente em Goethe, para quem a filosofia antiga representa um saber da "saúde do momento". O homem moderno, em contrapartida, é incapaz de viver no presente ou de utilizá-lo. Hadot repreende Foucault por não haver ressaltado – e até mesmo por ter deixado de lado – o valor que o presente tinha para os filósofos da Antiguidade. Foucault teria fixado o valor da escrita na Antiguidade como uma tentativa de voltar a capturar "o já dito". Para Hadot, "o já dito" só tem valor se nele pode ser reconhecido um "valor presente constante": "Partindo deste ponto de vista, nem os estoicos nem os epicuristas têm atribuído um valor positivo ao passado; a atitude principal consiste em viver no presente, apropriar-se do presente e não do passado."[5]

---

5 Pierre Hadot, "Réflexions sur la notion de 'culture de soi'", *Michel Foucault philosophe*, 1989, p. 265. Existe certo anacronismo na valorização foucaultiana do presente. De um lado, Foucault é consciente da importância ocupada pela *atenção* na Antiguidade (Cf. UP, p. 119–120), intensificando-se nos primeiros séculos de nossa era (Cf. SS, p. 166 ss.). Porém, suas análises limitam-se ao estudo da atenção para o corpo. Nos seus trabalhos históricos não se encontra uma tematização da *prosoche* como atenção para o momento presente (com a exceção do exercício para a morte, a *melete thanatou*, apesar de não acentuar com tanta veemência, como faz Hadot, a fixação no instante na análise deste exercício; cf. "L'Herméneutique du sujet", DE, IV, p. 365). De outro lado, a concentração no presente desempenha um papel especial na existência de Foucault, no seu *ethos* pessoal, pois determina sua atitude experimental, como vários exemplos testemunham: "a cada momento, passo a passo, há que confrontar o que se pensa e se diz com o que se faz e se é" ("Politique et éthique: une interview", DE, IV, p. 585); a importância da genealogia, a qual leva a cabo análises históricas a partir de um problema atual ("Le Souci de la vérité", DE, IV, p. 674); a atitude moderna como a tentativa de "apreender o 'heroico' do momento presente" ("Qu'est-ce que les Lumière?", DE, IV, p. 569–570; cf. J. Miller, *The Passion of Michel Foucault*, 1993, p. 331 ss., 455).
Foucault sublinha em numerosas ocasiões o papel do presente, da atualidade, na formação do *ethos* filosófico e lamenta nossa incapacidade de viver nele: "Podemos conceber a intensidade do momento presente unicamente como fim do mundo num campo de concentração?" ("Sade, sergent du sexe", DE, II, p. 821). Foucault forma parte de uma série de pensadores que celebraram a "saúde do momento" desde a Antiguidade, passando por Goethe, Nietzsche e Kierkegaard até Heidegger, Carl Schmitt e Deleuze.

Hadot tenciona reabilitar o conceito antigo de *askesis* (o qual vai ser identificado com o exercício espiritual), ou, como Nietzsche afirma, "renaturalizar a *askesis*." O conceito cristão e moderno de ascese como abstinência ou restrição opõe-se diametralmente à noção antiga de *askesis*. Desde o momento em que o cristianismo se apresenta como filosofia, o que já acontece nos primeiros séculos de nossa era, ele tem de adotar evidentemente determinados elementos da filosofia pagã e se apropriar sobretudo dos exercícios espirituais. Baseando-se nisso, Hadot estabelece, como Foucault também o fará, uma continuidade dos exercícios (meditação, atenção, exame de consciência etc.) da Antiguidade greco-latina até o cristianismo, considerando sua função histórica específica.

Na Idade Média, apesar de estar sob a influência da existência monástica (a qual se apresenta como filosofia cristã), acontece a divisão entre *theologia* e *philosophia* em razão da importância da escolástica e do surgimento das universidades. Como consequência dessa separação, a filosofia torna-se um mero discurso teórico, pois, separada dos exercícios espirituais, que passam a pertencer à mística cristã, subordina-se à teologia, fornecendo-lhe material teórico-conceitual.[6]

6 Hadot, *Exercises spirituels et philosohie antique*, 1987, p. 57, 222 ss. O momento exato em que a filosofia deixa de ser *askesis* para se tornar mero discurso teórico é objeto de controvérsia. Enquanto para Hadot esse deslocamento é devido à separação da filosofia e da teologia e sua admissão na universidade, Imbach (cf. "La Philosophie comme exercise spirituel", *Critique*, 454, p. 282) localiza esse momento na recepção aristotélica do século XIII. Dománski (cf. "Ethischer Praktizismus als eine Kategorie zum Beschreiben des Bewusstseins der Philosophen im ausgehenden Mittelalter", *Miscellanea Mediaevalia*, XII, 1, 1979, p. 301 ss.) apoia essa tese ao afirmar que a recepção do aristotelismo (unido à recusa patrística da dimensão ético-prática da filosofia) conduziu à teorização extrema da filosofia. Pierre Hadot (cf. op. cit., 1987, p. 235 ss.) contestou as objeções de Imbach, mostrando até que ponto para Aristóteles a teoria é ação

A filosofia permanece desde o século XVIII dentro dos muros da faculdade de filosofia; desde Hegel e Fichte até Husserl e Heidegger (com a exceção, entre outros, de Nietzsche, Schopenhauer, Kierkegaard), a filosofia é um discurso de professores, não constituindo mais um estilo de vida – a não ser a forma de vida de cada professor de filosofia dentro dos muros da universidade.

Com seus estudos de filosofia antiga, Hadot pretende atualizar a noção de filosofia entendida na época greco-romana como ascese e forma de vida, oferecendo-a como alternativa ao discurso filosófico moderno nas mãos dos professores universitários: "A filosofia antiga propõe ao homem uma arte de vida; a filosofia moderna, em contrapartida, apresenta-se sobretudo como a construção de uma linguagem técnica reservada aos especialistas."[7] Não se trata, porém, nem para Hadot nem para Foucault, de uma imitação de esquemas estereotipados; não se encontra a solução para um problema na solução para outro problema; ao mesmo tempo, Hadot ressalta o valor dessa "experiência milenar". Por um lado, recusa a possibilidade de apresentar os exercícios espirituais como remédio para nossos problemas; por outro, dota-os de

---

e vida. Para Foucault é Descartes o iniciador dessa transformação, pois na procura da verdade substitui a ascese pela evidência; apesar de Descartes ser autor de meditações que, em si, são práticas de si – portanto ascese, na terminologia foucaultiana (cf. "À propos de la généalogie de l'éthique: un aperçu du travail en cours", DE, IV, p. 630–631; "Hermeneutik des Subjekts", p. 34 ss.). Sobre o *status* das *Meditações* de Descartes, cf. B. Rubidge, "Descartes' Meditations and Devotional Meditations", *Journal of the History of Ideas*, 1990, p. 46 ss.

7 Hadot, op. cit., 1987, p. 225. Um objetivo análogo representa o projeto de Deleuze e Guattari em *Mil platôs* de elaboração de uma noção nômade da filosofia, opondo o erudito privado (Spinoza, Nietzsche, Kierkegaard), representante de uma ciência ambulante, ao professor ordinário (Kant, Hegel), funcionário da ciência estatal.

atualidade ao afirmar que a noção antiga de filosofia como forma de vida ainda tem um valor atual, como testemunha a preocupação crescente com os exercícios espirituais, um sintoma de nossos dias, segundo Hadot.

A respeito de Foucault, Hadot observa que para ambos (Foucault e ele) a discussão com a filosofia antiga não possuía um mero interesse histórico. Isso constitui um fato importante, característico do trabalho histórico de ambos os autores: trata-se de estudos pertencentes ao campo histórico, mas que, porém, não são realizados com os olhos de um historiador. A partir do estudo da filosofia antiga, da ascese da Antiguidade, realiza-se "o protocolo de um exercício", um exercício de autotransformação, pois Hadot e Foucault tratam os textos da Antiguidade como "textos práticos", obtendo deles efeitos análogos aos obtidos naquela época, isto é, eles funcionam como "operadores" da autoconstituição. Ocupar-se da obra de Pierre Hadot é, com isso, indispensável para a compreensão das – em parte – misteriosas páginas da introdução a *O uso dos prazeres*.

b. Michel Foucault: "modificações"

O parágrafo da introdução a *O uso dos prazeres* (constituindo ao mesmo tempo a introdução a *O cuidado de si*), denominado por Foucault simplesmente "Modificações", possui uma relevância e um alcance especiais. O referido parágrafo não constitui mero preâmbulo às análises que lhe sucedem, visto que não somente introduz as descrições históricas dos sistemas greco-romanos, mas serve, além disso, de instância de transcendência, conduzindo das análises históricas à pragmática filosófica. Foucault procura, naquelas páginas, dar atualidade às práticas de si descritas no livro e protocolar, como já foi mencionado, um exercício de autotransformação. As artes da existência que Foucault analisa e que foram praticadas na Antiguidade serão aplicadas, naquelas linhas, a sua própria vida. Portanto, não surpreende o festejo do ensaio filosófico como "prova transformadora de si". Escreve-se para transformar-se, e nisso consiste a atividade *etho-poética* da escrita.

Já em 1978 Foucault concede este potencial de transformação à escrita: "Quando escrevo, faço-o sobretudo para transformar-me."[8] Esse papel, exercido nos anos 1980 pelo ensaio como corpo vivo da filosofia, corresponde a uma concepção da filosofia como arte de vida e práxis estilística, ideias para cuja elaboração foi decisiva, acredito, a influência de Pierre Hadot.

Filosofia é em essência ascese, ou seja, um "exercício de si no pensamento". A ascese é um saber do sujeito e corres-

8 "Entretien avec Michel Foucault", DE, IV, p. 42. A capacidade transformadora da escrita é uma constante em seus trabalhos sobre literatura dos anos 1960. Naquele tempo, o que lhe interessava era uma experiência des-subjetivante suscetível de se opor ao sujeito arqueológico. Nos anos 1980 trata-se antes de uma autoconstituição. A partir dessa nova perspectiva, Foucault contempla, em 1983, a figura de Raymond Roussel: "No fundo, um escritor não cria sua obra simplesmente em seus livros, mas sua obra principal é afinal de contas ele mesmo no processo da escrita de seus livros. A vida privada de um indivíduo, suas preferências sexuais e seu trabalho estão relacionados; não porque seu trabalho traduza sua vida sexual, mas porque seu trabalho abrange tanto sua vida quanto o texto." ("Archéologie d'une passion. Sur R. Roussel", DE, IV, p. 606–607). Quão longe se encontram essas afirmações do Foucault que tinha recusado com tanta veemência nos anos 1960 a figura do autor, abraçando a literatura autorreferencial – do tipo de Mallarmé – resumida na pergunta: quem se importa com quem escreve?

ponde à sua "atividade de autotransformação".[9] Além disso, representa um influir sobre si com o objetivo de voltar a se formar. Tanto para Foucault quanto para Hadot trata-se de atualizar essa ascese, não em sua acepção cristã e moderna (autorrenúncia, autorrestrição), mas no sentido mais amplo da filosofia greco-latina, como arte de vida, como autoelaboração e autoinfluência: a ascese como possibilidade de se equipar. A ascese homossexual (em que práticas sadomasoquistas ocupariam um lugar especial) deve ser entendida nesse sentido.

Atualizar a filosofia antiga significa devolvê-la à sua forma original, à ascese. Trata-se, além disso, de entendê-la como uma "tecnologia de si", pois "o movimento que conduz à renúncia de si caracteriza o ascetismo cristão". A ascese antiga desemboca "não em renúncia, mas na consideração progressiva de si".[10]

A pergunta que formulam ambos os autores nesse contexto é a seguinte: para que serve a filosofia? Ou, em outras palavras: o que é a filosofia? Ambos têm a mesma resposta: a filosofia é a atividade da autotransformação,[11] atividade cor-

---

9 "À propos de la généalogie de l'éthique: un aperçu du travail en cours", DE, IV, p. 396.

10 "Les Techniques de soi", DE, IV, p. 800.

11 Cf. UP, p. 15 ss.; "Le Philosophe masqué", DE, IV, p. 110. Foucault advoga por uma noção diferente de filosofia, recusando toda filosofia que não considere a questão da ascese e da autoconstituição (cf. "Hermeneutik des Subjekts", p. 49; "À propos de la généalogie de l'éthique: un aperçu du travail en cours", DE, IV, p. 630–631): "Talvez me digam que este jogo consigo mesmo deve permanecer nos bastidores, e que, como muitos, pertence às preparações que se retiram por si mesmas quando têm cumprido seus efeitos. Mas, o que é hoje a filosofia – refiro-me à atividade filosófica – senão o trabalho crítico do pensamento sobre si mesmo." (UP, p. 14). Como L. Bersani observa: "Existe a ilusão – alimentada em nossa cultura precisamente desde a Grécia antiga – de

respondente na Antiguidade à espiritualidade, filosofia como experiência da espiritualidade, ou seja, as transformações que o sujeito deve desenvolver para alcançar uma determinada forma de existência.

Ao comparar os últimos volumes da *História da sexualidade* com os trabalhos prévios de Foucault, observa-se não unicamente uma mudança no estilo (mais plácido), como uma parte da recepção observou: muito mais importante é o fato de esses textos constituírem a ascese pessoal de Foucault, como Paul Veyne reconhece: "A ideia de um estilo de vida desempenhou um papel muito importante nas conversas e na vida interior de Foucault nos últimos meses de sua vida, que ele via ameaçada."[12] Hadot localiza esse momento existencial nas conversas com Dreyfus e Rabinow. Na introdução a *O uso dos prazeres*, o equilíbrio entre análises históricas e transformação filosófica encontra sua melhor expressão. Foucault contempla a possibilidade de efetuar determinado trabalho sobre si, consistente para ele na elaboração dos últi-

---

que a filosofia e a história são exercícios livres, não condicionados pela mente antes de versões particulares de urgências em filósofos e historiadores. Este é precisamente o tipo de ilusão que possivelmente aparecia mais suspeitosa a Foucault." ("Pedagogy and Pederasty", *Raritan*, 1985, p. 20.) Se a filosofia constitui um exercício do pensamento sobre si mesmo, então a historiografia de Foucault serve para "desapossar-se ontologicamente" (idem).

12 "Le Dernier Foucault et sa morale", *Critique*, 1986, p. 939. Cf. Veyne, *Weisheit und Altruismus*, 1993, p. 12: "Todo o mundo sabe a importância que a reinterpretação do estoicismo tinha para o estado anímico de Michel Foucault quando escrevia seu último livro: o esboço de uma ética para nossa época pós-cristã e nietzschiana." Porém, Paul Veyne ordena a descrição da ascese pessoal de Foucault numa determinada situação existencial: a proximidade da morte, o que limita consideravelmente seu alcance e a possibilidade de generalização: "Não é por acaso que o renascimento moderno de Sêneca – pelo menos na França – surgisse em um determinado círculo literário perto de Foucault, que tinha de viver com a ameaça representada pela aids" (ibid., p. 11 ss.).

mos volumes da *História da sexualidade*. Porém, esse tipo de trabalho não corresponde à autoelaboração descrita nas análises contidas nos textos que o autor examina em tais volumes, nos quais não se trata de uma constituição de si como sujeito moral, mas constitui uma tentativa de se desprender de si. Esse esforço, característico também da ética do intelectual, é definido da seguinte maneira: "Elaboração de si através de si, uma apaixonada transformação, uma modificação lenta e difícil mediante o cuidado contínuo da verdade."[13] Essa atitude opõe-se à *conversão*,[14] a qual é definida como processo de autossubjetivação, ou seja, a produção de uma relação consigo cujo resultado é um mesmo.

Há certa confusão conceitual na descrição foucaultiana do processo de "desprender-se de si", pois este parece corresponder ao processo de autossubjetivação e não a uma atividade des-subjetivante. A ascese, por sua vez, é identificada como o processo de autoconstituição e com as chamadas tecnologias de si.[15]

Em poucas palavras, parece que Foucault emprega indistintamente os conceitos de ascese, tecnologia de si, autossubjetivação, desprendimento de si, não considerando necessário, aparentemente, oferecer uma definição mais

---

13 "Le Souci de la vérité", DE, IV, p. 675.

14 Foucault pensa em conversão na acepção greco-romana, ou seja, como *epistrophe* (*epistrophè eis heautón*, a qual culmina num gozo de si: *potestas sui*, cf. SS, p. 81 ss.), e não na conversão cristã, isto é, como *metanoia*, cujo objetivo é a autorrenúncia (cf. "Hermeneutik des Subjekts", p. 48; "Du gouvernement des vivants", DE, IV, p. 128). Possivelmente influiu sobre as análises de Foucault o artigo de Pierre Hadot, "Conversion" (cf. op. cit., 1987, p. 175 ss.), no qual essas diferenças são tematizadas.

15 Cf. "De l'amitié comme mode de vie", DE, IV, p. 165; "Les Techniques de soi", DE, IV, p. 784.

precisa deles. A razão radica-se, creio, no fato de seu verdadeiro interesse consistir na elaboração de uma história da subjetividade a partir das diferentes tecnologias de si.[16] Em outras palavras, a intenção de Foucault é o estudo das diferentes práticas (ascese) que permitem ao indivíduo estabelecer determinada relação consigo e esboçar diferentes pontos de resistência contra um poder subjetivante. Importante é o rastreio histórico-genealógico dessas práticas e não o tipo de existência para a qual elas apontam (constituição de si como sujeito moral ou autorrenúncia). Por essa razão o acento recai mais do lado da ascese que de si, o que torna possível a obtenção de uma série de ganhos teóricos, resumidos nos seguintes pontos:

1. Uma noção processual da subjetividade centrada nas diferentes modalidades de relação consigo permite a Foucault fugir do retorno a uma filosofia do sujeito. Isto é, torna-se possível estudar autorrelacionamentos sem postular uma filosofia do sujeito. O resultado é a historicização do sujeito: não existe um sujeito como tal (universal, a-histórico), mas uma história da subjetividade, ou seja, das diferentes tecnologias de si.

2. A questão do *estilo* de existência ganha atualidade não somente como categoria histórico-sociológica mas também ontológica. O estilo determina a modalidade da relação consigo e aponta para um tipo de moral que não persegue a codificação das ações ou

16 Cf. "Subjectivité et vérité", DE, IV, p. 214.

a submissão à lei; trata-se de uma moral orientada para a ética, ou seja, um tipo de moral definido pelo estilo de existência.

3. Uma forma de escapar à questão da normatividade. Foucault não pretende oferecer uma solução ou prescrever uma forma determinada de relacionar-se consigo. Seu objetivo é simplesmente acompanhar a genealogia das problematizações e de suas correspondentes práticas de si.

4. A proibição é substituída pela problematização moral, definida a partir das práticas de si e de suas transformações. Este ponto está inter-relacionado com o anterior, visto que a concentração sobre as problematizações morais permite uma fixação sobre os elementos éticos (isto é, a forma da relação consigo) e não do código de cada moral.

5. Foucault pode, portanto, estabelecer certas continuidades entre a moral pagã e a cristã, as quais acontecem no plano das problematizações e não das proibições, pois neste último existe um abismo entre a moral pagã e a cristã.[17] A forma de existência perseguida pelo cristianismo opõe-se radicalmente à pagã. Porém, em relação à ascese, pode-se constatar como uma série de temas e motivos diferentes tem passado de uma moral à outra.

---

17 Apesar de as codificações aparecerem no começo do século XIII. Na época estudada por Foucault, correspondente à adoção das práticas de si greco-latinas pelo ascetismo cristão, nos séculos IV e V, ainda não tem lugar essa juridificação da moral. As modificações entre a moral pagã e a cristã nessa era acontecem somente no nível do relacionamento consigo mesmo, ou seja, da ética.

No pensamento de Foucault, exercem certo fascínio diferentes formas de ascetismo e martírio cristão – como mostra, por exemplo, a repetida tematização da figura de Santo Antônio.[18] O esforço por "desprender-se de si" seria a expressão desse interesse. Porém, esse fascínio deve ser procurado antes na sua noção de literatura, como pode ser observado nos textos dos anos 1960, nos quais a destruição do autor, o sacrifício etc. são tematizados:

> Desde o momento em que a literatura representa um certo sacrifício do eu, ou ambas as coisas, sacrifício do eu e sua transposição em outras coisas, em outro tempo, em outra luz etc. aparece o escritor moderno em certa medida relatado ou unido aos primeiros ascetas cristãos, ou aos primeiros mártires cristãos. Quando digo isto, é, evidentemente, com certa ironia. Penso que o mesmo problema da relação entre a hermenêutica de si e o desaparecimento de si – sacrifício, negação de si – constitui o núcleo da experiência literária do mundo moderno.[19]

18 A hipótese de James Miller (cf. op. cit., 1993, p. 342 ss.), segundo a qual toda a trajetória filosófica e pessoal de Foucault vem determinada por diferentes experiências-limite (sexualidade – especialmente sadomasoquista –, política, drogas, literatura etc.), serve para relacionar o interesse de Foucault pela autoanulação cristã com certas figuras literárias (Bataille, Artaud) e com o sadomasoquismo do próprio Foucault, que, analogamente ao ascetismo cristão, aponta para a anulação de si.

19 Conversa com Foucault em 30 out. 1980. Citado por J. Miller (op. cit., 1993, p. 454). Desse modo, J. Bernauer fala do "misticismo mundano" de Foucault. Cf. *Michel Foucault's Force of Flight*, 1990, p. 178.

Apesar desse fascínio, Foucault aposta, em suas últimas conversas, em um tipo de relacionamento que tenha o próprio *bios* por objeto e que represente uma arma ante o poder moderno. Trata-se de uma relação consigo que culmina na constituição de um *sujeito-forma* e não de um *sujeito-substância*; uma atividade desprovida de identidade, a qual representa, em última instância, um modo de *intensidade*, uma "dobra da relação de forças".[20]

20 Deleuze oferece a interpretação mais original e aguda da subjetivação em Foucault. Esta consiste, segundo ele, na constituição de um "dentro" como obra de um "fora" (cf. Deleuze, F, p.103–104, 105–106). À interioridade tradicional histórico-filosófica opõe Foucault o novo "dentro" surgido da dobra do "fora" (ibid., p. 104). Com isso, oferece-nos uma relação consigo mesmo distante da constituição de uma autoconsciência. Mediante um "desligamento duplo" (*décrochage*) dos exercícios do autodomínio do saber e do poder, forma-se uma autoconstituição: "É como se as relações com o fora se dobrassem, se curvassem para produzir uma duplicação, permitir a formação de uma relação consigo mesmo e constituir um dentro." (ibid., p. 107). O desligamento produz uma "re-dobra" (cf. ibid.; "Qu'est-ce qu'un dispositif?", 1989, p. 187–188; "A vida como obra de arte", C, p. 122–123; "Um retrato de Foucault", C, p. 140–141; "Sobre a filosofia", C, p. 188–189). A subjetivação como dobra (*pli*) caracteriza o pensamento de Foucault. No seu livro *A dobra: Leibniz e o barroco* (*Le Pli: Leibniz et le baroque*, 1988), Deleuze ressalta o barroco como a idade das dobras e Leibniz como seu pensador mais destacado (p. 5). Ao mesmo tempo anuncia um novo leibnizianismo no presente com Foucault como seu exponente: "[...] permanecemos leibnizianos, pois trata-se sempre de dobrar, des-dobrar, re-dobrar" (ibid., p. 189).
Segundo Deleuze, o sujeito representa, para Foucault, uma derivação, um resultado do processo de subjetivação (cf. F, p. 108; "Um retrato de Foucault", C, p. 141). Não se trata de um sujeito pessoal, mas de um "modo da intensidade", correspondente à noção foucaultiana de individualismo (intensidade da relação consigo mesmo). Sobre o papel da intensidade no pensamento de Deleuze, cf. *Différence et répétition*, 1968, p. 187–188, 276–277, 289–290, 133–314; "Rachar as coisas, rachar as palavras", C, p. 116–117: "Penso que a subjetivação tem muito pouco a ver com um sujeito. Trata-se antes de um campo elétrico ou magnético, uma individuação, que percorre através de intensidades (tanto baixas quanto altas), de campos sobreindividuais e não de pessoas ou identidades. É o que Foucault às vezes chama de paixão." Cf. Francisco Ortega, *Intensidade: para uma história herética da filosofia*, 1998.

Dizer que o sujeito é uma forma, ou que existiu uma vontade de forma na Antiguidade, permite centrar a atenção sobre as práticas de si. O sujeito-forma é um sujeito apontando para o processo de sua constituição, ou seja, um sujeito como atividade, em devir, o qual substitui seu *status* de sujeito pela "plenitude da relação consigo". Um sujeito desse tipo exige uma atitude experimental consigo[21] e aponta para sua multiformidade histórica.

Já em *A vontade de saber*, Foucault lamentava[22] a falta de um saber do sujeito como forma. Com seu retorno à Antiguidade, encontra esse "sujeito-forma", suscetível de ser atualizado.

A ascese – e com isso voltamos ao ponto de partida: a relação Foucault-Hadot – aspira a determinada forma de existência que felizmente nunca se atinge. O elemento importante nessa frase é o "felizmente", pois ele exprime o sentido da noção foucaultiana de ascese. Felizmente o almejado fim não é atingível; se fosse alcançado, terminaria a tarefa do trabalho sobre si. Essa forma de existência inalcançável corresponde ao *Übermensch* nietzschiano, o qual não representa uma forma de ser concreta (salvando-se assim de interpretações fascistoides), mas uma tarefa de constante autossuperação: o si como trabalho ininterrupto, como infinitas metamorfoses. É nesse contexto que se deve colocar a importância que Foucault concede ao *formalismo* do século XX.

---

21 Cf. "Hermeneutik des Subjekts", p. 41; "Politique et éthique: une interview", DE, IV, p. 585.

22 Cf. VS, p. 93.

3

AUTOCONSTITUIÇÃO DO SUJEITO

Entre o sexo e o si mesmo

Quando lemos os volumes II e III da *História da sexualidade*, percebemos certa tensão, determinado balanço entre o sexo, os prazeres e o si mesmo. Uma tensão que é reconhecível (e não em último lugar) no título dos dois volumes: o segundo volume tem como título *O uso dos prazeres*, o que indica uma ênfase sobre o sexo; o terceiro, *O cuidado de si*, aponta para o si mesmo antes que para o sexo; o quarto (publicado postumamente), cujo título é *As confissões da carne*, ocupar-se-ia, por sua vez, do sexo. Essa tensão não é redutível à relação histórica entre o sexo e o sujeito. Tal relação já podia ser apreciada em *A vontade de saber*; sua tematização, porém, tinha como consequência outro tipo de subjetividade (como objeto do poder). A tensão manifesta-se ao se analisar o surgimento dos últimos volumes da *História da sexualidade*.

"Escrevi em primeiro lugar um livro sobre sexo [...], que deixei de lado. Então escrevi um livro sobre o si mesmo e as técnicas de si, o sexo desapareceu, e na terceira vez tentei escrever um livro que mantivesse o equilíbrio entre um e outro."[1]

---

1 "À propos de la généalogie de l'éthique: un aperçu du travail en cours", DE, IV, p. 610.

A concepção originária da *História da sexualidade* tinha duas partes e um livro ulterior, o qual não pertencia à história. Os títulos das partes eram *O uso dos prazeres* e *As confissões da carne*, enquanto o livro à parte tinha como título *O cuidado de si*. Os títulos, e não os conteúdos, correspondem aos atuais. No projeto inicial, *O uso dos prazeres* ocupava-se dos primeiros séculos de nossa era e não da Grécia clássica. *O cuidado de si* era um livro não pertencente à *História da sexualidade*, pois tratava exclusivamente de tecnologias de si (principalmente no *Alcibíades* platônico, em que a temática do cuidado de si aparece pela primeira vez). A divisão atual é resultado da mistura de ambos os projetos. O livro *O uso dos prazeres* faz referência à ética sexual na Grécia antiga: são analisadas técnicas de si a partir da problematização moral das ações sexuais. A introdução da problemática da verdade na ontologia platônica em relação com a temática do amor dos rapazes ocupará um lugar especial, em detrimento da análise do *Alcibíades*, que mal será mencionado. *O cuidado de si* concentra-se nos séculos I e II d.C. O capítulo "A cultura de si" concentra-se na temática da *epiméleia heautoû/cura sui*, a qual formava uma parte do livro originário e separado da *História da sexualidade*, *O cuidado de si*.

Se observarmos os cursos no Collège de France durante esses anos (os quais constituem os trabalhos preparatórios para tais livros), poderemos perceber a tensão e o esforço de Foucault por estabelecer um equilíbrio entre os dois elementos (sexo e si mesmo).[2] Nesses cursos, o sexo ocupa um

2 L. Wolfstetter (cf. "Foucaultiade II", *Das Wahrsprechen des Anderen*, 1988, p. 68) classifica os cursos no Collège de France como análises históricas pormenorizadas, que teriam sido integradas aos volumes II e III da *História da sexua-*

valor inferior em comparação com a *História da sexualidade*, como mostram as mencionadas reestruturações. Além disso, há uma tematização desigual das práticas de si gregas (com exceção do *Alcibíades*) diante das romanas. Os cursos de 1980/1981 e 1981/1982, Subjetividade e verdade e A hermenêutica do sujeito, foram incorporados em grande parte ao segundo capítulo de O *cuidado de si*.

Uma parte da recepção identifica nessas reestruturações o esforço de Foucault em dotar de unicidade a sua *História da sexualidade* e o desejo de esconder o abismo surgido da ampliação da dupla ontologia à tripla. Isso é, aliás, correto em parte. Mas do que verdadeiramente se trata (como foi mencionado) é da relação entre subjetividade e sexualidade, o que já constituía a temática de *A vontade de saber*. Ou, como Richard Sennett observa, trata-se de mostrar como "esse tema da autoconsciência surge via sexualidade".[3] Pois Foucault

---

lidade. Essa conclusão é uma subavaliação, já que esses cursos testemunham a tensão apresentada entre sexo e si mesmo. Tematicamente, o acento recai mais antes do lado de si mesmo, das tecnologias de si, que do sexo (apesar de este não ser ignorado totalmente). Ao mesmo tempo, podemos reconhecer nelas a influência de Pierre Hadot: trata-se da determinação da filosofia antiga como ascese. O próprio Pierre Hadot estabelece um parentesco entre os cursos de 1981/1982 e seu livro sobre os exercícios espirituais. A análise da relação entre Foucault e Hadot serve para entender a tensão entre sexo e si mesmo nos escritos foucaultianos; pois Foucault tenta acoplar as práticas de si ligadas à atividade sexual às práticas de si gerais e não exclusivamente de natureza sexual – ou seja, as práticas descritas por Hadot: "No pensamento antigo, governar as práticas sexuais constituía uma parte do governo de si, alvo da ascese espiritual." (A. Davidson, "Spiritual exercises and ancient Philosophy: An Introduction to Pierre Hadot", *Critical Inquiry*, 1990, p. 480). Finalmente, esses cursos apontam para uma pretensão de atualização das práticas de si, isto é, uma extensão das análises históricas para um programa/esboço filosófico, o qual se acha presente nos últimos volumes da *História da sexualidade* somente na introdução.

3 Richard Sennett, "Sexualität und Einsamkeit", *Von der Freundschaft*, 1984, p. 25.

confessa achar o sexo "entediante" e localizar seu interesse nas tecnologias de si. As tecnologias de si sexuais constituem uma parte das tecnologias de si gerais. As últimas foram investigadas por Hadot e Foucault no Collège de France, ao passo que pelas primeiras Foucault foi o único a se interessar.

Um "certo" ganho teórico

Apesar do deslocamento teórico, reconhecido por alguns exegetas, entre o primeiro e o segundo e terceiro volumes da *História da sexualidade*, existe uma semelhança metodológica, a qual será caracterizada por Foucault em *O uso dos prazeres* como um "certo ganho teórico",[4] atingido mediante o abandono do horizonte de confiança.

Uma das novidades apresentadas por *A vontade de saber* (aliás, já presente em *Vigiar e punir*) era a recusa da noção jurídica de poder, expressa pela proibição: a hipótese repressiva. A renúncia da proibição como expressão do poder conduziu Foucault à tematização de uma forma de poder positiva, constitutiva de verdade e de objetos, caracterizada como biopoder. Somente por meio da superação da proibição como modelo explicativo foi possível trazer à luz os mecanismos de um complexo de saber/poder.

Uma passagem análoga vai ser introduzida na continuação da *História da sexualidade*: trata-se da substituição correspondente da categoria de proibição pela de problematização (moral). Pois Foucault tenciona escrever uma

4 UP, p. 13, 16.

história das problematizações éticas a partir das práticas de si em vez de uma história dos sistemas morais a partir das proibições.[5] A proibição diferencia-se da problematização moral; a Antiguidade greco-latina testemunha a experiência de uma problematização moral intensa, em que as proibições apenas existiam. Assim, pode-se estabelecer uma série de "continuidades estreitas" entre a ética pagã e a cristã, na qual, aliás, a maioria dos historiadores encontra uma Antiguidade tolerante ante uma rígida moral cristã, uma análise que permanece no nível das proibições. As continuidades estreitas são unicamente perceptíveis no nível das problematizações morais. Essa descoberta supõe um ganho importante para o pensamento de Foucault.[6]

A análise das diferentes problematizações na Antiguidade relaciona-se com as práticas de si, denominadas também "artes da existência", as quais apontam para uma estilização do comportamento. A reflexão foucaultiana sobre a moral sexual antiga orienta-se ao redor de dois eixos: uma *arqueologia das problematizações* e uma *genealogia das práticas de si*. A problematização moral desenvolve-se no âmbito denominado por Foucault "quadrângulo temático do rigor sexual": a relação com o próprio corpo (Dietética), a relação com o outro sexo (Economia), a relação com o próprio sexo (Erótica), a relação com a verdade. Esses quatro pontos encarnam os âmbitos de aplicação das práticas de si. Sua investigação constitui o pri-

5 Cf. ibid., p. 19.

6 *Problematização* é um conceito-chave dos últimos trabalhos de Foucault, o qual alcança um significado especial quando a história do pensamento e da verdade tinha como objetivo a determinação das problematizações; pois nas problematizações o ser se apresenta "como algo que pode e deve ser pensado" (ibid, p. 17).

meiro capítulo da "história das técnicas de si", a qual Foucault queria utilizar como fio condutor da história da sexualidade.[7]

A substituição teórica (proibição por problematização moral) levou Foucault à elaboração de uma história das problematizações morais na Antiguidade baseando-se nas práticas de si que seguem os critérios de uma estética da existência, independente de uma legislação moral: "Aqui temos o que tentei reconstruir: a formação e o desenvolvimento de uma prática de si, cujo objetivo é constituir-se a si como o artífice da beleza da própria vida."[8] Rigor sexual não como expressão de proibições, mas como característica de uma liberdade, de uma livre escolha, definida pelo esforço de dotar de beleza a própria existência.

Moral, constituição ética, ascese

Foucault distingue três aspectos na moral: o código moral, o comportamento moral e a constituição de si como sujeito moral. O terceiro elemento será o importante nas suas análises. Trata-se da investigação das diferentes modalidades de autorrelacionamento que devem determinar a forma da constituição como sujeito moral. Tal relacionamento consigo se estabelece a partir de quatro pontos de vista: *substância ética, modo de sujeição, trabalho ético* e *teleologia*. Em toda moral encontram-se elementos do código moral e formas de subjetivação. Foucault distingue, porém, entre morais cujo

---

7 Cf. ibid. p. 17–18, 29.

8 "Le Souci de la vérité", DE, IV, p. 671; UP, p. 17–18.

acento incide sobre o código e morais cujo acento incide sobre as formas de subjetivação.[9] Importante é o fato de as morais orientadas para as formas de subjetivação serem denominadas *ética* ou *ascese*.

No capítulo dedicado à relação entre Foucault e Hadot foi apresentada a identificação estabelecida por ambos os autores, da filosofia antiga com a ascese. Agora Foucault elabora um esquema de quatro pontos para a análise das diferentes morais. Aí situa a ascese (à qual foi concedido um significado tão especial) como um dos quatro pontos. Ela não é, porém, simplesmente um dos quatro pontos.

Em outro lugar Foucault descreve quatro técnicas de si: cartas, exame de consciência, interpretação dos sonhos e ascese, divididas, por sua vez, em exercícios no pensamento (*melete*) e exercícios na realidade (*gymnasia*).[10] Ele se contradiz quando identifica a ascese às vezes com as tecnologias de si e a própria filosofia, ao passo que em outros lugares lhe dá um significado muito mais modesto.

Foucault afirma: "Isto poderia denominar-se uma história da 'ética' e da 'ascética' – entendida como a história das formas da subjetivação moral e das práticas de si correspondentes."[11] Segundo essa citação, Foucault parece relativizar a diferença entre a ética e a ascética, diferença difícil de manter quando se comparam, por outro lado, as morais orientadas para a "ética" com as morais orientadas para o código, pois as reflexões morais da Antiguidade greco-latina atingem antes as práticas de si e a ascese que a codificação do comporta-

9 Cf. UP, p. 36–37.
10 "Les Techniques de soi", DE, IV, p. 803–804.
11 UP, p. 36.

mento e a definição rigorosa do permitido e do proibido. Por essa razão Foucault se concentra sobre as práticas de si na sua análise das morais sexuais da Antiguidade pagã, não esquecendo a diferenciação entre elementos de código e elementos de ascese contidos em toda moral.

A ascese, imprescindível para a autoconstituição, ocupa o lugar central da ética, cuja tarefa é a constituição do indivíduo como sujeito moral; Foucault identifica ao mesmo tempo a própria ascese com a autoconstituição: ascese é a "atividade de autoformação".[12]

Com isso, não pretendo desvendar todas as confusões conceituais nas análises foucaultianas. Meu interesse consiste, antes, em mostrar o significado da ascese, das práticas de si, na investigação genealógico-histórica da moral antiga feita por Foucault, na qual a ascese ocupa o lugar principal: partindo das diferentes formas da relação consigo, ele tenciona reconstruir genealogicamente a história da subjetividade. Desse modo a atenção sobre as práticas de si oferece importantes ganhos teóricos, como foi mostrado.

Subjetividade arcaica

A experiência moderna da subjetividade como "reflexividade radical", isto é, "uma virada para si da perspectiva da primeira pessoa",[13] tem sua origem com Agostinho. Os

---

12 "À propos de la généalogie de l'éthique: un aperçu du travail en cours", DE, IV, p. 396.

13 Cf. Taylor, *Sources of the Self*, 1989, p. 176.

gregos possuíam uma experiência de seu eu diferente da nossa. Jean-Pierre Vernant tem tentado analisar em diversas publicações como se formou, entre os séculos VIII e IV a.C., uma noção que não corresponde à do eu moderno. Seu método, a "psicologia histórica",[14] procede de forma análoga à antropologia histórica (genealogia) do sujeito de Foucault, pois não pergunta se os gregos possuíam uma experiência de subjetividade ou personalidade – o que suporia um modelo perfeito, abstrato e histórico de individualidade –, mas tenta antes elaborar as diferenças que separam essa experiência da nossa.

Entre Homero e Platão existe uma inversão da perspectiva em relação ao *status* do si mesmo (*autos*). No mundo arcaico dos heróis homéricos não existia uma divisão apreciável entre o corpo (*soma*) e a alma (*psychè*). O *soma*, que abrange simultaneamente o corpo e o cadáver, constitui o *autos* do homem homérico. O corpo vivo não tem nem unidade nem estrutura. Somente o corpo-cadáver, como é representado nos rituais funerários, possui uma individualidade e uma estrutura. A alma (*psychè*) refere-se unicamente ao suspiro que abandona o *soma* na hora de sua morte. Ela é um fantasma, uma sombra do corpo sem existência independente.[15] Nem o corpo nem a

---

14 J-P. Vernant, *Myth and Thought Among the Greeks*, 1983, p. xii.

15 Ibid. Essa extraordinária noção do si, reservada para o corpo e somente apreensível na forma do cadáver, remete a uma ideia da existência em que existir significa ser famoso. A *areté* nessa época arcaica vai ser encarnada pelo guerreiro (cf. G. Mallea, "El uso de los placeres", *Foucault y la ética*, 1988, p. 16–17). Em semelhante concepção agonística da existência e da moral, o corpo (especialmente o cadáver) constitui um brasão no qual a dignidade e a posição do indivíduo são representadas. A verdadeira morte é o esquecimento, o silêncio, a ausência de glória, e existir significa, como J-P. Vernant observa, "ser reconhecido, respeitado, honrado e sobretudo glorificado: ser objeto de uma

alma são apreciáveis psicologicamente (*psychè* tem o sentido de físico-corpóreo) na Grécia arcaica.

Com Platão acontece uma dupla evolução semântica: *soma* não será mais identificado principalmente com o cadáver, mas designa o corpo vivo, enquanto a *psychè* se refere à alma. Com isso, o *autos* passa do *soma* à *psychè*, separando-se do corpo e ganhando autonomia.

Na Grécia clássica, todo indivíduo possui uma alma (*psychè*), a qual, porém, não deve ser entendida como um "eu", como um indivíduo psicológico:[16] os gregos não conheciam a introspecção. O sujeito é extrovertido. Brunschvig fala, nesse contexto, de um "*cogito* paradoxal": eu sou a projeção de mim que vejo.[17] A consciência está voltada para fora; a autoconsciência não existe, ou somente sob a forma de um "ele" e não de um "eu". A alma como "eu" do indivíduo constitui uma identidade impessoal ou sobreindividual, ela é a alma em mim e não minha alma, como Pierre Hadot observa: "não se trata

---

palavra, de um discurso, de uma história – que, na forma de uma gesta que não cessa de ser reaprendida e repetida, conta um destino admirável" (*L'Individu, la mort, l'amour. Soi-même et l'autre en Gréce ancienne*, 1989, p. 53). Em *Vigiar e punir*, Foucault opõe a esse tipo de individuação ascendente ou memorável (cf. J. Minson, *Genealogies of Morals*; "Strategies for Socialists? Foucault's Conception of Power", *Towards a critique of Foucault*, 1987) a individuação descendente própria da sociedade disciplinar.

16 Cf. J-P. Vernant, op. cit., 1989, p. 215–216. A partir da caracterização tripla do indivíduo estabelecida por Foucault (cf. SS, p. 56–57), Vernant estabelece uma diferenciação entre indivíduo, sujeito e eu (*moi*), segundo a qual os gregos da época clássica somente teriam uma experiência de indivíduo ou de sujeito (que, como já foi dito, não deve ser entendido em um sentido psíquico-psicológico), mas não do eu como interioridade de um sujeito.

17 J-P. Vernant, op. cit., 1989, p. 225; "Nouvelle Histoire de la Grèce ancienne", *Magazine Littéraire*, 1986, p. 97.

da questão de um sujeito, mas de um objeto interno";[18] pois a alma tem uma natureza divina – ela é um *daimon* que ocupa uma posição intermediária entre deuses e homens, a qual excede o indivíduo. Já com Platão há uma interação entre a alma (*daimon*) e a parte dela que possui uma relação direta com o corpo, as necessidades, os prazeres; trata-se de uma ascese moral cujo objetivo é a constituição de uma interioridade. Essa interioridade não tem a forma de um sujeito, de um eu, mas de um si mesmo, correspondente à categoria de indivíduo. Infelizmente, Foucault trata essas categorias sem diferenciação. Para ele, que conhecia o trabalho de Jean-Pierre Vernant, ambas as premissas estão relacionadas. Ele não tenta fixar, porém, o momento do surgimento do sujeito, apesar de pretender acompanhar o desenvolvimento do sujeito na sua história. Ele fala do sujeito entre os gregos, afirmando simultaneamente a não existência do sujeito entre eles, mas somente a experiência do indivíduo, o que representa um erro terminológico. Foucault não fala do sujeito no sentido da autoconsciência, a qual, como já foi mostrado, é desconhecida dos gregos. O que ele diz é que nem todas as relações consigo têm a forma da autoconsciência: "chamaria subjetivação ao processo pelo qual se produz a constituição de um sujeito, ou, mais exatamente, de uma subjetividade, o que evidentemente constitui somente uma das possibilidades dadas da organização da autoconsciência".[19] Em poucas palavras, trata-se da elaboração de formas de autorrelacionamento diferentes da autoconsciência.

18 Pierre Hadot, "Réflexions sur la notion de 'culture de soi'", *Michel Foucault philosophe*, 1989, p. 269.

19 "Le Retour de la morale", DE, IV, p. 706.

As confusões terminológicas de Foucault devem-se a seu esforço de atualizar o modelo de relação consigo próprio da Antiguidade.[20] A elaboração de uma autoconstituição do sujeito como um relacionamento consigo não normalizado na cultura grega e romana, sem perder de vista suas implicações na atualidade, será discutida a seguir.

Autoconstituição grega

Neste item pretendo simplesmente salientar alguns elementos importantes da ética sexual grega em relação às éticas cristã e romana.

Foucault define seu projeto programaticamente como a investigação das diferentes formas e maneiras da constituição do indivíduo como sujeito moral (uma constituição autônoma), por meio das práticas de si, do pensamento grego clássico até a formação da moral cristã da carne. A análise foucaultiana da constituição moral grega parte do conceito de *chrêsis aphrodisíon* (uso dos prazeres) e de suas correspondentes formas de subjetivação. Trata-se da procura do uso correto, da moderação, a qual será apresentada como arte e estilo de existência. A moderação exprime uma liberdade em

20 Justificar-se-ia, assim, a crítica de Pierre Hadot (cf. *Philosophie als Lebensform*, 1991, p. 179–180; op. cit., 1989, p. 269–270) a Foucault, segundo a qual não é correto aplicar os conceitos de "sujeito" e "si mesmo" à Antiguidade; tratando-se antes de um si mesmo, produzido mediante um trabalho sobre si mesmo, como autossuperação. Porém, como J-P. Vernant observa, o imperativo de um trabalho sobre si mesmo é constante na Antiguidade, independentemente do fato de se tratar de um si psicológico ou de um si dirigido para o cosmos (ibid.).

sentido positivo: como um poder "exercido sobre si mediante o poder sobre os outros".[21] *Enkráteia* (moderação), a forma da relação consigo na época clássica grega, caracteriza-se como um relacionamento ativo e agonístico consigo; implica a elaboração de um relacionamento guerreiro do tipo dominação/obediência sobre uma parte de si mesmo: os desejos e paixões que devem ser dominados. A partir de Aristóteles, *enkráteia* distingue-se de *sophrosyne*, a qual será definida como um estado geral, como um comportamento virtuoso em geral e não exclusivamente como moderado. O comportamento agonístico, expresso pela *enkráteia*, tem a *sophrosyne* como objetivo. Aqui a luta terminou, não porque os desejos foram exterminados, mas porque seu domínio completo tornou-se um estado.

A *enkráteia* exige a presença dos desejos como o inimigo que deve ser combatido e cujo domínio representa a *areté*. A concepção agonística da ética e da virtude lembra a Grécia arcaica, onde a *areté* (entendida como coragem e valentia na luta) era encarnada pelos heróis homéricos, reconhecidos guerreiros. O guerreiro era o único possuidor da *areté*. Com a passagem à democracia, quando o guerreiro deixa de ser o portador da virtude, permanece, porém, o caráter guerreiro desta. O inimigo não é mais constituído pelos elementos ameaçadores da pólis, mas pelos inimigos internos, os desejos, que devem ser dominados.[22]

---

21 UP, p. 94.

22 Cf. Mallea, op. cit., p. 15–18. Nicole Loraux (cf. "Das Band der Teilung", *Gemeinschaften: Positionen zu einer Philosophie des Politischen*, 1994, p. 35–36) mostra como o elemento agonístico da cultura grega é próprio inclusive da língua grega desde sua origem. A ágora no meio da pólis, tradicionalmente um lugar tranquilo e pacífico, contém em si o elemento do *agôn*, o qual exprime si-

Foucault denomina o estabelecimento de uma relação agonística consigo do tipo mencionado "estrutura autocrática do sujeito",[23] a qual se desenvolve segundo dois modelos principais: o modelo da vida doméstica e o modelo da vida política. Como consequência, estabelece-se um triplo isomorfismo; a elaboração de si como sujeito moral no âmbito dos desejos (caracterizada pelo uso moderado) consiste na formação de uma "estrutura de virilidade" consigo, ou seja, uma relação consigo definida mediante atividade, assimetria e não reciprocidade. Esta relação de autodomínio no âmbito dos desejos segue a mesma ordem da vida doméstica (*oikos*) e da vida política. A relação consigo é isomórfica à relação de domínio, hierarquia e autoridade que regula, por um lado, a relação entre homem e mulher e, por outro, entre governador e governado. O governo de si, a administração da casa e o governo da pólis constituem três práticas do mesmo tipo.

A moderação exercida pelo homem livre não corresponde a uma lei, à qual o indivíduo se submete, nem a um código que se tenta definir, mas à procura de um estilo, de uma estilização do comportamento configurada segundo os critérios de uma estética da existência, ou seja, das formas "por meio das quais o homem se apresenta e se esboça, se esquece ou se desmente ante seu destino de ser vivo e mortal".[24] Mode-

---

multaneamente a competição e a luta: "O conflito, na forma reprimida do *agôn*, constitui já o centro da pólis". Nessa citação deve ser sublinhado o significado desse "já". O *agôn* é, desde o surgimento do social, seu elemento constitutivo: "A guerra civil é constitutiva da pólis." (ibid., p. 35).

23 UP, p. 82.

24 "Le Souci de la vérité", DE, IV, p. 648. Em *O uso dos prazeres*, Foucault oferece outra definição da estética da existência: uma forma de vida "cujo valor moral não incide na sua concordância com um código de comportamento nem

ração é uma questão de escolha, de estilo, de atitude (e não de atos ou de desejos); ela encarna a vontade de dar forma à existência. O indivíduo se constitui como sujeito moral nessa sociedade não mediante a generalização das regras da ação; trata-se antes de uma atitude, um *ethos*, que visa a individualizar as ações e dotá-las de uma beleza e um esplendor únicos. Por meio da estilização dessa atitude, o indivíduo dota sua vida de uma forma digna de longa lembrança.[25]

A elaboração de si como sujeito moral só é possível por intermédio de um exercício, de uma ascese. Foucault apresenta a ascese em relação ao domínio de si como uma peça de seu sistema ético quádruplo (substância ética, modo de sujeição, ascese, teleologia), mas não a dota do alcance geral

---

em um trabalho de purificação, mas em determinadas formas ou antes em certos princípios formais gerais no uso dos prazeres, na sua divisão, limitação e hierarquização" (UP, p. 103).

25 Cf. "À propos de la généalogie de l'éthique: un aperçu du travail en cours", DE, IV, p. 620. Esse esforço de estilização do comportamento, o desejo de dar esplendor e beleza à existência, para que possa servir como exemplo que não acabe com a morte, mas permaneça na lembrança, corresponde a uma noção de existência, na qual existir significa ser célebre (cf. J-P. Vernant, *L'Individu, la mort, l'amour: Soi-même et L'autre en Grece ancienne*, p. 83–84). Como morto conhecido, cuja lembrança é elogiada, obtém-se uma maior presença na pólis que como vivo. A morte alcança com isso uma dimensão estética e ética, vai ser idealizada e, como consequência, neutralizada (ibid.). Como Hannah Arendt aponta, a pólis grega constitui o "espaço público para conceder imortalidade aos mortais" (R. Forst, "Endlichkeit, Freiheit, Individualität", *Ethos der Moderne: Foucaults Kritik der Aufklärung*, 1990, p. 185). Esse desejo de trabalhar na propria existência para se assegurar a imortalidade da glória atravessa toda a Antiguidade grega e caracteriza também a época romana, como Paul Veyne (cf. "L'Empire romain", *Histoire de la vie privée*, I, 1985a, p. 170–171; "Essai sur les moeurs", *Magazine Littéraire*, 231, 1985b, p. 108–109) tem mostrado a partir da análise das inscrições nos monumentos sepulcrais. Agostinho criticará precisamente essa busca de *exempla* dos pagãos, ou seja, de antepassados que mostraram um comportamento idealizado e estilizado durante sua vida e morte (cf. P. Brown, *Agustin de Hipona*, 1969, p. 405–406).

– culminando na sua identificação com a filosofia – que lhe concedia, por exemplo, na introdução a *O uso dos prazeres*. A ascese não provocou tanta atenção na época clássica grega (com exceção dos cínicos) quanto provocaria nos primeiros séculos de nossa era, quando seu significado será ampliado, transformando-se no instrumento principal da direção da alma. Tais mudanças aparecerão na época romana, quando o objetivo independe dos exercícios (pois para os gregos exercia-se a virtude, por exemplo a moderação, para ser mantida), e quando os exercícios que conduziam ao autodomínio se separam dos que conduzem ao domínio na pólis. Esses exercícios eram os mesmos na época clássica grega devido ao mencionado isomorfismo entre domínio de si, domínio do *oikos* e domínio na pólis. Por meio da independência diante do objetivo e da diferenciação da ascese, que conduz ao cuidado de si e ao cuidado dos outros, alcança esta uma complexidade e um nível de organização que lhe permitem constituir-se como um *corpus*, como uma arte da alma, e obter autonomia em relação à *paideia*.

A temática do cuidado de si (*epiméleia heautoû*) aparece no contexto da discussão da ascese baseada na análise do *Alcibíades*: deve-se cuidar de si para poder cuidar dos outros. Porém, ela não será analisada tão pormenorizadamente como no capítulo "A cultura de si" de *O cuidado de si*, em que Foucault se refere a textos ligados tematicamente a *O uso dos prazeres* (*Alcibíades Apologia*, na qual Sócrates é reconhecido como mestre do cuidado de si). Nos séculos I e II d.C. há uma explosão das artes da existência (ascese). Aliás, Foucault identificou nos cursos no Collège de France três etapas do cuidado de si: a socrático-platônica; a idade de ouro do cuidado de si nos séculos I e II; e a ascese cristã dos séculos III e IV. Nesses cursos ocupou um lugar fundamental a análise do cuidado de si no pensamento platônico.[26]

O fato de Foucault não ter tematizado pormenorizadamente o cuidado de si em *O uso dos prazeres* deve-se ao mencionado esforço de estabelecer um equilíbrio entre o sexo e o si mesmo nos últimos volumes da *História da sexualidade*, que viria a ser suplementada por um livro – não pertencente a essa história – que se ocuparia do cuidado de si. Na edição definitiva, a temática deste livro é incorporada ao capítulo sobre a cultura de si de *O cuidado de si*.

O domínio de si entre os gregos distingue-se pela liberdade, a qual toma forma na moderação. Por isso, Foucault afirma que "a liberdade é a condição ontológica da ética", pois "no mundo greco-romano o cuidado de si foi a forma na qual a liberdade individual – ou até um certo ponto a liberdade civil – refletiu-se como ética",[27] O cuidado de si é indispensável para o exercício da liberdade: somente aquele que cuidar de si não será escravo de seus desejos. Os gregos problematizaram sua liberdade como ética (*ethos*); esta era reconhecível na atitude do homem livre, no seu uso da liberdade.

Cuidado de si e liberdade exigem uma relação com a verdade, pois o homem que cuida de si submete-se às indicações do *logos*. A constituição como sujeito moral não acontece sem, simultaneamente, ocorrer uma constituição como sujeito de conhecimento. O conhecimento de si como condição do cuidado de si constitui um importante tema socrático: o co-

26 Cf. "Hermeneutik des Subjekts", p. 36.

27 "L'Éthique du souci de soi comme pratique de la liberté", DE, IV, p. 712.

nhecimento de si era um caso especial da *epiméleia*, do cuidado de si. Tratava-se de uma relação de subordinação. Interessante é o fato de que nesses textos, nos quais se apresenta a relação entre conhecimento e cuidado de si, Foucault estabelece ao mesmo tempo uma ponte para a atualidade: o conhecimento de si não representa hoje em dia um caso especial do cuidado de si; este último é menosprezado, ao passo que o conhecimento de si constitui a tarefa fundamental. Por conseguinte, a reabilitação do cuidado de si apresenta-se para Foucault como uma tarefa política importante.[28] Essa ponte para o presente não será, porém, estabelecida em *O uso dos prazeres.*

Tal como diversas críticas feministas de Foucault sublinharam,[29] a estética dietética era uma preocupação masculina nas sociedades gregas e romanas. Era, para além disso, um assunto de elite. Hipócrates salienta que, uma vez que o compromisso com a saúde exige uma dedicação total, apenas um pequeno grupo de pessoas "abastadas e convencidas de que não há benefícios da riqueza ou de qualquer outra coisa sem saúde" podem persegui-lo.[30] Platão constata o desperdício de prescrever um longo regime a um carpinteiro que não tem o lazer necessário para o seguir. Como afirma em *A república*, só os ricos têm tempo para a virtude. A interpretação

---

28 Cf. "Hermeneutik des Subjekts", p. 54.

29 Lin Foxhall. "Pandora Unbound: A Feminist Critique of Foucault's History of Sexuality", in: D. H. J. Larmour, P. A. Miller e C. Platter (orgs.), *Rethinking Sexuality: Foucault and Classical Antiquity*, 1989; Amy Richlin, "Foucault's History of Sexuality: A Useful Theory for Women?", in: D. H. J. Larmour, P. A. Miller, and C. Platter (orgs.). *Rethinking Sexuality: Foucault and Classical Antiquity*, 1998.

30 Citado em Brooke Holmes, *The Symptom and the Subject: The Emergence of the Physical Body in Ancient Greece*, 2010, p. 180.

de Foucault tem provocado diversas críticas. Wolfgang Detel argumenta, por um lado, que os excessos valetudinários que Platão critica por serem obstáculos ao estudo e à prova dos talentos não se opõem à dietética que Foucault analisou como uma "arte da existência".[31] Por outro lado, Detel vai ao ponto de argumentar que uma grande parte da dietética antiga e das práticas do eu evocavam "um programa desesperado de autoajuda em vez de uma estilização estética da vida como um todo".[32] O interesse prático pelo regime e pelos cuidados pessoais decorria, segundo Detel, da falta de médicos e da péssima reputação da profissão médica. Consequentemente, a descrição de Foucault da dietética como estilização de si tem uma aplicação relativamente restrita, argumenta Detel. Diz respeito apenas à "dieta profiláctica excessiva" que Platão e Aristóteles criticaram, mas que era do "interesse de cidadãos masculinos livres e abastados, e que, portanto, pressupunha aquelas 'instituições desiguais, hierárquicas e autoritárias' que eram geralmente necessárias para a atividade científica no mundo antigo".[33] Nas suas origens pitagóricas, a dietética constituía, de fato, uma arte da existência. No entanto, na altura do período clássico que Foucault examina, apenas a variedade decadente sobreviveu, ligada a privilégios políticos e a relações de poder altamente assimétricas. Ao mesmo tempo, argumenta Detel, a dietética para as massas cortou os seus laços com a ética.

---

31 Wolfgang Detel, *Foucault and Classical Antiquity: Power, Ethics and Knowledge*, Cambridge: Cambridge University Press, 2005, p. 407b-c.

32 Ibid., p. 96–97.

33 Ibid., p. 97.

Embora importante, essa crítica não afeta a nossa abordagem, que consiste em destacar, para efeitos de comparação histórica, alguns elementos gerais do ascetismo greco-romano e cristão primitivo que relacionavam o cuidado de si com o cuidado dos outros e da pólis como um todo.

Na moral grega dos prazeres, o amor pelos rapazes apresentava dificuldades especiais relativas ao *status* de objeto de um homem futuro que terá de exercer um papel na pólis e se definir mediante sua atividade. Em *O banquete*, Platão dá uma solução a esse problema, dotando o rapaz (antes objeto de prazer) de um *status* de sujeito dono de si. O amor pelos rapazes, segundo Platão, coloca a questão da relação entre o uso dos prazeres e o acesso à verdade. Ele passa da questão deontológica dos prazeres e da estética de seu uso à questão ontológica do amor verdadeiro. O mesmo movimento do amor – que exclui a dualidade ativo/passivo caraterística da erótica tradicional grega – conduz ambos à verdade.

Tais deslocamentos permitem, por um lado, eludir a problemática do status de objeto do rapaz e, por outro, introduzir a temática da hermenêutica do desejo na reflexão moral. Pois o trabalho ético consistirá em descobrir e manter a relação com a verdade, posta em jogo pela erótica platônica: "*O banquete* e o *Fedro* mostram a passagem de uma erótica orientada para o cortejo do amante e a liberdade do cortejado para uma erótica voltada para a ascese do sujeito e o acesso conjunto à verdade."[34] A erótica platônica dissolve a dinâmica entre prazer, desejo e ações característica da *aphrodisía*, não mais consistindo nos prazeres e na estética de seu uso, mas

34 UP, p. 266, 268.

na relação entre desejo e verdade. Com isso encontramos em *O banquete* a origem do homem de desejo, que prestará tão bons serviços a ética cristã da carne à psicanálise.

Que transformações acontecem na reflexão moral dos prazeres nos primeiros séculos de nossa época? Como se constitui o indivíduo como sujeito moral na era romana? Que papel desempenha a ética estoica entre o pensamento grego clássico e a moral cristã? Essas perguntas, tratadas por Foucault em *O cuidado de si*, constituem o tema da seção seguinte.

Autoconstituição romana

Em relação ao pensamento grego clássico, podem-se apreciar na cultura romana dos séculos I e II d.C. as seguintes mudanças na forma de se constituir como sujeito moral a partir das ações sexuais: atenção mais intensa, agitação elevada, valorização do vínculo matrimonial, interesse inferior no amor pelos rapazes. Achamo-nos, porém, distantes da codificação exaustiva da ética cristã da carne. A forma de usar os prazeres é ainda uma questão de estilo. A constituição de si como sujeito moral torna-se, não obstante, mais difícil.

A inquietação diante dos prazeres provoca uma problematização mais intensa da *aphrodisía*, que não adota, porém, a forma de um código, mas de uma "intensificação da relação consigo, por meio da qual o indivíduo se constitui como sujeito de suas ações".[35] Foucault observa que o aumento da exigência de severidade sexual não caracteriza um crescimento do individualismo, embora ofereça ao mesmo tempo uma

35 SS, p. 53–54.

definição de individualismo como "intensidade do relacionamento consigo" que abrange exatamente tal situação. Essa época será definida como "a idade de ouro do cuidado de si", uma cultura de si, cuja primeira etapa correspondia à reflexão socrático-platônica, apesar de não ter alcançado a intensidade e multiplicidade dos séculos I e II. Nesse contexto, Foucault menciona o livro de Pierre Hadot e descreve diferentes tecnologias de si (exercícios espirituais na terminologia hadotiana), sem fazer referência à *aphrodisía*.

Mais importante é o fato de o princípio do cuidado de si (*epiméleia heautoû* ou *cura sui*) haver ultrapassado seu âmbito originário e ter-se transformado em uma verdadeira práxis social. Em comparação com a época grega, podem-se estabelecer duas mudanças: por um lado, o cuidado de si não serve mais como preparação para a vida política, mas se torna um fim em si mesmo, um princípio universal; por outro, não corresponde mais ao jovem heleno como parte de sua educação, sua *paideia*: representa agora uma forma de vida que abrange a totalidade da existência.

As mudanças que acontecem nesses séculos não provocam a transformação do cuidado de si – unido na época grega clássica à vida na pólis e ao desempenho do poder político – em um exercício em solidão, fora da comunidade. Ao contrário, até o retiro (*anachorésis*) em si mesmo de Marco Aurélio constitui uma práxis social e uma intensificação das relações sociais. O isomorfismo do cuidado de si e o cuidado dos outros, característico da ética grega, será substituído por uma concepção segundo a qual o exercício do autodomínio não segue mais os critérios de uma estética da existência, mas se alicerça no fato de pertencer à comunidade humana.

A universalização crescente da moral (o deslocamento do modo de sujeição de uma estética da existência para os princípios gerais do *logos*) – como tem lugar no estoicismo – é consequência das mudanças na estrutura da pólis (no jogo político) e no papel do vínculo matrimonial. Por conseguinte, a autoconstituição será dificultada. Foucault fala, nesse contexto, de uma crise da subjetivação.[36] A constituição como sujeito moral na ética grega baseava-se em uma "estrutura de virilidade", definida mediante atividade, assimetria e não reciprocidade. Nos primeiros séculos, o significado do matrimônio muda, tornando-se mais livre, recíproco, não ligado ao funcionamento do *oikos*. Além disso, a relação clássica no âmbito do jogo político entre governo de si e governo dos outros fica mais problemática após o desaparecimento da pólis. Aliás, o domínio de si não desaparece como objetivo da autoconstituição, mas não mais depende – como consequência das transformações mencionadas – do domínio dos outros. O indivíduo domina-se por constituir um ser racional, ligado a outros seres racionais que igualmente são donos de si. Com isso, as relações intersubjetivas ganham reciprocidade.[37] A "estrutura autocrática do sujeito", característica da ética grega, deve ser agora remodelada, pois as pressuposições históricas que permitiam à ética da pólis apreender o indivíduo como ser social em um campo de ações políticas deixam de existir: ela deve admitir determinado equilíbrio na vida conjugal e possibilitar a divisão entre o poder sobre si e sobre os outros na vida social e política.

---

36 Ibid., p. 117.

37 Cf. "À propos de la généalogie de l'éthique: un aperçu du travail en cours", DE, IV, p. 621–622.

O conhecimento de si, já presente na época socrático-platônica, ocupa agora um lugar central, desembocando na constituição de uma arte de autoconhecimento, na qual encontraremos algumas práticas que reaparecerão no ascetismo cristão: exame de consciência, trabalho do pensamento sobre si sob forma de um filtro das representações – não com o objetivo, característico do cristianismo, de desvelar seu sentido oculto, mas de afirmar a autonomia do sujeito.

Em poucas palavras, o sistema ético do pensamento romano (analisado na época por Foucault) contém os mesmos elementos que a ética sexual grega clássica; não obstante, podem-se constatar alguns deslocamentos, como acentuação da debilidade do indivíduo na relação consigo no momento da autoconstituição como sujeito moderado. Na ascese moral, a questão do conhecimento e da verdade de si ocupará um lugar fundamental na autoconstituição. O domínio de si como a forma desejada do autorrelacionamento tem a forma da *ataraxia/autarkeia*:

> Encontramo-nos ainda distantes de uma experiência dos prazeres sexuais que os liga ao mal, na qual o comportamento terá de se submeter à forma geral da lei e para a qual a decifração do desejo será uma condição indispensável para alcançar uma existência purificada. Pode-se observar, porém, como a questão do mal começa a se desviar do tema da arte e da *techne* como a questão da verdade e o princípio do conhecimento de si se desenvolvem nas práticas de ascese.[38]

38 SS, p. 85.

No trato com os prazeres e na procura da dieta correta, a alma exerce um papel importante. O trabalho da alma sobre si mesma não terá a forma de uma luta contra o corpo, como acontecerá na moral cristã, mas a alma deverá antes submeter o corpo à dieta correta. A ascese da alma concentra-se em três elementos: o movimento do desejo (busca da concórdia entre desejos do corpo e da alma), a presença das imagens (desconfiança) e a prisão do prazer (anulação do prazer como objetivo). Trata-se de elementos que serão incorporados à ética cristã da carne, obtendo um significado mais amplo, pois na ética estoica ocupavam um lugar ínfimo em comparação com a preocupação com a alimentação. Existe uma série de analogias entre recomendações dietéticas e moral cristã: o princípio do rigor de uma economia voltada para a escassez, a necessidade de um domínio rigoroso do desejo, a luta contra as imagens e a anulação do prazer como objetivo.

A valorização do vínculo matrimonial (o matrimônio torna-se uma questão de estilo, uma forma de vida, e a virgindade ganha importância) acontece à custa do amor pelos rapazes, o qual deixará de ser problematizado e desaparecerá como tema da estilística da existência. Por um lado, o *status* do jovem como objeto de desejo não constitui mais um elemento de preocupação; em Roma o escravo ocupa o lugar, na Grécia clássica, do efebo.[39] Por outro lado, o matrimônio será capaz de integrar relações sexuais outorgando-lhes um valor positivo, o que não acontecia no amor pelos rapazes.

39 Cf. P. Veyne, "Homosexualität im antiken Rom", *Die Masken des Begehrens und die Metamorphosen der Sinnlichkeit*, 1990, p. 41 ss.

Aliás, deve-se considerar que as mudanças no trato dos prazeres que acontecem nesses séculos não trazem consigo uma codificação severa dos atos sexuais, mas permanecem no contexto de uma estética da existência, o que, por outro lado, não impedirá que sejam considerados ameaça ao autorrelacionamento que se deve estabelecer.

4

AS CONFISSÕES DA CARNE SEGUNDO PETER BROWN E MICHEL FOUCAULT

O quarto volume da *História da sexualidade*, intitulado *As confissões da carne*, foi publicado apenas em 2018. Esse livro foi escrito por Foucault antes de seu retorno aos gregos, quando pensava encontrar a origem do homem de desejo nos séculos IV e V d.C. Depois das análises da ética sexual no pensamento greco-romano, sentiu-se obrigado a reelaborar o livro sobre a ética cristã da carne. Visto que isso não aconteceu antes de sua morte, o livro foi publicado postumamente. Há, porém, grande número de fontes que nos informam sobre seu conteúdo.[1] Foucault redigiu vários artigos sobre a moral cristã e sobre as tecnologias de si cristãs, sobre Cassiano e Agostinho, entre outros.[2] Os cursos no Collège de France sobre o poder pastoral e as práticas confessionais no cristianismo primitivo pertencem a esse projeto, constituindo um capítulo importante da história da subjetividade. Além disso,

1 No momento da publicação da primeira edição deste livro em 1999, o livro de Foucault, *As confissões da carne*, permanecia inédito. Portanto, as análises realizadas neste capítulo tentaram reproduzir o material desse livro a partir de outros textos e conferências de Foucault. Qualquer inexatidão relativa ao livro publicado de Foucault deve considerar que este não havia sido publicado quando o presente capítulo foi escrito.

2 Cf. "L'Écriture de soi", "Sexualité et solitude", "Les Techniques de soi", "Le Combat de la chasteté", todos in: DE, IV.

em *O uso dos prazeres* e *O cuidado de si*, Foucault refere-se com frequência à ética sexual cristã.[3]

Tentarei, baseando-me no material publicado, reconstruir a recepção das práticas de si greco-latinas pelo ascetismo cristão. Para isso, vou me servir dos trabalhos de Peter Brown, cuja importância é sublinhada por Foucault em várias ocasiões.[4]

Peter Brown

"O estilo é tudo."[5]

O homem de desejo, que deveria ser o tema do quarto volume da *História da sexualidade*, constitui a forma privilegiada

3 A possibilidade de reconstruir as análises de Foucault sobre a ética sexual cristã (isto é, o conteúdo de *As confissões da carne*) a partir dos diferentes artigos e entrevistas publicadas é também sublinhada por John Behr, cf. "Shifting Sands: Foucault, Brown and the framework of Christian Asceticism", *Heythrop Journal* 34 (1), 1993, p. 5–6.

4 Cf. "Le Retour de la morale", DE, IV, p. 698; UP, p. 14. A recepção da obra de Foucault tem negligenciado o significado do trabalho de Peter Brown (acontecendo o mesmo no caso de Pierre Hadot) sobre seu pensamento. Essa omissão dificulta a compreensão do desenvolvimento da obra tardia de Foucault, a qual, como mostra Didier Eribon, no seu belo livro sobre *Foucault e seus contemporâneos*, surge do diálogo e da convivência com outros pensamentos. Eribon se esquece, porém, de mencionar Peter Browm ou Pierre Hadot entre seus "contemporâneos". Desde a publicação da primeira edição deste livro, a literatura sobre a relação dos dois autores tem ganhado importância. Ver, entre outros, Niki K. Clements, "Foucault and Brown: Disciplinary Intersections". *Foucault Studies*, 2022; Johannes Zachhuber, "Sexuality and the Christian Self: Michel Foucault's Reading of the Church Fathers". *Toronto Journal of Theology*, 2020, p. 170–182; Johannes Zachhuber, "Intériorité de la conscience et extériorité des aveux. Le Sujet chrétien selon Foucault." In: P. Büttgen, P. Chevallier, A. Colombo e A. Sforzini (orgs.), *Foucault, les pères, le sexe*, 2021, p. 53–65.

5 S. Sontag, *Kunst und Antikunst*, p. 336.

do autorrelacionamento característica do cristianismo. Sua origem remonta, não obstante, a *O banquete,* de Platão. Os textos de Peter Brown lançam luz sobre o surgimento e a consolidação desse tipo de homem.

Os conceitos de "estilo", "autoestilização" e "estilo de vida" considerados como categorias descritivas da Antiguidade tardia percorrem os textos de Peter Brown. Neles é possível constatar uma série de elementos singulares que tiveram um papel fundamental na Antiguidade tardia precisamente em razão de seus estilos de existência. Foucault reconhece nisso sua afinidade com Peter Brown.[6] O rápido estabelecimento do cristianismo deve ser interpretado, segundo Brown, como resultado do aparecimento de tais formas de vida estilizadas – celibato, virgindade, homens do deserto, amigos de Deus, homens sagrados –, e não como expressão de uma crise geral do século III, devido a uma série de derrotas militares. O surgimento desses novos esboços de si mesmo testemunha uma vontade de separação, de alteridade, de dissociação do grupo e das tradições culturais, religiosas e sociais pagãs. Esse novo estilo de existência, investigado por Peter Brown, que contribuiu para a rápida expansão do cristianismo ao longo de um século, vai desembocar no estabelecimento de um novo modelo de indivíduo: o homem de desejo.

---

6 Cf. "Le Retour de la morale", DE, IV, p. 698. Surpreendentemente, a recepção de Peter Brown não menciona esses elementos como determinantes na formação da Antiguidade tardia. Essa atitude se deve, na minha opinião, à aversão de muitos historiadores (e filósofos) em contemplar a história a partir de uma perspectiva estética. Cf. John Behr, op. cit., p. 11 ss.; A. Cameron, "Redrawing the Map: Early Christian Territory After Foucault", *The Journal of Roman Studies*, 1986, p. 270; A. Murray, "Peter Brown and the Shadow of Constantine". *The Journal of Roman Studies*, 1983, p. 191 ss.

Na obra de Peter Brown podem-se identificar cinco elementos que caracterizam essa situação, elencados a seguir.[7]

a. Uma nova antropologia

O povo hebreu deve sua existência a uma coesão total do grupo e a um sentimento de solidariedade em relação à comunidade, suas leis e tradições. Portanto, difunde-se na cultura grega tardia, desde o século II, a necessidade de mobilizar a própria personalidade a serviço da comunidade. O coração humano como "centro de si" será submetido a uma inspeção profunda e precisa com o objetivo de trazer à luz todos os seus movimentos e emoções. Esse trabalho corresponde a uma experiência negativa do privado como fonte possível de tensões, ou seja, de rupturas que podem arriscar o sentimento de solidariedade e de comunidade. A "simplicidade de coração" (*singleness of heart*) ou o "coração perfeito" é considerado reflexo de uma comunidade ideal, constituindo o alvo desejado, caracterizado por uma transparência total ante Deus e os homens.[8]

---

7 P. Brown (cf. "Bodies and Minds: Sexuality and Renunciation in Early Christianity", *Before Sexuality: The Construction of Erotic experience in the Ancient Greek World*, 1990, p. 480–481) distingue três placas tectônicas (*tectonic plates*) determinantes da forma distintiva do que denominarei "erupções de singularização": 1. uma inclinação a tratar a sexualidade como caráter da alma; 2. uma tendência a apresentar a abstinência sexual como símbolo privilegiado da liberdade humana; 3. uma propensão a admirar o corpo em estado de abstinência e a desprezá-lo em estado de atividade sexual. Cf. John Behr, op. cit., p. 10–11. A divisão que proponho em cinco elementos não exclui a de Peter Brown, mas tem por função complementá-la.

8 Cf. Brown, "Antiquité tardive", *Histoire de la vie privée*, I, 1985, p. 243–244; *The Body and Society*, p. 34–37.

Esse ideal judeu é retomado nos séculos II e III pelo cristianismo, que adota e radicaliza vários elementos da moral sexual pagã para assegurar tal simplicidade de coração. A abstinência radical ou a conjugalização estrita das relações sexuais – elementos já presentes na paisagem moral dos dois primeiros séculos, como Foucault mostra em *O cuidado de si* – são adotadas como caraterísticas do estado ideal da simplicidade de coração, testemunhando o esforço por se diferenciar do vizinho pagão. O celibato entendido como renúncia à forma de vida urbana em um mundo pagão exprime a simplicidade de coração. Com isso, a sexualidade obtém um conteúdo simbólico como produtora da "duplicidade do coração". A hierarquia eclesiástica vai-se constituir em função do grau de abstinência alcançado.

A simplicidade de coração reaparece no movimento ascético do século IV: o "homem do deserto" encarna a transparência total do coração por meio de uma vigilância exaustiva dos desejos, cujo objetivo é recuperar a "glória de Adão", um estado de abstinência absoluta.

Com Agostinho acaba o processo de formação do homem de desejo. Por um lado, ele rompe com o paradigma monástico, introduzido pelos homens do deserto, recusando a noção de um estado assexuado no paraíso. Por outro lado, atribui a natureza incontrolável do sexo à queda. A sexualidade reflete, assim, o desmoronamento da vontade, exprimindo a teimosia do homem diante da vontade divina. Como consequência, a carne passa de uma dimensão fisiológica a uma psicológica, tornando-se o arcano da alma.[9]

---

9 Cf. Brown, *Agustin de Hipona*, p. 516–518; *The Making of Late Antiquity*, p. 95; "Antiquité tardive", op. cit., 1985, p. 293–299; *The Body and Society*,

b. Uma estética da virgindade

A virgindade, entendida como forma predileta de abstinência sexual, está ligada ao cristianismo desde seu nascimento. Porém, no século III tem lugar uma explosão da virgindade, que será definida por Peter Brown como o surgimento de uma "estética da virgindade", que acompanha a partir desse momento a moral sexual cristã, permitindo seu rápido estabelecimento. O ideal da virgindade alcançará um valor mais alto que o do martírio, apresentando-se a virgindade como um modo especial de subjetivação definido por meio de uma dura luta consigo mesmo. Pois trata-se da manutenção do estado de "integridade física" (*physical intactness*) característico da virgem desde seu nascimento: "era uma imagem condensada do indivíduo, ameaçado constantemente com o aniquilamento situado, desde o nascimento, acima das pressões iminentes do mundo."[10]

Por que se produz essa problematização intensa da virgindade? Porque ela encarna o já mencionado estado de simplicidade de coração e, principalmente, permite atingir a pureza da alma através do corpo intacto. Além disso, ela atua

---

p. 420 ss; J-P. Vernant, *L'Individu, la mort, l'amour. Soi-même et le'autre en Grèce ancienne*, 1989, p. 231; C. Groffy, "Eigenwillig: Zu Peter Browns Darstellung der Sexualität in frühen Christentum", *Merkur*, 517, 1992, p. 347. Esta passagem representa, para Brown, o elemento distintivo da moral cristã; a sexualidade muda o caráter da alma, visto que nela aparecem relacionados de uma maneira singular o corpo e a alma (cf. Brown, "Bodies and Minds: Sexuality and Renunciation in early Christianity", op. cit., 1990, p. 490 ss.).

10 Peter Brown, *The Body and Society*, 1998, p. 159. Peter Brown fala de uma mística que envolve o corpo do abstinente. Cf. "Bodies and Minds: Sexuality and Renunciation in early Christianity", op. cit., 1990, p. 481–482, 485.

como mediador entre Deus e a humanidade, pois Deus veio ao mundo mediante o corpo de uma virgem. As propriedades atribuídas à virgindade concedem às virgens um lugar especial e privilegiado no seio da comunidade, definido pela proximidade de Deus.

O desenvolvimento da estilística da virgindade não acontece simultaneamente no cristianismo oriental e no ocidental, onde esta caracterizará unicamente o clero. Na Síria e na Ásia Menor ela representa o fim dos tempos. No começo do século IV constitui uma forma amplamente aceita e louvada da vida cristã.

c. *Amigos de Deus e homens santos*

O surgimento dos homens santos e dos amigos de Deus como formas de uma estilística da existência, entre os séculos III e IV, representa um fator fundamental na formação da Antiguidade tardia. Segundo Peter Brown, sua ascensão constitui o elemento principal da revolução religiosa da Antiguidade tardia.

O mundo dos séculos III e IV, tanto na sua variante cristã quanto na pagã, aparece povoado de forças divinas, sobrenaturais, as quais se manifestam unicamente a indivíduos escolhidos. Tais indivíduos, chamados "amigos de Deus" e "homens santos", gozam da graça do contato com a divindade. Essa especial intimidade traz consigo a obtenção de poder e de uma posição privilegiada na comunidade, como se observa no caso dos bispos do século III e dos homens santos do século IV. Esses indivíduos autoestilizados encarnam as esperanças de todo o grupo e testemunham a possibilidade de acesso à divindade, estado para cujo alcance será necessária uma ascese rigorosa. O homem do deserto do século IV deve submeter-se a um trabalho duro sobre si que adota a forma de um autodeciframento exaustivo. Ele tem de mostrar um estilo de vida singular, reconhecível pela comunidade. Não deve simplesmente trabalhar sobre si, mas ser visto nessa tarefa:

> Possivelmente constitui uma das indicações mais fidedignas de todo o estilo da sociedade romana tardia o fato de a objetividade necessitada tão desesperadamente pelos homens ser raras vezes concedida a instituições impessoais, [...] mas era somente aceita num homem que podia ser observado no ato de trabalhar a dissociação absoluta de si mesmo [...] mediante um ascetismo vitalício.[11]

Por essa razão, Peter Brown atribui ao homem do deserto um significado maior que à conversão de Constantino na formação da Antiguidade tardia.

d. Os homens do deserto

A *anachorésis* do século IV acontecia num mundo que mostrava uma sensibilidade especial para tais formas de asce-

11 Idem, "The Rise and function of the Holy Man in Late Antiquity", *Society and the Holy in Late Antiquity*, 1982, p. 135–136.

tismo extremo. A mencionada explosão de abstinência sexual preparou o caminho.

O deserto aparece como o domicílio de forças demoníacas e os ascetas que para lá se retiram têm consciência de que sua *anachorésis* deve adotar a forma de uma luta e um autoexame, expondo-se voluntariamente às tentações diabólicas. O retiro no deserto significa para o anacoreta a recusa da sociedade pagã, a qual encarna o mal e os pecados encontrando-se dominada pelo demônio. A sociedade pagã opõe-se ao reino de Deus e com isso o indivíduo recusa a identidade por ela imposta.

O padre do deserto submete-se a um ritual de "desvinculamento social" (*social disengagement*). Ele é socialmente morto e deve criar para si uma nova identidade,[12] tem de se constituir como sujeito moral por meio de um trabalho sobre si, a *diakrisis* ou distinção dos espíritos. Sob a direção do mestre, o monge aprende a compreender seu coração, o qual, como acontecia no judaísmo tardio, constitui o centro do homem. O ideal da singularidade de coração vai ser renovado e introduzido numa forma muito mais radical. Uma nova cultura surge no deserto e é apresentada como alternativa à exegese bíblica: "O coração do monge era o novo livro. O que exigia uma habilidosa e infinita exegese e uma experiência espiritual longa eram os 'movimentos do coração' e as estratégias e armadilhas que o diabo colocou neles."[13] Esse deslocamento de uma cultura do livro a uma *cultura dei* tem como

12 Cf. Idem, *The Making of Late Antiquity*, 1978, p. 86–89.

13 Idem, op. cit., 1988, p. 229.

consequência a descoberta de um novo "alfabeto do coração". A sexualidade transforma-se no ideograma preferido dessa nova cultura.

A vida ascética no deserto testemunha a estreita relação entre corpo e alma, pois é a parte física do monge, seus desejos sexuais, que vai ser analisada para se reconhecer o estado de sua alma. A sexualidade torna-se "a janela privilegiada através da qual o monge pode investigar as regiões mais privadas de sua alma".[14]

e. O homem de desejo

O homem de desejo é a última figura das "erupções de estilização" que percorrem a Antiguidade tardia, possibilitando a ascensão do cristianismo e preparando o caminho até o indivíduo moderno. Agostinho reunirá a longa tradição de mais de trezentos anos de abstinência sexual e integrá-la-á na sua imagem de homem. A "carne", que obrigava a uma tarefa constante de introspecção e de inspeção de representações nos homens do deserto, será incorporada por Agostinho na elaboração do homem de desejo.

O paradigma monástico não entusiasma tanto o bispo latino quanto os bispos do cristianismo oriental. Ele também não partilha a opinião de Ambrósio e de Jerônimo, que viam a virgindade como um estado ideal. A ascese não representa para ele uma antecipação do estado paradisíaco, pois Adão e

14 Idem, "Antiquité tardive", op. cit., 1985, p. 288.

Eva não eram seres assexuados. Essa importante localização da sexualidade já no paraíso permitirá a Agostinho apresentar um novo ideal de homem. O que distingue a sexualidade no paraíso da sexualidade atual é o desejo, que não estava ausente em Adão e Eva nem correspondia à sua vontade. Agostinho interessa-se pela vontade decaída como distintiva da sexualidade atual. A preferência da própria vontade à vontade de Deus aparece com o pecado original e manifesta-se claramente na sexualidade. Orgasmo e desejo são expressões dessa vontade rebelada.

Com isso, Agostinho coloca a sexualidade no centro do indivíduo. Enquanto para a tradição monástica a sexualidade era unicamente um epifenômeno capaz de indicar falhas importantes, para Agostinho ela representa um distintivo da queda e da "sombra preta da vontade rebelde".[15] O homem de desejo esboçado por Agostinho é um homem submetido a um constante autoexame que deve fazer com que cada representação seja objeto de uma hermenêutica rigorosa para que não exprima sua vontade própria. Uma nova forma de subjetividade se formará. O indivíduo constitui-se como sujeito por meio de uma permanente inspeção hermenêutica de seus pensamentos, suas ideias, seus segredos e desejos.

As análises de Foucault concentram-se nessas mudanças ocorridas entre os séculos IV e V: o estabelecimento do homem de desejo como forma privilegiada da subjetividade/interioridade cristã, a qual aponta para a anulação de si. Esse processo

15 Idem, op. cit., 1988, p. 421–422; "Bodies and Minds: Sexuality and Renunciation in early Christianity", op. cit., 1990, p. 490–491.

acontecerá no contexto da pastoral cristã. Os trabalhos de Peter Brown prepararam, de certo modo, o caminho a Foucault.

Michel Foucault

Como já foi mencionado, um importante mérito ("um certo ganho teórico") dos últimos volumes da *História da sexualidade* está em haver substituído a proibição pela problematização moral, o que permitiu estabelecer "continuidades estreitas" entre a moral cristã e a pagã. Estas referem-se às formas de problematização e às suas correspondentes práticas de si, ou, em outras palavras, aos elementos ascéticos e não aos elementos de um código moral. Foucault não pretende dar a impressão de que a moral cristã é uma parte da moral pagã: "Quando olhamos as suas semelhanças, podemos pensar que a ética sexual atribuída ao cristianismo ou até ao Ocidente moderno [...] já existia na era do apogeu da cultura greco-romana."[16] Ele tenciona antes mostrar como dentro das continuidades apareceram mudanças quanto à forma da relação consigo mesmo.

A passagem do paganismo ao cristianismo não corresponde à passagem de uma moral orientada para a ascese a uma moral orientada para o código. Foucault não fala de "moral cristã", mas de "morais cristãs", o que constitui uma distinção relevante. Suas análises limitam-se à experiência cristã da carne principalmente nos séculos IV e V, investigando um

16 SS, p. 168–169.

tipo de moral cristã cuja ênfase recai mais sobre as práticas de si do que sobre os elementos do código. O deslocamento do equilíbrio em favor dos elementos do código acontecerá mais tarde, na Idade Média, quando se introduzirá uma codificação rigorosa da experiência moral.[17] Sob tais condições acontece a subjetivação de forma quase jurídica como sujeição a uma lei ou a um conjunto de leis. Semelhante processo de subjetivação como *assujetissement* ocupou Foucault nos anos 1970, como mostram *Vigiar e punir* e *A vontade de saber*.

Foucault concentra-se na recepção das tecnologias de si pagãs pelo ascetismo monástico, a fim de ressaltar, dentro das continuidades, as diferenças relativas à forma do autorrelacionamento; o que não exclui que desde o começo haja uma codificação crescente e uma transformação das proibições. A ênfase permanece, porém, nos primeiros séculos nos elementos da ascese. Creio que podemos reconhecer aqui a influência de Peter Brown, cuja análise de determinadas formas de vida estilizadas na Antiguidade tardia (amigos de Deus, homens santos) tem em vista a abolição da comunidade, a individualização – o que corresponde sobretudo a uma experiência de uma moral orientada para a ascese e não a uma moral orientada para o código.

A descrição foucaultiana da forma de relacionamento consigo mesmo, característica do cristianismo e do mundo

---

17 Cf. UP, p. 37–38. A juridificação crescente da moral sexual entre os séculos VI e XI tem sido pesquisada pormenorizadamente por Jean-Louis Flandrin (*Un temps pour embrasser*, 1983). Com respeito à intervenção sistemática da Igreja na vida conjugal nos séculos XI e XII, cf. P. Ariès, "Die unauflösliche Ehe", *Die Masken des Begehrens und die Metamorphosen der Sinnlichkeit*, 1990, p. 183; R. Visker, *Michel Foucault: Genealogie als Kritik*, 1991, p. 109.

moderno, o homem de desejo, assemelha-se à de Peter Brown,[18] especialmente a respeito do papel representado por Agostinho, arquiteto desse novo tipo de homem, com sua teoria da libido.

Em *O banquete*, com a divisão entre ação, desejo e prazer na dinâmica dos *aphrodísia*, Platão abriu o caminho para o questionamento do homem como sujeito de desejo. Isso significou um deslocamento da problemática. Nos séculos I e II d.C., realiza-se outro passo nessa direção, pois já naquela época aparece a temática do mal (sempre no contexto de uma estética da existência), e a pergunta pela verdade e o conhecimento de si ocupam um lugar fundamental na ascese. Aliás, não se deve esquecer que, apesar dos deslocamentos, o alvo atingido era outro que não o do cristianismo.

Foucault baseia-se, em sua análise (no material publicado), principalmente em Agostinho e Cassiano, autores que tiveram uma função fundamental no estabelecimento do homem de desejo. Cassiano representa o paradigma monástico dos homens do deserto; graças a ele se introduz o ascetismo cristão oriental no Ocidente latino. Sua "luta pela castidade" não aponta para as ações, mas para os movimentos do corpo e da alma, as percepções, as imagens, os sonhos, as representações etc. A ascese moral trabalhará sobre essa série de elementos com o objetivo de anular a confusão da vontade

---

18 Na relação Michel Foucault/Peter Brown deve-se falar de uma influência recíproca. A descrição do homem de desejo em ambos os autores tem muitas semelhanças. Foucault conhecia o trabalho de Peter Brown. Um dos últimos livros de Peter Brown sobre a abstinência sexual no cristianismo primitivo (*The Body and Society*, 1988) mostra a influência de Foucault, o que é reconhecido por Brown na introdução.

(concupiscência). O processo de subjetivação, que implica a luta de Cassiano pela castidade, acontece através da procura da verdade sobre si, que traz consigo relações complexas com o outro. O si mesmo constitui-se mediante a obediência e a confissão ao outro. Cassiano estabelece uma relação entre sujeito, verdade sobre si, obediência e confissão constitutiva da ética da carne e da pastoral cristã. Em consequência, constituir-se-á uma relação consigo que aspira à destruição de si.[19]

A discussão de Agostinho é feita em comparação com o livro dos sonhos de Artemidoro. De Artemidoro a Agostinho desloca-se a temática da penetração e do relacionamento com o outro (ou seja, quem penetra em quem) para a ereção e o relacionamento consigo mesmo; isto é, a relação entre a vontade e as ereções involuntárias. A libido como distinção da sexualidade depois da queda é o resultado da vontade rebelde do homem – uma vontade sem suporte ontológico. A existência da libido obriga o indivíduo a realizar uma hermenêutica de si incessante, uma decifração constante dos movimentos da alma para determinar sua origem.[20] Semelhante a Cassiano, Agostinho unificará, sob a rubrica de uma "libidinização do sexo", verdade, sexualidade e subjetividade.

O si cristão não é simplesmente dado, mas constitui o objeto de uma busca. Descobri-lo é uma tarefa infinita que se realiza em dois níveis. Por um lado, o si mesmo vem à luz mediante o mencionado trabalho hermenêutico. Por outro,

---

19 Cf. "Les Techniques de soi", DE, IV, p. 808–809; "Du gouvernement des vivants", DE, IV, p. 125–128; "Le Combat de lachasteté", DE, IV, p. 307–308.

20 Cf. "Sexualité et solitude", DE, IV, p. 174–176.

o si mesmo descoberto dessa maneira deve ser negado. Esse processo duplo de subjetivação será denominado por Foucault "espiral de formulação de verdade e da renúncia à verdade": "Quanto mais descobrimos a verdade sobre nós mesmos, tanto mais devemos renunciar a nós mesmos; e quanto mais queremos renunciar a nós mesmos, tanto mais devemos trazer à luz a verdade sobre nós mesmos."[21]

O ascetismo cristão incorpora as práticas de si da Antiguidade: autoexame, direção da consciência, técnicas de autodecifração, procedimentos de purificação (*exomologesis, exagoreusis*),[22] o que testemunha a mencionada "continui-

21 Ibid., p. 172.

22 Cf. "Les Techniques de soi", DE, IV, p. 804–813; "Du gouvernement des vivants", DE, IV, p. 125–129; Hadot, *Exercises spirituels et philosophie antique*. A *Exomologesis* designa simultaneamente uma ação, a qual manifesta a verdade, e a adesão do sujeito a essa verdade. *Exomologesis* como ato de fé significa para os cristãos que a verdade revelada não é somente um assunto de fé, mas também de obrigação. Conforme as palavras de Foucault: "A *exomologesis* é uma afirmação enfática, na qual a ênfase se coloca sobretudo no fato de que o sujeito se liga a essa afirmação e aceita suas consequências." ("Du gouvernement des vivants", DE, IV, p. 126). O sujeito obriga-se a permanecer na fé, a respeitar sua autoridade; trata-se de uma forma de vida. Além disso, existe também uma *exomologesis* dos pecados, a qual, para os cristãos das catacumbas, representava uma forma de reconhecimento público do *status* de pecador perante os outros e perante Deus. Os autores cristãos desenvolveram três modelos para expressar a relação existente no núcleo da *exomologesis* entre a extinção dos pecados e o autodescobrimento pelo qual o pecador apresenta-se como tal perante os outros: o modelo médico, o jurídico e o do martírio. Segundo esses modelos, o pecador apresenta-se respectivamente como doente, como juiz de si mesmo e como mártir. A penitência representa uma ruptura com o mundo, consigo mesmo e com o passado, não perseguindo uma constituição de identidade, mas a renúncia a si mesmo. Durante o século IV, nas instituições monásticas, as práticas confessionais tomam outras formas além da *exomologesis*. Foucault analisa nesse contexto as *Institutions cénobitiques* e as *Conférences* de Cassiano, sob o ponto de vista da direção espiritual, sublinhando três elementos: a. a dependência do monge perante o mestre; b. a forma de realizar o exame de consciência; c. o dever de confessar segundo regras exatas todos os movimen-

dade". Agostinho, porém, submeterá as práticas de si a um recentramento em torno da autodecifração, de processos de purificação e de uma luta contra os desejos. Elas não tenderão mais para a constituição de si como sujeito moderado (ou seja, para uma estética da existência), mas, mediante sua incorporação na ética cristã da carne, apontarão para uma hermenêutica de si como sujeito de desejo.

O cuidado de si, a *epiméleia heautoû*, reaparece com Gregório de Nissa, aliás, na forma da renúncia a todos os vínculos terrenos como autorrenúncia, o que será denominado por Foucault o "paradoxo do cuidado de si".[23] Por causa da recepção do cuidado de si no século IV, o problema de uma estética da existência será substituído pela temática da pureza como alvo do cuidado. A constituição de si como uma realidade hermenêutica torna-se compreensível unicamente no contexto desse esforço de purificação. Semelhante deslocamento significa a passagem de uma concepção de si mesmo como algo que deve ser construído ao si mesmo como algo que deve ser decifrado e anulado.

As práticas de si foram introduzidas no contexto do poder pastoral no momento de sua incorporação ao ascetismo monástico. Isso traz consigo a perda de uma parte de sua autonomia, expressa na substituição do cuidado de si (*epi-*

---

tos do pensamento e da alma. Este último elemento constitui a temática da *exagoreusis*. Na relação estoica entre mestre e aluno, o alvo era conduzir o aluno a uma vida feliz e independente, mediante bons conselhos; a relação com o mestre nas instituições monásticas adota a forma da dependência total e da obediência do aluno perante o mestre.

23 Cf. "L'Éthique du souci de soi comme pratique de la liberté", DE, IV, p. 712, 716–717; "Hermeneutik des Subjekts", p. 33, 36.

méleia heautoû) pelo cuidado dos outros (*epiméleia ton allon*), sendo este último tarefa do pastor. Como consequência, o indivíduo será despojado de seu cuidado, o que significa a perda de sua liberdade. As artes da existência serão posteriormente integradas em práticas educativas, médicas ou psicológicas.

Em resumo, a subjetivação cristã pode caracterizar-se da seguinte forma: *substância ética*: a carne, os desejos etc.; *forma de sujeição*: a lei divina; *ascese*: autodecifração, hermenêutica do desejo; *telos*: pureza, autorrenúncia.

Com a reestruturação da *História da sexualidade* (nos volumes II–IV), Foucault visava às transformações da subjetivação da ética greco-latina à ética cristã da carne. Os capítulos ulteriores dessa história da subjetividade (baseada nas práticas de si) já tinham sido escritos anteriormente.[24] Em seus trabalhos sobre o poder pastoral e as artes governamentais foi tematizada a inserção das práticas de si no contexto da pastoral, o que tem consequências importantes para a constituição do indivíduo como sujeito moral, subjetivação que acontece cada vez mais de forma jurídica. Passa-se lentamente de uma autoconstituição autônoma (ética) a uma heterônoma (arqueológica ou genealógica).

No próximo capítulo apresentarei sumariamente as diferentes erupções de uma cultura de si no Renascimento e no dandismo do século XIX. Foucault não analisou esses episódios da história da estética da existência, embora os tenha

24 Cf. "Subjectivité et vérité", DE, IV, p. 213–214.

mencionado e sublinhado a importância de tal análise.[25] O exame dessas etapas é importante para mostrar a atualidade da estilística da existência.

---

25 Cf. UP, p. 17, sobre o Renascimento e sobre o *Baudelaire* de Walter Benjamin; "Hermeneutik des Subjekts", p. 54, sobre Montaigne, Stirner, Baudelaire, a anarquia política. Nesse contexto Wilhelm Schmid apresenta uma leitura de Montaigne e de Nietzsche (cf. W. Schmid "Das Dasein – ein Kunstwerk. Zum Verhaltnis von Kunst und Lebenskunst bei Nietzsche", in: *Deutsche Zeitschrift für Philosophie*, 6, 1991b, p. 650–660; "Alle Widersprüche finden sich in mir: Lebenskunst als Ethik der Selbstfindung bei Montaigne", in: *Deutsche Zeitschrift für Philosophie*, 9, 1992, p. 1023–1032;). Cf. M. de Certeau, "Das Lachen Michel Foucaults", *Denken und Existenz bei Michel Foucault*, 1991, p. 237 ss., sobre estilística, inclusive na prática científica.

5

ESTÉTICA DA EXISTÊNCIA NO RENASCIMENTO E NO DANDISMO

Renascimento

Para Jacob Burckhardt, as agitações políticas na Itália da Idade Média tardia (com a passagem do feudalismo ao despotismo) significaram a perda das formas de identidade tradicionais. Assim, cavalheiros, príncipes e ministros viram-se obrigados a buscar e criar uma nova identidade: o sujeito e o Estado apreenderam-se como obras de arte, o que implicou um processo de individualização que acontecia num nível supraindividual.[1]

A nova noção de indivíduo e de Estado tornar-se-á possível graças a uma série de transformações; dentre elas cumpre salientar a dissolução do vínculo que, na Idade Média, mantinha o indivíduo unido à comunidade, a passagem de uma sociedade estática de camadas a uma sociedade dinâmica de classes (na qual, nos estratos mais altos, as diferenças de camada substituem as de classe), a convivência de nobres e cidadãos nas cidades desde o século XII, a já referida passagem do feudalismo ao despotismo etc.[2]

---

1 Cf. J. Burckhardt, *Die Kultur der Renaissance in Italien*, 1987, p. 28–29, 114, 126, 128–129, 168; E. Cassirer, *Individuum und Kosmos in der Philosophie der Renaissance*, 1927, p. 37, 45, 70–71, 89–91; S. Greenblatt, *Renaissance Self-fashioning: From More to Shakespeare*, 1984, p. 161 ss.

2 J. Burckhardt, op. cit., p. 387–390.

Essas mudanças dão origem a um novo tipo de homem: um indivíduo autoestilizado que, graças à supressão da ascendência e outros critérios de identidade, pode dar a seu comportamento a forma de uma "obra de arte livre e consciente". Essa nova concepção de homem distingue-se notoriamente da concepção medieval, determinada pela desconfiança agostiniana ante a possível autoformação do homem.[3]

A formação do homem foi expressa de forma mais imponente no tratado de Pico della Mirandola *De hominis dignitate*, "um dos legados mais nobres daquela época da cultura", segundo Jacob Burckhardt.[4] Nele, Adão encarna a imagem do homem renascentista: "Não te demos um domicílio determinado, nenhuma aparência própria, nem um dom especial, para que escolhidos possuas o domicílio, a aparência e os dons escolhidos segundo teu desejo e resolução."[5] Adão torna-se o arquiteto de si.

A noção criadora do homem atravessa todo o Renascimento, como Ernst Cassirer mostrara. Desde o *Deus occasionatus* de Nicolau de Cusa, a imagem do homem de Ficino como "rival" da natureza e a reapropriação do mito de Prometeu, até a trindade do *homo-homo-homo* de Charles de Bovelles – em que o antagonismo entre potência e ato, natureza e liberdade, ser e consciência é simultaneamente apreendido e superado –, permanece uma imagem do homem constante,

3 S. Greenblatt (cf. op. cit., p. 2) sublinha a presença de uma estética da existência, de uma noção de si mesmo como algo que deve ser criado na Antiguidade; noção de si mesmo que vai ser recusada pelo cristianismo, como as palavras de Agostinho mostram: "Tenta constituir-te a ti mesmo e constituirás uma ruína."

4 J. Burckhardt, op. cit., p. 387. Essa opinião é compartilhada por Ernst Cassirer, cf. op. cit., p. 89 ss.

5 P. della Mirandola, *De hominis dignitate. Uber die Würde des Menschen*, p. 5.

cujo ser não é algo simplesmente dado, mas deve ser formado mediante "*virtus* e *ars*".[6] Nesse contexto, Cassirer fala da "fundamental disposição fáustica do Renascimento" (*faustische Grundstimmung der Renaissance*).

Também no Renascimento inglês, Stephen Greenblatt encontra[7] uma noção de si como algo que deve ser criado. Uma suposição baseada nas mudanças psicológicas e estéticas das estruturas produtoras da identidade. Com essas transformações, cresce também na Inglaterra a ideia da fabricação de si. A palavra "*fashion*", já longamente existente na língua inglesa, será utilizada a partir do século XVI no sentido de autoformação. O importante é que o começo da modernidade vai criar as condições que possibilitam semelhante noção processual de si.

Stephen Greenblatt limita sua investigação às análises de uma série de figuras literárias importantes da Inglaterra do século XVI: More, Thorpe, Marlowe, Spencer, Wyatt, Shakespeare. Trata-se de tentativas de estilização que visam a eliminar a fronteira entre literatura e vida social. Alcançaram inclusive certa atualidade algumas tecnologias de si antigas, como a prática do retiro, ou os manuais da conduta cortesã,[8] que lembram os *hypomnemata* da tradição greco-latina, cujo objetivo estava ligado à autoconstituição.

Apesar das semelhanças com a arte da vida antiga, essas erupções de autoestilizações permanecem limitadas a um

6 Ernst Cassirer, op. cit., p. 45, 95–96.
7 Cf. Stephen Greenblatt, op. cit., p. 1.
8 Cf. ibid., p. 46, 162.

contexto teórico. Não se pode, por conseguinte, falar de um renascimento da cultura de si, como existia nos primeiros séculos de nossa era. Contudo, a autoestilização renascentista tem valor como "experiência" quando se trata de uma atualização dessa estilística da existência.[9]

9 Cf. W. Schmid, *Auf der Suche nach einer neuen Lebenskunst*, 1991a, p. 38–39. Foucault fala da possibilidade de ler uma série de autores (Nietzsche, Schopenhauer, Max Stirner) dessa perspectiva. Cf. "Hermeneutik des Subjekts", p. 54. Karl Heinz Bohrer (cf. *Der romantischer Brief*: *Die Entstehung ästhetischer Subjektivität*, 1987, p. 11–24) ocupa-se da constituição de uma "subjetividade estética" a partir da análise da correspondência romântica da primeira década do século XIX e dos diários do começo do século XX. Nesses textos aparece uma concepção de subjetividade não subsumível aos modelos hermenêuticos usuais do surgimento da subjetividade, isto é, nem como síndrome de autenticidade nem como autoconservação. Tanto a correspondência de Brentano, Kleist e Karoline von Guenderrode quanto os diários de Kafka constituem modelos de uma autoconstituição estética ("As cartas devem ser lidas como textos autônomos, nas quais o eu, em certa medida, é encontrado, é inventado semanticamente"), apresentada como "alternativa à adaptação do subjetivismo burguês ao princípio de realidade". Os diários de Kafka constituem um exemplo da reabilitação da escrita ao serviço da autoconstituição; escrever como empresa ascética: "Trata-se do trabalho em um eu fictício, visto que o eu autobiográfico sempre se dissolve." O sujeito estético forma-se como ficção em e mediante o ato da escrita. Por isso Kafka afirma ele não ter interesse literário, mas "consistir em literatura".

Recentemente Gerhart Baumann (cf. *Selbstentwurf*: *Gestalt und Schrift*, 1993, p. 6 ss.) desenvolveu uma visão semelhante ao opor a categoria do esboço de si às categorias tradicionais de autodescrição e autoconsciência. O esboço de si traz à luz um eu como "forma" e "acontecimento" (ibid., p. 11, 16), um eu "multiforme" e "versátil" (ibid., p. 16, 46). Uma série de autores – desde Dürer, Leonardo, Shakespeare até Max Beckmann, Gottfried Benn e Max Frisch – são lidos dessa perspectiva. Para Gerhart Baumann esse esforço de autoestilização constitui uma tarefa ética, uma "ética de se contemplar a si mesmo como uma obra de arte" (ibid., p. 111), uma "ética do esboço de si". O eu como tarefa que deve ser realizada (ibid., p. 31).

Diversos motivos das análises de Baumann encontram-se em Foucault: sua ética do intelectual (cf. "Le Souci de la vérité", DE, IV, p. 675), que encontra sua expressão no esforço de "desprender-se de si mesmo" e mediante a qual "pensamos em nos distanciar e nos encontramos na vertical de nós mesmos" (UP, p. 18), corresponde à ética de Baumann do autoesboço: "É necessária uma certa distância para encontrar-se a si mesmo de forma criadora; a forma que

Dandismo

O dandismo constitui a segunda época da estética da existência que Foucault menciona junto com o Renascimento, em complementação às suas análises da arte da vida greco-latina. O dandismo é um fenômeno próprio do século XIX, ligado às transformações da vida urbana. As mudanças nas cidades possibilitam o surgimento de autoestilizações. Tanto nos primeiros séculos de nossa época quanto no Renascimento e no século XIX, originam-se transformações importantes na vida urbana. A desordem, característica das cidades no século XIX, favorece o aparecimento de estilizações próprias do dandismo, como o exemplo de Baudelaire mostra:

> Baudelaire viu na cidade moderna a possibilidade de transcender as forças culturais [...]. A cidade moderna pode fazer os indivíduos voltarem-se para fora, não para dentro; mais que a totalidade, a cidade pode dar-lhes experiências de alteridade. O poder da cidade de reorientar os indivíduos dessa forma baseia-se em sua diversidade; na presença da diferença, o indivíduo tem pelo menos a possibilidade de sair de si.[10]

---

se abandona após o encontro adota involuntariamente algo estranho e nessa distância pode se nos aproximar" (Baumann, op. cit., p. 38–39). Esses exemplos testemunham a atualidade de uma estilística do si mesmo e constituem um capítulo de sua história.

10 R. Sennett, *The conscience of the eye*, 1990, p. 123. Uma descrição que lembra o autorrelacionamento sugerido por Foucault na introdução a *O uso dos prazeres* como um "desprender-se de si mesmo".

As condições oferecidas pela cidade do século XIX para a criação de um relacionamento consigo mesmo não normatizado se perdem no século XX com a organização de uma cartografia urbana em circuitos claros e inteligíveis, o que terá como consequência uma codificação precisa do decurso da vida.

O dandismo encontra sua melhor expressão na figura de Baudelaire, que estabelece uma ligação direta entre modernidade e dandismo. A modernidade caracteriza uma atitude heroica, a heroificação do presente. O herói como sujeito da modernidade aparecerá sob uma série de máscaras: *flâneur, apache, dândi*. O dândi representa a última encarnação do herói, "o último vestígio do heroico em tempos de decadência".[11] Ele se contempla como objeto de um trabalho sobre si mesmo.

O dandismo encarna, para Foucault, a ascese da modernidade, caracterizada não só mediante a relação heroica com o presente, mas também mediante a relação consigo mesmo. O dandismo como "elaboração ascética de si" representa um homem moderno que se recusa a definir-se por meio de uma hermenêutica do desejo. Embora Foucault ressalte que para Baudelaire essa elaboração ascética aconteça unicamente na arte, ele utiliza o dandismo como uma ponte para uma possível atualização da estética da existência.

---

11 W. Benjamin, *Charles Baudelaire: Ein Lyriker im Zeitalter des Hochkapitalismus*, 1990, p. 95.

6

A VIDA COMO ESCÂNDALO DA VERDADE

"Se conheço a verdade me transformarei.
Talvez me salve ou morra."[1]

1 "Une interview de Michel Foucault par Stephen Riggins", DE, IV, p. 535.

Sujeito e verdade

Diante da noção de verdade como mecanismo de exclusão,[2] aparece nos últimos volumes da *História da sexualidade* o conceito de "jogo de verdade", entendido como jogo "do verdadeiro e do falso, no qual o ser se constitui historicamente como experiência, isto é, como algo que pode e deve ser pensado".[3]

Os jogos de verdade permitem relacionar o sujeito com a verdade, pois no centro deles aparece a questão de quem diz a verdade, como a diz e por que a diz. Ao mesmo tempo, Foucault afirma se haver ocupado sempre da relação entre sujeito e verdade, embora sob pontos de vista diferentes: a partir de práticas coercitivas ou de jogos teóricos e científicos, nos anos 1960, e em relação às tecnologias de si, nos cursos no Collège de France, nos anos 1970 e 1980. Foucault formula, em 1984, a pergunta que serve como fio condutor de sua pesquisa:

---

2 Cf. Michel Foucault, *L'Ordre du discours*, 1972.

3 UP, p. 12–13; cf. "Foucault", DE, IV, p. 632.

> Por que cuidamos de nós mesmos somente mediante o cuidado da verdade? Creio que isso representa uma questão fundamental do mundo ocidental. O que fez com que toda a cultura ocidental começasse a girar em torno da obrigação de dizer a verdade, a que adotou uma variedade diferente de formas? Tal como as coisas estão, nada provou até agora que possamos definir uma estratégia exterior a ela.[4]

No começo dos anos 1980, ele analisa uma noção de verdade enraizada na tradição da *espiritualidade*, que consiste não na recompensa do ato cognoscitivo, mas em algo que tem a possibilidade de iluminar, de transformar e transfigurar o sujeito. Com isso, torna-se possível relacionar o acesso à verdade com diversas tecnologias ascéticas. A temática da *ascese da verdade* ocupa o centro da reflexão nos cursos de 1982: verdade, não como verdade da essência ou da origem que o sujeito deve descobrir em si, mas como trabalho sobre si, verdade como *produção* e *ethos*. Nesse contexto, aparece pela primeira vez a noção de *parrhesía*, objeto dos cursos de 1983 e 1984.

A seguir, apresentarei criticamente essa noção foucaultiana de *parrhesía* (nas suas diferentes cristalizações históricas) situando-a no âmbito de uma possível atualização da *estilística da existência*, como foco da resistência às modernas práticas subjetivantes.

4 "L'Éthique du souci de soi comme pratique de la liberté", DE, IV, p. 723–724.

O conceito de *parrhesía*

Foucault pretende, no curso de 1983/1984, analisar a *parrhesía* a partir da problemática da direção de consciência mediante as práticas de si. O significado originário do conceito é "dizer tudo", traduzido frequentemente por "falar livremente", "liberdade de palavra" etc. *Parrhesía* é uma noção complexa, pois representa, ao mesmo tempo, virtude, habilidade, obrigação e técnica que deve caracterizar sobretudo o indivíduo, cuja tarefa é a direção de outros indivíduos na sua constituição como sujeitos morais.[5]

Nos séculos I e II d.C., o cuidado de si (*epiméleia heautoû, cura sui*) intensifica-se: a tarefa de estabelecer uma relação satisfatória consigo mesmo atinge a categoria de prática social, provocando o surgimento de escolas e academias e abrangendo numerosas relações sociais: familiares, de amizade etc. Na chamada "cultura de si", a *parrhesía* ocupa um lugar privilegiado. A autoconstituição como sujeito moral exige a presença e a ajuda constante de outro indivíduo, dotado da faculdade de *parrhesía*. A figura do outro corresponde ao *parrhesiasta*: "Aquele no qual se deve buscar abrigo não se apresenta como um especialista, nem como um médico do corpo ou do espírito [...]. Trata-se de um indivíduo de idade suficiente, boa fama e dotado de uma virtude determinada. Essa virtude, esse dom é a *parrhesía*, o falar livremente."[6] Com isso, temos um conceito situado no centro de confluência da

5 Cf. Michel Foucault, *Das Wahrsprechen des Anderen*, 1988, p. 17.
6 Cf. Ibid., p. 18.

obrigação de dizer a verdade, dos procedimentos e técnicas de direção de consciência e da relação consigo mesmo.

História do conceito

No seu livro sobre a *parrhesía*, intitulado *Parrhesía: Storia del termine e delle sue traduzioni in latino*, Guiseppe Scarpat compara o conceito de *parrhesía* com o de *isonomia* e o de *isegoria*. Para Péricles, a *isonomia* representa a igualdade de todos os cidadãos perante a lei. A palavra democracia será introduzida posteriormente. Heródoto, por sua vez, já utiliza *isonomia* como sinônimo de democracia. *Isonomia* se transforma no ideal da democracia; "anunciar a *isonomia*" significa proclamar uma nova constituição de caráter democrático.

Isegoria constitui o direito fundamental do cidadão ateniense, entendido como direito de fala na assembleia. Diante desses conceitos, a *parrhesía* é uma noção mais sugestiva, cujo significado ainda não foi determinado, pois aparece em muitos textos sem ser tematizada diretamente. Para Scarpat ela representa a liberdade do cidadão de dizer em que crê e não crê; "uma conquista e um privilégio da democracia ateniense e um direito irrevogável de todo cidadão".[7]

Foucault menciona no curso de 1983/1984 o único texto da Antiguidade dedicado à *parrhesía*. Trata-se do tratado *Peri parrhesías*, composto por Filodemo, um dos epicuristas

---

7 Giuseppe Scarpat, *Parrhesía: Storia del termine e delle sue traduzione in latino*, 1964, p. 29.

mais importantes do século I. Marcelo Gigante ocupa-se em várias publicações da figura de Filodemo, para quem a *parrhesía* representa sobretudo uma "prática ética" que conduz de maneiras diferentes à "perfeição moral," uma *techne* para atingir o que pode ser útil. Constitui uma forma de exercitar a "liberdade de palavra", que encontra uma analogia na medicina, esta última entendida como *techne* de prova dos diferentes remédios e fármacos para atingir a saúde. A condição necessária da cura é a descrição exata da doença que precisa ser curada. Seu conceito de *parrhesía* adapta-se à sua noção de epicurismo como sistema ético e pedagógico e ocupa um lugar central na perspectiva epicúrea, que vê a civilização como síntese de *parrhesía, philia, charis* e *eunoia*.

O complexo temático da *parrhesía* perpassa toda a Antiguidade grega e latina. Na sua vertente grega encontra-se em Platão, Eurípides, Filodemo, Plutarco, Diógenes, Marco Aurélio, Máximo de Tyros, Luciano e na espiritualidade cristã de Teodoro de Gaza. Também está presente na tradição latina, representada por Sêneca, e nos historiadores e teóricos da retórica, traduzindo-se frequentemente por: *libertas, licencia, oratio libera* etc.

A *parrhesía* concentra-se principalmente em três âmbitos: 1. No âmbito da direção individual. 2. Na política, exatamente no ponto de cruzamento da política e da direção individual, no contexto do problema da alma do príncipe, expressa por Foucault na seguinte pergunta:

> Qual a forma de discurso verdadeiro necessária para que o príncipe constitua na sua condição de indivíduo

uma relação consigo mesmo que garanta sua virtude e que, mediante o ensino recebido, se transforme não somente num indivíduo aceitável moralmente, mas num governador que assuma a responsabilidade e o cuidado de si e dos outros?[8]

3. No âmbito religioso, efetuando um deslocamento, quase uma inversão no uso do conceito: passa-se da *parrhesía* como obrigação do mestre de dizer a verdade ao aluno à *parrhesía* como obrigação do aluno de comunicar o que constitui sua realidade.[9]

No curso de 1983/1984, Foucault analisa três exemplos de *parrhesía*: Galeno (em relação à mencionada comparação da *parrhesía* com a medicina), Plutarco e Sófocles.

A vida de Díon, segundo Plutarco em *Grandes gregos e romanos*, constitui um texto importante, por se encontrar no cruzamento da época clássica com a espiritualidade cristã dos séculos IV e V. Díon, aluno de Platão e cunhado do tirano Dioniso, oferece a Platão a possibilidade de participar na vida política de Siracusa, com a esperança de que o tirano sinta o mesmo entusiasmo pelas ideias platônicas que ele mesmo

8 Michel Foucault, op. cit. 1988, p. 21.

9 O quarto volume da *História da sexualidade*, *As confissões da carne*, ocupa-se dessa relação baseada na obrigação de dizer a verdade sobre si mesmo via sexualidade no âmbito monástico. Existem numerosos textos de Foucault nos quais se pode observar esse desenvolvimento, culminando na incorporação dessas técnicas de veridicção nos dispositivos disciplinares e confessionais (ou seja, a panorâmica descrita em *Vigiar e punir* e em *A vontade de saber*) como último estágio do poder pastoral. Cf. '"Omnes et singulatim': vers une critique de la raison politique", DE, IV, p. 134 ss.; "Les Techniques de soi", DE, IV, p. 808 ss.; "Du gouvernement des vivants", DE, IV, p. 127 ss.; "Le Combat de la chasteté", DE, IV, p. 295.

sente. Perante o tirano, Platão afirma ter vindo a Siracusa em busca de homens perfeitos, filósofos, únicos capacitados para reinar. Nisso, Platão deixa claro que Dioniso não se constitui nesse tipo de homem. Mediante o ato livre e perigoso de dizer a verdade ao tirano, Platão estabelece uma relação consigo como sujeito que afirma a verdade, como *parrhesiasta*. Para Foucault, Platão encarna um caso autêntico de *parrhesía*: um homem que se levanta em presença de um tirano e diz a verdade, o que constitui um fato arriscado que exige um valor extraordinário. Outro exemplo escolhido por Foucault é *Édipo rei*, de Sófocles, na qual nos encontramos em uma situação análoga à anterior: Édipo diz a verdade a seu sogro, Creonte. *Parrhesía* significa simplesmente dizer a verdade. Por meio da verdade o *parrhesiasta* se afasta de toda mentira e adulação.

O exemplo de Plutarco mostra como a *parrhesía* não corresponde à forma de dizer a verdade encarnada por uma *analítica da verdade* – a qual indagaria sobre suas condições lógicas –, consistindo antes em um *cuidado da verdade*. A *parrhesía* diferencia-se dos outros modos de dizer a verdade, não representando nem uma estratégia de comprovação, nem de convicção, instrução ou diálogo, embora possua elementos de todas elas. Podemos falar de *parrhesía* quando as circunstâncias aparecem de tal maneira que o fato de dizer a verdade, ou de tê-la dito, produz ou pode produzir consequências custosas.

Para estudarmos o enunciado *parrhesiástico*, devemos efetuar uma mudança copernicana, pois o que importa não são as condições lógicas da verdade, mas o portador do enunciado, os efeitos ascéticos e de constituição do sujeito produzidos pela verdade sobre seu portador. Ante o enunciado performativo, o *parrhesiástico* abre um risco indeterminado e dependente da situação. Este último define-se mediante a coragem de dizer a verdade e não mediante o *status* social ou institucional do sujeito, como acontece no enunciado performativo. Portanto, Foucault apresenta a seguinte definição de *parrhesía*: "A livre coragem mediante a qual um se relaciona consigo mesmo no ato de dizer a verdade; ou seja, a ética de dizer a verdade num ato livre e perigoso."[10]

A *parrhesía* aparece no contexto da relação entre a obrigação de se ligar à verdade mediante o dizer verdadeiro e o exercício da liberdade. Por outro lado, ocupa-se de uma *pragmática do discurso*: a diferenciação entre análises e efeitos da linguagem, pela qual o sujeito se relaciona com o enunciado e suas consequências. A *pragmática do discurso* é a análise do que, na situação atual do portador, influi e modifica o valor do enunciado. *Parrhesía* e *pragmática do discurso* têm como alvo os efeitos do discurso. No caso da *parrhesía*, o sujeito atinge uma nova forma de existência, mediante a produção de enunciados verdadeiros. Esse momento, tão importante para a constituição autônoma do sujeito, será denominado por Foucault *dramática do discurso*: "A análise da *parrhesía* é a análise dessa dramática do discurso verdadeiro que possibilita o aparecimento do acordo do sujeito consigo mesmo no ato de dizer a verdade."[11]

Além da *parrhesía*, Foucault distingue outras três formas da dramática do discurso: o *profeta*, ocupado da verdade como

---

10 Michel Foucault, op. cit., 1988, p. 36.
11 Ibid., p. 38.

destino, que não fala em seu nome, mas como mediador; o *sábio*, que fala em seu nome mas não necessariamente sobre a verdade; o *mestre* ou *técnico*, obrigado a dizer a verdade, embora sem risco. Nos diferentes "regimes da verdade" aparecem as diversas formas da dramática do discurso segundo tematizações distintas: a história da filosofia privilegia mais o sábio e o *parrhesiasta* que o mestre/técnico ou o profeta. O mundo cristão-medieval acentua os modos proféticos e *parrhesiásticos* especialmente mediante o sermão, o qual contém elementos escatológicos. A tradição universitária concentra-se sobre o sábio e o mestre. Do discurso político e revolucionário ocupam-se o profeta e o *parrhesiasta*. O discurso científico pertence à tradição *parrhesiástica*.

A análise das diferentes tematizações dos modos de dizer verdadeiros nos distintos regimes da verdade constitui uma pequena parte de um projeto maior, a *História da produção da verdade*, uma história que Foucault pensava escrever para Paul Veyne[12] (o curso de 2 de março de 1983 tem como título História das ontologias dos discursos verdadeiros e pertence a esse projeto maior). Já em 1975, Foucault[13] concebe a verdade como um sistema de regras, cuja história ainda não foi escrita: história das práticas e das tecnologias da verdade. A

12 Nesse contexto é muito ilustrativa a dedicatória de Foucault a Paul Veyne na introdução a *O uso dos prazeres*: "Paul Veyne ajudou-me constantemente nestes anos. Como verdadeiro historiador sabe o que significa buscar a verdade; mas conhece também o labirinto em que se entra quando se pretende escrever a história dos jogos de verdade e falsidade; ele é dos poucos que hoje em dia abraçam o perigo que leva consigo para cada pensamento a questão da história da verdade." (UP, p. 14).

13 Cf. "La Maison des fous", DE, II, p. 693.

dramática do discurso verdadeiro servirá de base para realizar uma *genealogia do discurso político* como uma de suas formas possíveis. Essa temática representa o ponto de convergência de dois importantes projetos foucaultianos: a análise da *parrhesía* e o discurso do *governo* que tem a *parrhesía* na sua origem. A história do discurso do governo forma o fio condutor da dramática do discurso verdadeiro.

É interessante que Foucault tenha realizado esse projeto às avessas, pois primeiro se ocupou da problemática do governo (como se governam os homens uns aos outros, para, daí, analisar a temática do governo de si; passagem de grande importância, pois constitui o trânsito da dupla ontologia de poder/saber à tripla de poder/saber/si mesmo, como já foi mencionado), passando posteriormente ao estudo da *parrhesía*, como uma técnica/tecnologia de si. Trata-se da constituição de si mediante o cuidado constante da verdade. Entre as análises das práticas governamentais e da *parrhesía* situam-se os volumes II e III da *História da sexualidade*. Essa situação peculiar percorre toda a obra, constituindo o característico do método genealógico. Foucault não chega ao discurso do governo a partir da dramática do discurso verdadeiro, mas pela análise deste último encontra a raiz do primeiro, que já havia sido tematizado nos anos 1970 nos cursos do Collège de France. Analogamente, as análises foucaultianas das modernas técnicas subjetivantes (disciplinas, biopoder) não constituem a continuação de seus estudos sobre as tecnologias de si na Antiguidade, embora esse tenha sido seu desenvolvimento cronológico real. Foucault descobre as técnicas de si pesquisando acerca da origem do aparelho da sexualidade como dispositivo subjetivante.

A dramática do discurso verdadeiro é encarnada historicamente pela dramática do *conselheiro*, caracterizada mediante a *parrhesía*: o conselheiro toma a palavra e diz ao príncipe o que se deve fazer, como mostra o exemplo de Plutarco. Nesse caso, a *parrhesía* representa uma virtude ligada a um ato de coragem. Porém, ela está desprovida originariamente dessa dimensão de coragem individual. Trata-se antes de um conceito relacionado, por um lado, a uma estrutura política concreta, característica da pólis, e, por outro, ao *status* social e político de determinados indivíduos na pólis. No capítulo segundo de suas *Histórias*, Políbio remete ao uso da *parrhesía* como estrutura política: "Somente entre os aqueus se encontra um regime e um ideal perfeito de igualdade (*isegoria*), de liberdade (*parrhesía*), em uma palavra, de democracia."[14] Além de igualdade e democracia, as cidades aqueias possuem *parrhesía*, entendida como o direito do cidadão de tomar a palavra na assembleia (embora a *isegoria* originariamente também represente esse direito).

Íon, de Eurípides, constitui um exemplo de *parrhesía* fora do âmbito da estrutura geral da pólis: "Somente falta uma coisa para minha sorte:/uma vida sem a minha mãe é/só meia vida. Se tivesse um desejo,/seria o desejo por minha mãe de Atenas,/que garante a *livre palavra* à minha boca./Se se mistura um estranho com o povo verdadeiro,/não iguala aos demais nenhum direito individual./Sua boca cala, nao é um homem livre."[15] A *parrhesía* representa o direito de palavra que Íon deve receber

14 Polibios, *Histoires*, 1970.
15 Eurípides, *Ion*, 1968, versos 668–675.

de sua mãe.[16] Quando Íon indaga sobre sua mãe, isto é, sobre sua origem, fá-lo com o objetivo de saber se goza do direito de palavra. Para Eurípides, direito de *parrhesía* e de cidadania são idênticos. O direito de *parrhesía* distingue o cidadão ateniense do estrangeiro, desprovido do direito de falar na assembleia. Segundo Giuseppe Scarpat, o estrangeiro possui "palavras" (*parole*), mas "sua boca é escrava" (*ha schiava la bocca*).

A dramática do *ministro* tem sua origem na dramática do discurso político, que começa no século XVI com o surgimento do *pensamento governamental*. Sua análise organiza-se conforme a pergunta seguinte: "Que é este discurso verdadeiro, segundo o qual o ministro se dirige ao monarca em nome de algo denominado razão de Estado e no exercício de um determinado saber sobre o Estado?"[17]

A última dramática que Foucault pensava pesquisar era a do *crítico*. Tratar-se-ia da investigação do discurso crítico na ordem política desenvolvido no século XVIII, quando ele atinge determinado *status* que atravessa os séculos XVIII e XIX.

Parrhesía socrática

A figura de Sócrates ocupa um lugar central na história da *parrhesía*, pois ele irá transformá-la de virtude política em virtude moral.

16 Eurípides refere-se à lei proclamada por Péricles em 451–450 a.C., segundo a qual só possuía o direito à *parrhesía* o indivíduo que podia demonstrar que ambos os progenitores eram cidadãos atenienses.

17 Michel Foucault, op. cit., 1988, p. 40.

Platão sublinha em *A república* a incompatibilidade estrutural entre *parrhesía* e democracia, pois a *parrhesía* democrática concede às massas o direito de palavra, não contribuindo para o progresso da pólis. Trata-se de uma *parrhesía* falsa: "A democracia surge, creio, quando os pobres, vitoriosos, massacram uns, expulsam os outros e partilham com os que restam o governo e a administração, de forma que o governo da cidade se elege frequentemente por sorte."[18] Platão oscila entre o respeito ante a *parrhesía* como atitude pessoal ou *ethos* e a recusa da *parrhesía* democrática. O interesse platônico concentra-se na *parrhesía* que se pode exercer sobre a alma do príncipe com o objetivo de educá-la.

A *parrhesía* platônica entendida como transformação da alma permite unir os três polos do discurso filosófico existentes até a atualidade: *Alétheia*, como formas possíveis de dizer a verdade; *Politeía*, como estruturas e regras de governo; *Ethos*, como princípios e normas da atividade moral, como guia da estilística da existência. Essa classificação corresponde aos três eixos da genealogia que Foucault estabelece para a mesma época.[19] Mediante a *parrhesía*, o sujeito constitui-se de forma autônoma como agente do dizer verdadeiro. Trata-se de uma técnica de si, de uma ascese e de uma prática de liberdade. A *parrhesía* ocupa assim um lugar central no discurso filosófico, determinando as condições políticas e as diferenças éticas no discurso verdadeiro. Ela sublinha a impossibilidade de pensar um dos eixos sem ter em conta os

18 Platão, *Der Staat* (*A república*), 1971, 557a.

19 Cf. "À propos de la généalogie de l'éthique: un aperçu du travail en cours", DE, IV, p. 618.

outros, afirmando ao mesmo tempo sua disparidade insuperável. A dimensão moral da *parrhesía* liga-se diretamente à tripla ontologia foucaultiana de saber/poder/si mesmo.

Foucault destaca o papel de Platão na elaboração do problema da subjetivação presente em toda questão filosófica. A relação do falar verdadeiro com a constituição do sujeito ético constitui a passagem da *parrhesía* política à moral. Nesse contexto, ele analisa três diálogos platônicos:

a. A *Apologia de Sócrates* constitui um exemplo extraordinário de *parrhesía*. Sócrates arrisca sua vida por dizer a verdade, porém, diferentemente de Sólon, não fala como *parrhesiasta* político, mas como médico, pai ou irmão, renunciando à política por dizer a verdade da filosofia. A missão socrática como *parrhesiasta* ético não consiste em fazer política, trata-se antes de animar os outros a se ocuparem de si (*phrónesis*), de sua verdade (*alétheia*) e de sua alma (*psychè*).[20] Esses três elementos constituem uma ética, uma forma de se comportar em relação à verdade. A proibição demoníaca de

20 Foucault comenta as últimas palavras de Sócrates na *Apologia* baseando-se na interpretação de G. Dumézil (*Der schwarze Mönch in Varennes: Nostradamische Posse und Divertissement über dieletzten Worte des Sokrates*, 1989, p. 148): "Críton, temos uma dívida com nosso curador; o curador manteve a palavra, apressa-te a pagar-lhe, não te esqueças." As últimas palavras de Sócrates, "não te esqueças", "não te descuides" (*mê amelêsetê*), têm a função de lembrar uma relação verdadeira conosco mesmos. Curados da falsa opinião (nisso consiste a função do deus Asclépio, curador das doenças do corpo e da alma), podemos morrer seriamente na verdade, no cuidado da alma. Cf. E. Allo, "Les Dernières paroles du philosophe", *Actes de la recherche en Sciences socials*, 61, 1986, p. 85. A evocação do risco de se esquecer de si perpassa todo o ciclo da morte de Sócrates. Verdade de si e esquecimento de si definem a linha divisória do dizer verdadeiro no campo da política. Foucault une as últimas palavras de Sócrates com a temática do cuidado de si; para ele *mê amelêsetê* e *epiméleia* têm a mesma raiz.

Sócrates de se ocupar de assuntos políticos vai ser interpretada por Foucault como um signo da divisão entre a *parrhesía* ética e a política.[21] Sócrates diferencia-se do *parrhesiasta* político, pois se ocupa da razão prática (*phrónesis*), da verdade e da alma.

b. O *Alcibíades I* deve ser localizado ainda no contexto da *parrhesía* política: o cuidado de si aparece em uma relação agonística; representa a valentia do indivíduo e permite-lhe afirmar sua vida, o que no caso de *Alcibíades* acontece ainda em relação à pólis. Contudo, a possibilidade e a necessidade da alma de contemplar a si mesma, mediante a educação do jovem heleno, baseada no princípio do cuidado de si, já aparecem nesse diálogo.

c. Em *Laques* encontramos pela primeira vez um modo de dizer verdadeiro não remetido à alma, mas à vida (*bios*). Para Foucault, o tema principal do diálogo é o "dar conta de si" (*logon didonai*), como a forma adotada pelo jogo *parrhesiasta* entre Sócrates e seus interlocutores, a *parrhesía* como forma de vida. A autoridade que emana de Sócrates tem sua origem na harmonia entre seu *logos* e seu *bios*, entre doutrina e existência. A *parrhesía* representa um "exame da vida", um provar a própria vida, entendido como prática permanente e forma de existência. O "dar conta de si" conduz ao cuidado de si, a uma estética da existência diferentemente do *Alcibíades* e da *Apologia*, nos quais constituía um cuidado e uma contemplação da alma.

21 Cf. Platão, *Apologie*, 1973, 31c–32a.

A *parrhesía* permite transformar a existência filosófica em uma manifestação da verdade, ou seja, filosofia como *logos* e *ergon*. O "dar conta de si" (*logon didonai*) socrático implica duas noções distintas de *parrhesía*, embora estejam relacionadas: uma *metafísica da alma* e uma *estética da existência*. No discurso filosófico ocidental dominou a metafísica da alma, deslocando a estilística da existência para uma posição marginal. O projeto de Foucault consiste precisamente em reabilitar esta dimensão tão importante da *parrhesía*: o dizer verdadeiro como uma arte da existência utilizada pelo sujeito na sua autotransformação.

Sob o fundo de uma relação de amizade, discute-se no diálogo (*Laques*) uma forma de *parrhesía* que consiste no conselho sobre os diferentes exercícios e conhecimentos necessários para fazer da vida uma obra de arte. O *logon didonai* possibilita uma elaboração da existência baseada na conjunção de palavras e obras: "Deve ser lembrado que, para o homem, sua forma de existência e sua maneira de se conduzir, o aspecto que sua existência deve tomar aos olhos dos outros e aos seus próprios, o rastro que deixará sua existência após sua morte, esta forma, este aspecto e este rastro foram objeto de um cuidado estético."[22] Apesar de a estética da existência não ter atingido – em sua elaboração socrática – a importância que terá nos primeiros séculos de nossa era, quando se fala da "idade de ouro da cultura de si", aparecem unidos em Sócrates, mediante o cuidado de si, o *cuidado de uma bela existência* e o *cuidado*

22 Citado por W. Schmid, *Auf der Suche nach einer neuen Lebenskunst*, 1991a, p. 67.

do dizer verdadeiro. A *parrhesía* é uma arte da existência que aspira à direção da vida e à *areté*. A relação entre o "viver belo" e o "dizer verdadeiro" constitui a "vida verdadeira".[23]

Parrhesía cínica

A *parrhesía* cínica representa um exemplo especial da passagem de uma concepção de *parrhesía* política a uma ética, além de ser um modelo de vida filosófica verdadeira. Foucault dedica atenção especial ao estudo do cinismo no último curso no Collège de France.

A relação entre estética da existência e vida verdadeira encontra no cinismo sua melhor expressão. Para o cínico, a *parrhesía* representa o máximo bem, como aparece em Diógenes Laércio (VI, 69): "Perguntaram-lhe o que era o mais belo no mundo; ele respondeu: a 'liberdade de palavra' (*parrhesía*)." Diógenes traslada a *parrhesía* política do contexto da pólis à cosmopólis helenista, embora o cínico seja o mestre da *parrhesía* moral, sinônimo de verdade (*alétheia*) e de liberdade (*eleuthería*). O objetivo da *parrhesía* é a "liberdade total das paixões, da vontade de posse e de domínio, do medo diante do tirano e da morte. Somente quem é absolutamente livre usufrui da *parrhesía* total".[24]

---

23 No discurso inaugural de Hegel em Heidelberg de 28 out. 1816, encontramos as seguintes palavras: "A *coragem da verdade*, a crença no poder do espírito é a condição primeira da filosofia." (Hegel, *Einleitung in der Geschichte der Philosophie*, 1966, p. 5–6, grifo meu; cf. W. Schmid, op. cit., 1991a).

24 G. Scarpat, op. cit., p. 54.

A ética ocupa uma posição central na filosofia cínica. O núcleo filosófico do cinismo poderia ser resumido da seguinte maneira: exclusão consciente de todas as disciplinas teóricas e a concentração na ética. O cinismo leva às últimas consequências a mudança socrática da especulação sobre a natureza à problematização ética. O *telos* cínico consiste em viver segundo a virtude. A *autarquia* constitui a virtude suprema na existência cínica, uma virtude somente atingível mediante exercício, *ascese*. A ascese cínica aspira a vencer os sofrimentos e esforços (*ponoi*) inúteis: trata-se de uma prática física e espiritual cuja repetição regulada favorece a ação virtuosa. As duas vertentes da ascese (física e espiritual) são indispensáveis, pois

> [...] não existe uma separação que produza, por um lado, desportistas idiotas e, por outro, sacerdotes compungidos: uns teriam esquecido o objetivo dos exercícios; os outros, descuidado dos meios. Nem jogos no estádio – Diógenes dedicou muito tempo a rir deles e lhes lançar indiretas –, nem práticas monacais. O domínio do corpo, de suas possibilidades, de suas capacidades e limites constitui o signo pelo qual se reconhece a perfeição da ascese.[25]

Foucault sublinha como o cínico leva às últimas consequências a harmonia entre *logos* e *bios*, colocando o homem moderno diante da questão da vida filosófica (*biosphilosophos*)

25 M. Onfray, *Der Philosoph als Hund*, 1991, p. 60–61.

como práxis e forma de existência. Infelizmente, a filosofia moderna tem negligenciado a problemática da vida filosófica. Duas razões contribuíram historicamente para seu eclipse: por um lado, a prática da vida verdadeira tem sido confiscada pelas instituições religiosas, por outro, a relação com a verdade tem valor na atualidade somente na forma do conhecimento científico. A noção de vida filosófica, a reabilitação da filosofia como forma de existência, perpassa os escritos de Foucault dos anos 1980, e isso é, acredito, consequência do encontro do filósofo com Pierre Hadot.

Foucault fala de "manifestação" e "exteriorização" da filosofia, de um "tornar-se visível" e um "sair de si na vida filosófica" (o que lembra espantosamente a tentativa de "desprender-se de si") como objetivo da filosofia, tal como aparece na introdução a *O uso dos prazeres*. O cínico aspira a uma soberania singular, a ser como um deus e alcançar uma autonomia divina – Díon Crisóstomo afirma sobre Diógenes que este tenta em primeiro lugar viver segundo o modelo dos deuses. Atuar como cínico significa "formar a existência como uma obra de arte: dotar de volume, superfície, natureza, densidade, consistência e harmonia o cotidiano, para, dessa forma, transfigurá-lo. A vida deve ser querida, pensada e desejada da mesma forma que um artista dedica toda sua energia a produzir um objeto único e não um duplicado".[26]

A estilística da existência encarnada no cuidado da verdade como forma de vida pode ser estudada exemplarmente por intermédio dos cínicos: o cuidado de si converte-se em

26 Idem, p. 78.

cuidado da verdade; forma da existência e dizer sinceramente a verdade aparecem unidos. Na Antiguidade, o cínico como *parrhesiasta* dá vida a esse dizer sinceramente a verdade: encenação da vida entendida como manifestação visível da verdade, como visível teatro da verdade. No último curso de 1984, algumas semanas antes de sua morte, Foucault apresenta a produção da verdade como o ponto mais notável da história da relação entre verdade e sujeito: a vida como "escândalo da verdade" e "forma visível da verdade, como choque e escândalo (*skandalon*); o estilo, a forma da vida como o lugar do aparecimento da verdade, para exercitar em e mediante a vida o escândalo da verdade".[27] Essa noção de vida, o *ethos* cínico, atravessou a tradição ocidental em diferentes momentos: na tradição ascética e cristã; em determinadas práticas de militância política do século XIX, como nos estilos de vida comunais e não convencionais etc.; na arte moderna com o surgimento da vida do artista no século XVIII e a atitude anticultural da arte moderna.[28]

---

27 Citado por W. Schmid, op. cit., 1991a, p. 277.

28 No curso de 29 fev. 1984, Foucault vê Fausto como o último herói filosófico na tradição cínica (cf. T. Flynn, "Foucault and the politics of post modernity", *Noûs*, 23, 1989, p. 195), embora o *ethos* cínico se tenha mantido no Renascimento, em algumas seitas protestantes, em Nietzsche e na arte moderna. Cf. J. Miller, op. cit., 1993, p. 361–362; "From Socrates to Foucault: the problem of the philosophical life", *New Formations* (25): *Michel Foucault: J'accuse*, 1995; "The prophet and the Dandy: Philosophy as a Way of Life in Nietzsche and Foucault, *Social Research*, 65 (4), 1998. Wilhelm Schmid tem dedicado uma série de publicações (cf. "Exerzitien der Existenz: Kunst und Lebenskunst bei Edgar Degas", *Wege zu Edgar Degas*; *Auf der Suche nach einer neuen Lebenskunst*, 1988; "Das Dasein – ein Kunswerk: Zum Verhältnis von Kunst und Lebenskunst bei Nietzsche", *Deutsche Zeitschrift für Philosophie*, 6, 1991b; "Kunst und Leben: Anmerkungen zu einer wieder auflebenden Diskussion", *Merkur*, 502, 1991c; "'Ich bin mein Stil': Zum Verhältnis von Kunst und Lebenskunst bei Paul Klee",

O cínico aparece como esclarecido (*kataskopos*), indicando, mediante sua vida diferenciada (*bios diakriticos*), em que os homens erram. Ele realiza a inversão do conceito platônico de vida verdadeira, como uma vida sem mistura de virtude e vício, uma vida de honradez, segundo normas e regras, escapando da corrupção e da derrota. A inversão exprime-se na ordem do oráculo de Delfos para Diógenes: "recunha a moeda em circulação", isto é, uma empresa antiplatônica.

Foucault resume em quatro pontos a inversão cínica da vida verdadeira platônica: 1. ausência de falta e naturalismo acentuado; 2. falta de uma mistura de virtude e vício; 3. honradez entendida como uma vida segundo as exigências da animalidade, que acarreta a recusa de tabus e convenções; 4. posse de si e soberania até o ponto de estabelecer um reinado militante, enfrentando os costumes, as instituições e as paixões pessoais com o objetivo de recuperar o estado natural. Essa missão contém uma demanda de universalidade que é nova na filosofia clássica.

Parrhesía cristã

A tradição cristã antiga apresenta o mártir como possuidor da *parrhesía* diante da autoridade inimiga da fé. Analogamente

---

Merkur 510/511, 1991d; "'Alle Widersprüche finden sich in mir': Lebenskunst als Ethik der Selbstfindung bei Montaigne", *Deutsche Zeitschrift für Philosophie*, 9, 1992; *Was geht uns Deutschland an?*, 1993) à temática da dicotomia entre arte e vida a partir da estilística da existência foucaultiana, concentrando-se em diversas figuras: Oscar Wilde, Nietzsche, Montaigne, os dadaístas, Paul Klee, Edgar Degas, vanguardas artísticas: Happening, Action Painting, Perfomance-Art, Art Corporel etc.

ao mencionado exemplo de Díon, a *parrhesía* representa num contexto cristão a valentia da palavra, até mesmo com risco da própria vida. Eusébio recolhe vários testemunhos da prática *parrhesiástica* entre os mártires da Palestina:

> Procópio foi o primeiro entre os mártires da Palestina. Sem prisão prévia, foi conduzido diretamente diante do portão da entrada distante do tribunal do governador; mas, quando lhe foi ordenado sacrificar-se perante os chamados deuses, declarou somente conhecer um deus perante o qual se deve sacrificar, como ele mesmo pretende; e, diante da ordem de oferecer uma libação também aos quatro imperadores, citou as palavras do poeta: "Não é louvável o reinado de muitos; só um deve reinar, um dos reis," (*Ilias II*, 204 ss.) Mal pronunciara tais palavras, foi decapitado.[29]

O mártir utiliza a *parrhesía* com o objetivo de converter seus perseguidores. Ele possui o privilégio da intercessão divina no instante do martírio. Essa mediação tem o caráter de uma *parrhesía* divina. A ascese representa outra possibilidade de atingir essa mediação, a qual é, porém, vetada ao pecador. A *parrhesía* transforma-se, na tradição monástica, do máximo bem do pagão ao mal supremo do monge. Nos *Apophthegmata Patrum*, será comparada a um "vento ardente"; ela é a mãe de todas as paixões:

29 Eusébio, *Schrift über die Märtyrer in Palästina*, 1923, p. 275–276.

> O patriarca Pedro da escola do patriarca Ló disse: "Quereria viver com os irmãos, diz-me como devo viver com eles." O patriarca respondeu-lhe: "Com o primeiro que encontrares, mantém a atitude do estranho todos os dias de tua vida, para que não alcances demasiada *intimidade* (*parrhesía*) com eles." Nesse momento disse-lhe o patriarca Macário: "O que a *intimidade* produz?" O ancião respondeu-lhe: "A *intimidade* é comparável a um vento ardente. Quando invade, voa tudo na sua presença. Destroça o fruto das árvores." O patriarca Macário interveio: "A *intimidade* é prejudicial", e o patriarca Agathon acrescentou: "*Nenhuma paixão é tão má como a intimidade, mãe de todas as paixões.*"[30]

Ao conceito de *parrhesía* opõe-se o de *xeniteia*; o monge tornou-se estrangeiro (*xenos*) como consequência de sua renúncia, sem pátria nem direitos. Ele deve renunciar a tudo na condição de estrangeiro, mas sobretudo à *parrhesía*, o direito de falar.

Por que dizer a verdade? Por que dizer a verdade especialmente sobre si? Os últimos cursos de Foucault no Collège de France constituem uma tentativa de resposta a essas perguntas. A verdade entendida como um jogo, o produto contingente de regras mutantes incorporadas em diferentes crenças sociais e práticas, era uma noção defendida por Foucault havia anos. A novidade dos últimos cursos é a ideia

30 Bonifaz Miller (org.), *Apophthegmata Patrum. Weisung der Väter*, 1965, p. 40.

de uma verdade como *parrhesía*, ou seja, uma concepção agônica da verdade, uma luta por dizer a verdade como risco vital.

É interessante encontrar essa noção de verdade em um autor cuja obra prévia é um ataque ao imperativo de exprimir a verdade, especialmente sobre si. As práticas confessionais no cristianismo primitivo (*exomologesis, exagoreusis*), baseadas estas na união de uma confissão exaustiva, um constante exame de si e uma obediência incondicional, são incorporadas na pastoral cristã, cujo objetivo é governar os indivíduos por meio de sua *veracidade*. No desenvolvimento ulterior das técnicas de poder pastoral – desembocando no biopoder e na psicanálise – permanece um elemento constante: a incitação à "descoberta de si", à busca da verdade interior, está estreitamente relacionada com a possibilidade de governar e de ser governado. Toda a obra de Foucault pode ser interpretada nesse sentido. Nas sociedades modernas incita-se constantemente o indivíduo a buscar e descobrir a verdade que reside na sua alma: verdade de seu sexo, de sua identidade etc. Ele está convencido de que dizer a verdade constitui uma prática libertadora. *A vontade de saber* é uma tentativa de desmontar essa hipótese denominada "hipótese repressiva", dando lugar a uma genealogia das modernas práticas confessionais como dispositivo de saber/poder.

Nas análises dos anos 1970 o poder aparece como "constitutivo da verdade". Foucault não concebe um "poder da verdade" (Deleuze) que possibilite ao indivíduo se constituir autonomamente mediante o cuidado constante da verdade, como acontece nas práticas *parrhesiásticas*. Em relação à verdade reproduz-se o paradoxo em que desemboca *A vontade de saber*, isto é, a subjetividade concebida como efeito/objeto de um poder subjetivante não dispõe da necessária originalidade que permita elaborar um autorrelacionamento autônomo como resistência a esse poder subjetivante. Foucault introduz o terceiro eixo da genealogia como tentativa de superação desse impasse. A *parrhesía* como relação com a verdade transformadora de si mesma não tem cabimento nos anos 1970, altura em que o exercício da verdade se encontra a serviço das técnicas de subjetivação modernas: aparelhos confessionais, psicanálise.[31] Tornar-se-á necessário introduzir o terceiro eixo da ontologia para estabelecer uma relação com a verdade como prática de liberdade, isto é, como *parrhesía*.

É problemático, não obstante, que a *parrhesía* – mais do que outras tecnologias de si –, mediante sua incorporação ao poder pastoral e, posteriormente, aos aparelhos confessionais e às modernas técnicas de autodeciframento, tenha servido para a constituição dos indivíduos como sujeitos, objetos de um poder subjetivante. Infelizmente, a história das práticas *parrhesiásticas* conduz à hermenêutica do desejo e às práticas confessionais. Contudo, as análises foucaultianas da *parrhesía* têm como objetivo estimular a procura de novas formas de relação com a verdade, que, analogamente ao que acontecia com a *parrhesía* na Antiguidade, contribuam para a constituição de uma subjetividade não normativizada como prática libertadora. Em outras palavras, Foucault nos convida a escapar dos "jogos de verdade" da psicanálise e das técnicas de implantação de identidade (dispositivo da

31 Cf. VS.

sexualidade, biopoder) mediante a busca de novas formas do "dizer verdadeiro":

> Acredito demais na verdade para não assumir a existência de diferentes verdades e diferentes formas de pronunciá-la. Está claro que não se pode exigir de um governo dizer toda a verdade e nada mais que a verdade. Em contrapartida, é possível exigir dos governantes uma certa verdade, referida a seus projetos principais, às decisões gerais de sua tática e a um número determinado de pontos do seu programa; isso constitui a *parrhesía* (liberdade de palavra) do governado que pode e deve perguntar ao governante – em nome do saber e da experiência que possui como cidadão – o que os outros fazem, perguntar sobre o sentido de suas ações e sobre as decisões que foram tomadas.[32]

Em várias ocasiões e em circunstâncias políticas concretas (situação na Polônia, *boat people*), Foucault ressalta a importância do "dizer verdadeiro" em nossos dias; uma relação com a verdade que se encontra além de conhecimentos científicos; trata-se antes de uma verdade constituída como práxis histórica e política. A *parrhesía* representa uma forma de cuidado e de obrigação com a verdade, um compromisso e uma forma de vida. Com sua introdução em suas análises, Foucault procura a maneira de reabilitar a tradição filosófica

32 "Une esthétique de l'existence", DE, IV, p. 733–734.

da espiritualidade, como uma tentativa de devolver ao indivíduo a liberdade e a verdade que lhe foram arrebatadas pela hermenêutica do desejo e o biopoder:

> Nada é mais instável do que um sistema de governo indiferente à verdade, mas nada é mais perigoso que um sistema político que pretenda prescrever a verdade. A função de dizer a verdade não deve adotar a forma de lei, o que seria tão ridículo como pensar que a verdade encontra seu lugar entre os espontâneos jogos da comunicação. A tarefa do dizer verdadeiro é um trabalho infinito: deve ser respeitado em sua complexidade, é uma obrigação na qual nenhum governo pode economizar.[33]

33 "Le Souci de la vérité", DE, IV, p. 678.

7

O SI MESMO E OS OUTROS

Intersubjetividade e constituição do sujeito

"O cuidado de si [...] aparece como uma intensificação das relações sociais."[1]

1 SS, p. 69.

O objetivo deste capítulo consiste em apresentar a dimensão intersubjetiva da autoconstituição ética do sujeito. Como Heidegger, Foucault é acusado de não haver tematizado essa dimensão.[2] A autoconstituição do sujeito exigiria uma subjetividade "monádica", capaz de acolher o outro unicamente na forma de "subjetividade ampliada".

Como o alvo desta investigação é ontologia da amizade, considerada como a forma especial que pode adotar uma atualização da estilística da existência (antiga) – a qual contém uma forma de subjetivação supraindividual –, parece-me necessário tematizar a dimensão intersubjetiva da autoconstituição, como a conjunção do micronível (individual) e do macronível (coletivo) da autoconstituição. A pergunta que se nos apresenta é a seguinte: Foucault evitou por princípio a dimensão intersubjetiva nas suas análises da autoconstituição

---

2 Cf., entre outros, L. McNay: "Foucault não pode produzir uma resposta satisfatória aos dilemas que ele mesmo apresenta porque sua teoria do si mesmo (*self*) prioriza uma individualidade isolada, em vez de demonstrar como a construção de si está intimamente unida a vários processos de interação social."(*Foucault and feminism*, 1992, p. 165). "A insistência de Foucault em que a preocupação pelos outros é derivada do cuidado de si indica até que ponto se encontra preso nos termos da filosofia do sujeito." (ibid., p. 174–175). Cf. B. Heiter, "Intersubjektivität und die 'Sorge um sich'. Kommentierende Bemerkungen zu Foucaults interpretativer Analytik der antiken Ethik", *Das Wahrsprechen des Anderen*, 1988, p. 52 ss.

antiga – como uma parte da crítica afirma – ou se poderia afirmar que ele a pensou, só que não nas categorias correntes – de uma fenomenologia da intersubjetividade baseada na experiência da empatia (*Einfühlung*) ou de uma teoria da comunicação?

Parece-me pouco plausível afirmar que Foucault prefere um si mesmo isolado, nas suas investigações sobre a ética grega e romana. A relação com o outro constituía uma constante em toda a tematização do si mesmo na Antiguidade e na sua incorporação nas técnicas da pastoral cristã. Tal como a ascese grega e romana, a prática ascética cristã primitiva envolvia uma dimensão social e política significativa, bem como aspectos relacionais.[3] Mesmo os eremitas não estavam isolados; tinham um público e estavam rodeados por uma comunidade que os apoiava. Paradoxalmente, para Santo Antônio, no Egito do século III d.C.; para São Basílio de Cesareia, na Capadócia do século IV; ou para Bento de Nursina, na Itália do século VI, a anacorese, a prática de se retirar da sociedade, tinha um significado de afirmação do mundo. Esses homens santos transformaram o mundo à sua volta através da sua autotransfiguração solitária. O historiador da religião Kallistos Ware observa que, quando São Bento se retirou para uma gruta perto de Subiaco, a sua busca de salvação teve um efeito salutar na comunidade que o rodeava. "Muitas vezes", escreve Ware, "são precisamente os homens e mulheres de

3 Samuel Rubenson, "Christian Asceticism and the Emergence of the Monastic Tradition", in: V. L. Wimbush e R. Valantasis (orgs.), *Asceticism*, 2002; Kallistos Ware, "The Way of the Ascetics: Negative or Affirmative?", in: V. L. Wimbush e R. Valantasis (orgs.). op. cit., 2002; Richard Valantasis, *The Making of the Self: Ancient and Modern Asceticism*, 2008.

quietude interior que, na prática, provocam as alterações mais profundas na sociedade que os rodeia".[4] Longe de ser uma busca egoísta de salvação individual, a ascese abrangia toda a humanidade.

Nesse sentido, Wilhelm Schmid fala de uma "filosofia da relação",[5] que substitui a filosofia do sujeito, visto que a relação consigo mesmo aparecia, em toda a história do cuidado de si, inseparável da relação com o outro. Por minha parte, falarei de uma *concepção agonística da intersubjetividade* nas análises foucaultianas da cultura de si. A noção *extrovertida* de subjetividade, a consciência orientada para fora, o caráter reflexivo de si mesmo descrito pelo movimento do "desprender-se de si",[6] corresponde a essa experiência agonística da intersubjetividade. O encontro do outro produz "uma prova transformadora de si", em vez de "uma apropriação simplificadora do outro com o fim da comunicação".[7]

A dimensão intersubjetiva nas investigações de Foucault sobre a ética antiga não é tratada somente nos volumes II e III da *História da sexualidade*, mas também nos cursos sobre A hermenêutica do sujeito – particularmente na análise do *Alcibíades* platônico – e sobre a *parrhesía*, nas quais a relação com o outro ocupa o lugar central.

O cuidado dos outros – sob a forma da intersubjetividade *agonística*, de um "duplo desligamento" (*double décrochage*),

---

4 Kallistos Ware, op. cit., 2002, p. 6.

5 Cf. W. Schmid, *Auf der Suche nach einer neuen Lebenskunst*, 1991a, p. 245.

6 UP, p. 15.

7 Um movimento que possibilita o encontro do outro e que tem como alvo o retorno (transformado) para si, como Foucault com precisão formula: "Pretendia afastar-se e encontra-se na vertical de si mesmo." (ibid., p. 17).

como diz Deleuze – acompanha toda a experiência da autoconstituição platônica. Nos séculos I e II d.C. tem lugar o fenômeno que Foucault denomina "autofinalização do cuidado de si", caracterizado pela dissociação entre o cuidado de si e o cuidado dos outros. Este não tem como resultado o descuido do outro, mas a intensificação das relações sociais (que incluirão os elementos de reciprocidade e de simetria) e a formação de uma práxis social. As cartas de Sêneca a Lucílio constituem um exemplo excepcional nesse sentido.

A pastoral cristã mantém o vínculo intersubjetivo, que na Antiguidade tinha a forma da amizade e da relação mestre-aluno; esse vínculo será expresso, porém, numa relação de obediência. Com isso, o cuidado de si perde autonomia e é integrado no âmbito da pastoral. A relação entre dois sujeitos, na qual cada um participava, mediante seu cuidado de si, do cuidado do outro, transforma-se em uma relação em que o pastor, como diretor das almas, está incumbido de administrar o cuidado. A *epiméleia heautoû* torna-se *epiméleia ton allon*.[8]

A comparação da relação com o outro contida no cuidado de si com a noção de intersubjetividade em Heidegger e Lévinas permite obter uma série de ganhos teóricos, que podem servir como complemento da intersubjetividade agonística foucaultiana, infletindo-a em direção a uma subjetivação coletiva (amizade). O *Mitsein* (ser-com) heideggeriano, como a dimensão intersubjetiva do *Dasein*, possibilita uma experiência do outro que não possui a forma da empatia (*Einfühlung*)

---

8 Cf. "À propôs de la généalogie de l'éthique: un aperçu du travail en cours", DE, IV, p. 629.

husserliana. O outro encontra-se "no trabalho" (*bei der Arbeit*), ou seja, na forma do "ser-no-mundo" (*In-der-Welt-seins*): ele será apreendido como outro *Dasein*.[9] Como consequência, a empatia (*Einfühlung*) husserliana experimenta uma mudança copernicana, visto que não constitui o *Mitsein* (ser-com), mas é seu resultado.

A fenomenologia do outro de Emmanuel Lévinas orienta-se também contra a fenomenologia da intersubjetividade de Husserl e advoga uma experiência da subjetividade que tenha a intersubjetividade como sua condição de possibilidade: somente mediante o outro a experiência de si é possível. Como em Foucault e Heidegger, não se trata de uma experiência do outro subsumível ao si mesmo, mas de uma experiência de sua alteridade, da "crença no *ethos* do outro", utilizando uma expressão de Peter Szondi.

A complementação da intersubjetividade agonística de Foucault, mediante as análises de Heidegger (como alternativa à intersubjetividade fenomenológica) e sobretudo de Lévinas, permite ilustrar a passagem da autoconstituição individual à subjetivação coletiva.

Cuidado de si e cuidado dos outros na ética socrático-platônica

Já no curso de 1980/1981 no Collège de France, com o tema Subjetividade e verdade, Foucault concebe a história do cuidado de si como ponto de interseção da história da

9 M. Heidegger, *Sein und Zeit*, p. 118, 110.

subjetividade e da análise das diferentes tecnologias de governo. A consideração da problemática do governo, da perspectiva de uma história do cuidado de si, permite introduzir a temática da intersubjetividade, pois o objetivo será a análise do governo de si em sua conexão com as relações com o outro (como aparecem na pedagogia, nas regras de comportamento, na direção da alma etc.). Trata-se, para Foucault, de uma experiência que une os relacionamentos consigo mesmo e com os outros.

A questão do relacionamento com o outro é uma constante em toda a temática do cuidado de si. Foucault sublinha em numerosas ocasiões a necessidade desse vínculo intersubjetivo (em forma agonística). Sem a presença do outro não se pode produzir nenhum autorrelacionamento satisfatório; o cuidado de si precisa do outro. A constituição do indivíduo como sujeito ético efetua-se só por meio de relações complexas com o outro (cujo estatuto e formas são diferentes segundo a época). O outro é indispensável na cultura de si.[10] O diálogo platônico *Alcibíades* é um bom exemplo da esfera intersubjetiva do cuidado de si. Jermann localiza a dimensão intersubjetiva precisamente na escolha do diálogo como forma de filosofar: "O próprio diálogo filosófico é o importante para Sócrates [...]. A filosofia não era para o mestre

10 Cf. "Hermeneutik des Subjekts", p. 40; "L'Éthique du souci de soi comme pratique de la liberté", DE, IV, p. 714–715. Por conseguinte, não faz sentido afirmar, como faz L. McNay (cf. op. cit., 1992, p. 165–166, 174–175, 180), que Foucault permanece preso na filosofia do sujeito ou prefere uma constituição do sujeito isolada. Ele não o faz, nem em suas análises históricas sobre a autoconstituição greco-romana, nem nos esforços de atualização dessa estilística da existência (trata-se aí de subjetivações coletivas como formas de vida).

de Platão um fim em si mesmo, mas o filosofar coletivo, a intersubjetividade filosófica."[11]

O diálogo (*Alcibíades*) pode ser dividido em três partes: a primeira acentua a necessidade da relação Sócrates/Alcibíades, pois somente com a ajuda de Sócrates pode Alcibíades levar a cabo seus assuntos.[12] A segunda, a partir do déficit de saber de Alcibíades, sublinha a importância do cuidado de si, cuja consistência pode ser deduzida somente mediante o conhecimento de si.[13] A última parte constitui uma tentativa de relacionar as duas primeiras: a necessidade da esfera intersubjetiva (expressa na relação Sócrates/Alcibíades) será ligada à relação entre cuidado de si e conhecimento de si.[14] A pergunta de Alcibíades: "Em que consiste essa formação cuidadosa?", Sócrates responde: "A maneira como poderíamos nos tornar os melhores possíveis é uma questão que deve ser debatida entre nós dois."[15] A conversa em conjunto como contexto intersubjetivo constitui aqui a condição necessária de toda forma de autorrelacionamento e autotematização.

A questão da intersubjetividade pode ser formulada em dois níveis na ética socrático-platônica. *Por um lado*, a intersubjetividade, na forma dialógica de filosofar, constitui o contexto transcendental no qual pode surgir um esboço de si compreensível, isto é, a subjetividade em sua função significante. Só em um contexto intersubjetivo será possível esta-

11 C. Jermann, *Philosophie und Politik: Untersuchungen zur Struktur und Problematik des platonischen Idealismus*, 1986, p. 67–68.

12 Cf. Platão, *Alkibiades I*, 1969, 106a ss.

13 Ibid., 118b ss.

14 Ibid., 124b ss.

15 Ibid., 124c.

belecer uma relação consigo. Particularmente na lembrança e no reconhecimento a esfera intersubjetiva revela-se como necessária na constituição do cuidado de si.[16] *Por outro lado*, a intersubjetividade aparece como resultado do cuidado de si, na forma do cuidado dos outros. Esta última corresponde ao conceito por mim introduzido de uma *intersubjetividade agonística*: trata-se da inseparabilidade da ética e da política ou da filosofia e da política na filosofia socrático-platônica. Para Sócrates, cuidar de si e cuidar do Estado são tarefas inseparáveis.[17] Sobre essa relação estreita entre filosofia e po-

---

16 Se aceitarmos a diferenciação intersubjetividade *basal versus* intersubjetividade *prática* de B. Heiter (op. cit., 1988, p. 55 ss.), baseando-se a primeira na redução teleológica de ações orientadas ao entendimento, isto é, intersubjetividade como meio para outro fim, por exemplo: o cuidado de si, sendo vista a segunda como um fim em si mesmo, por exemplo: amor, amizade, trata-se nesse caso de uma forma de intersubjetividade basal, a qual pode ser apreendida como condição prévia e contexto transcendental da relação consigo. A dimensão da intersubjetividade basal não é suficientemente acentuada por Foucault, embora ele não negue a base intersubjetiva de seu aparelho categorial: "O sujeito forma-se em práticas reais e analisáveis historicamente." ("À propos de la généalogie de l'éthique: un aperçu du travail encours", DE, IV, p. 628). Precisamente as tecnologias de si e os jogos da verdade (que lembram os jogos de linguagem wittgensteinianos) exigem essa esfera intersubjetiva (basal). Se para Foucault o problema consiste em "dar-se as regras jurídicas, as técnicas de conduta e também a moral, o *ethos*, a práxis de si que permitam jogar dentro dos jogos do poder com a mínima quantidade de domínio" ("L'Éthique du souci de soi comme pratique de la liberté", DE, IV, p. 727), então essas regras, essas técnicas de conduta, que permitem produzir a autorrelação desejada, serão unicamente compreensíveis em uma dimensão intersubjetiva (basal). A não tematização da intersubjetividade basal não impede Foucault de prestar atenção a formas de intersubjetividade prática (amizade) – sempre sob a perspectiva de uma atualização da estilística da existência.

17 H. D. Voigtlaender, citado por C. Jermann, op. cit., 1986, p. 68–69. Como W. Jaeger realça (*Paideia: Die Formung des griechischen Menschen*, 1959), não se trata, no caso socrático, da irrelevância do divórcio moderno entre ética e política, mas da superação dessa divisão. Jermann renuncia à diferenciação comum, segundo a qual Sócrates é apresentado como pensador ético e Platão como pensador político, precisamente pelo significado que tem para ambos os

lítica será construída toda a concepção da intersubjetividade agonística nas análises foucaultianas da ética grega clássica. O cuidado de si apresenta-se como condição pedagógica, ética e ontológica na constituição de um bom governador, pois constituir-se como governador pressupõe haver-se constituído como indivíduo que cuida de si.[18]

Sobre o primeiro nível: O indivíduo constitui-se como sujeito moral, na sociedade grega clássica, mediante uma atitude e uma busca "que pode modular e individualizar sua ação e até dar-lhe um esplendor singular, dotando-a de uma estrutura racional e reflexiva".[19] A singularidade deste si mesmo, que deve ser criado segundo critérios estéticos para que possua glória e permaneça longo tempo na lembrança (reconhecimento e lembrança), é somente compreendida em uma dimensão intersubjetiva. Unicamente na relação com um outro livre é possível para o sujeito se diferenciar, mostrar seu valor como fundamentado e poder reconhecer-se na alteridade, pois a lembrança e a própria reputação encontram sua expressão num meio intersubjetivo.[20]

---

autores a dimensão intersubjetiva (basal) do filosofar dialógico, como "*conditio sine qua non* da saúde ou do restabelecimento da vida política" (ibid.). Cf. H. Arendt, "Philosophie und Politik", *Deutsche Zeitschrift für Philosophie*, 2, 1993, p. 389.

18 Cf. "L'éthique du souci de soi comme pratique de la liberté", DE, IV, p. 721–722. Essa relação será muito ilustrativa na análise da amizade como forma de intersubjetividade prática, sobretudo no caso de Aristóteles, o qual vai apreendê-la como uma conjunção entre ética e política (cf. A. J. Voelke, *Les Rapports avec autrui dans la philosophie grecque*, 1961, p. 61), como vínculo da comunidade; pois ela possibilita o igualamento político, condição do surgimento da pólis. Cf. H. Arendt, op. cit., 1993, p. 387.

19 UP, p. 73.

20 Cf. B. Heiter, op. cit., 1988, p. 62–63; R. Forst, "Endlichkeit, Freiheit, Individualität", *Ethos der Moderne: Foucaults Kritik der Aufklärung*, 1990,

Sobre o segundo nível: A intersubjetividade agonística contida no cuidado de si grego exprime-se mediante atividade, assimetria e irreciprocidade, determinantes da relação com o outro. A produção de uma relação consigo mesmo, que tem a forma da virilidade ética, determina a forma da relação com o outro, como Foucault expõe nos capítulos sobre dietética, economia e erótica em *O uso dos prazeres*. Uma relação de hierarquia, domínio e autoridade define a forma dessa intersubjetividade agonística.

Como já foi indicado, Foucault introduz a problemática da intersubjetividade como um desenvolvimento do pensamento governamental. Surge daí uma dupla relação com o outro.

a. A relação com o outro aparece como uma dobra da relação consigo mesmo: cuidado de si como condição do cuidado dos outros, como um movimento de si para o outro. Nesse caso a relação com o outro aparece em um segundo lugar, após o estabelecimento da relação consigo mesmo (embora esta seja também orientada intersubjetivamente para o cuidado dos outros): "[...] não se pode dizer que o grego que cuida de si deva cuidar primeiro dos outros. [...] Não se deve colocar o cuidado dos outros diante do cuidado de si; de uma perspectiva ética, o cuidado de si aparece em primeiro lugar, na medida em que a relação consigo mesmo está ontologicamente em primeiro lugar".[21]

---

p. 177–178. O gozo do *timé*, da estima pública como valor supremo na Grécia clássica, é unicamente compreensível na forma da intersubjetividade (basal). Cf. C. Jermann, op. cit., p. 73; W. Schmid, op. cit., 1991a, p. 350: "Nos olhos do outro aparecia a estética da existência própria e era somente assim apreensível, quando o outro a refletia."

21 "L'Éthique du souci de soi comme pratique de la liberté", DE, IV, p. 715.

A intersubjetividade agonística adota principalmente três formas que Foucault define como "vínculos" entre o si mesmo e o outro: 1. *vínculo da finalidade*: alguém se ocupa de si para poder ocupar-se dos outros; 2. *vínculo da reciprocidade*: cuidando de si, faz-se algo bom para a pólis, e, visto que todos são também membros da pólis, aproveitar-se-á o bem-estar de cada um; 3. *vínculo da implicação essencial*: cuidando de si, a alma descobre (em forma de lembrança) o que é e o que sabe.[22] Nos primeiros séculos de nossa era o cuidado de si se desligará do cuidado dos outros mediante a chamada *autofinalização do cuidado de si*.

b. Ao mesmo tempo, o indivíduo que deseja cuidar de si precisa da presença de um outro que o ajude na autoconstituição. Esse outro é, na Grécia clássica, normalmente o *mestre*. O indivíduo "deve constituir-se como sujeito e nesse ponto deve intervir o outro [...]. O mestre é um operador na reconfiguração e formação do indivíduo como sujeito. Ele é o intermediário na relação do indivíduo com sua autoconstituição".[23] O mestre age sobre o indivíduo, que quer produzir uma relação ética consigo de três maneiras fundamentais denominadas por Foucault "mestrias": 1. *mestria do exemplo*, em que exemplos tradicionais serão seguidos; 2. *mestria da competência*, em que o mestre, na sua posição de sábio, transmite seu saber ao indivíduo que trabalha no seu cuidado de si; 3. *mestria das adversidades*, que corresponde à mestria socrática do expor-se a si. O mestre é o único capacitado para tirar o indivíduo de seu estado de "*stultitia*" (estupidez), en-

22 Cf. "Hermeneutik des Subjekts", p. 43–44.

23 Ibid., p. 41.

tendido como um estado de não se querer salvar, e ajudá-lo na produção de uma relação consigo mesmo satisfatória.

O banquete oferece um exemplo ilustrativo do papel do mestre na autoconstituição: mediante seu poder como mestre da verdade, encarnado por Sócrates, será possível para o rapaz ascender de seu *status* de objeto a um *status* de sujeito: "O mestre ocupa-se do cuidado de si que o sujeito tem e encontra no amor por seu aluno a possibilidade de se ocupar do cuidado de si que o aluno tem. Amando o rapaz de uma forma desinteressada, ele é o princípio e o modelo do cuidado de si que o rapaz deve ter como sujeito."[24] Nos primeiros séculos de nossa era a função do mestre foi desempenhada por um grupo de indivíduos. O mestre como intermediário da autoconstituição prova como tem pouco sentido falar, em relação a Foucault, de uma concepção monádica da subjetividade, de aprisionamento na filosofia do sujeito (Lois McNay), ou da intersubjetividade como uma mera ampliação da subjetividade (Bern Heiter). A relação com o outro apresenta-se como indispensável para o estabelecimento da relação consigo mesmo. Não existem autoestilizações na solidão. Toda autoapresentação (até nas formas privadas da autobiografia ou do diário) está orientada intersubjetivamente. A noção de um si mesmo que precisa de um outro para constituir sua própria subjetividade assemelha-se à concepção de subjetividade de Emmanuel Lévinas, como será mostrado.

24 Ibid., p. 38.

Intersubjetividade e autofinalização do cuidado de si

Nos séculos I e II o domínio de si característico da ética grega clássica desliga-se do domínio dos outros; o cuidado de si não é mais a pressuposição do cuidado dos outros. O primeiro converte-se num fim em si mesmo, aparece "ensimesmado". Um duplo processo terá lugar: "Uma absolutização de si como objeto do cuidado e uma autofinalização de si mediante a prática chamada 'cuidado de si'."[25] A intersubjetividade agonística experimenta uma transformação, pois a constituição de si como sujeito ético torna-se mais problemática: já não aparece na relação de isomorfismo, mediante a qual era definida na Grécia clássica. Ela (a intersubjetividade agonística) vai ter de acolher o elemento da reciprocidade: "Não se deve ser dono de si unicamente para dominar os outros, mas para ser um ser racional. Nesse domínio de si, o indivíduo está unido a outros indivíduos que são igualmente donos de si. Essa relação com o outro é muito menos recíproca do que antes."[26]

Essa intensificação da relação consigo não tem como consequência o aumento do individualismo: representa antes (o que poderia parecer paradoxal) uma intensificação das relações sociais, pois a relação com o outro será revalorizada. Apesar da dissociação do cuidado dos outros, a relação com o outro continua sendo indispensável para o cuidado de si.

O papel do mestre como o outro singular e intermediário na autoconstituição da tradição socrático-platônica será supe-

25 Ibid., p. 45.

26 "À propos de la généalogie de l'éthique: un aperçu du travail en cours", DE, IV, p. 398–399.

rado, pois a prática de si transcende seu contexto originário da práxis filosófica. Essa função não será somente realizada pelo mestre, pelo filósofo, mas por uma série de indivíduos. Em torno da práxis de si surge uma série de estruturas (mais ou menos) institucionalizadas; por exemplo: a escola de Epiteto, as comunidades neopitagóricas ou a figura do conselheiro privado que, pelo menos em Roma, desempenha funções múltiplas. A dimensão intersubjetiva da cultura de si desenvolve-se, porém, não somente em um contexto institucionalizado, mas também nas relações correntes de parentesco, compromisso ou amizade, relações que implicam uma forte ligação intersubjetiva e nas quais o papel do outro na constituição de uma relação recíproca consigo mesmo é essencial. A correspondência de Sêneca constitui um exemplo fundamental desse processo, e o interessante nela é o já referido elemento da reciprocidade na relação intersubjetiva. Tanto Sêneca quanto Lucílio trabalham mediante essa relação epistolar em sua autoconstituição. Sêneca comporta-se nas cartas tanto como mestre quanto como aluno. Diante de Lucílio apresenta-se como "diretor da alma" e, ao mesmo tempo, essa relação oferece-lhe uma possibilidade de trabalhar sobre si: "Sua obra de formação força-o a continuar no seu autoaperfeiçoamento; como seu pupilo, ele deve esforçar-se com maior razão em se superar dia após dia."[27]

A escolha da correspondência como forma de relação intersubjetiva obedece a uma noção comum desde a Antiguidade, segundo a qual a carta está mais próxima da conversa

27 U. Knoche, "Der Gedanke der Freundschaft in Senecas Briefen an Lucilius", *Seneca als Philosoph*, 1975, p. 163.

(diálogo). A formação (recíproca) efetiva acontece unicamente pela reunião (*contubernium*). Por conseguinte, a comunicação curta, mas diária, em forma epistolar oferece a *continuatio* necessária. Essa forma do ser-com-o-outro será praticada na tradição monástica no lugar da conversa, para a qual não existe espaço. As cartas a Lucílio contêm, além disso, um componente importante de autoapresentação, que, porém, não exclui a função do outro na autoconstituição.[28]

O papel do outro é indispensável para a produção de um esboço de si compreensível. Esse pensamento constitui uma constante de toda a tradição greco-romana. Portanto, Foucault não reivindica nas suas análises uma autoconstituição isolada que exclua qualquer relacionamento com o outro, mas para ele o outro está sempre presente na origem da constituição estética de si, na figura do mestre, guia, professor, diretor de

---

28 Esse fato levou alguns comentadores a duvidar da autenticidade da correspondência (cf. ibid., p. 152). Independentemente disso, existe nessas cartas uma reivindicação importante de universalidade. Lucílio é o destinatário direto; na correspondência, Sêneca mostra-se como o diretor de sua alma, porém ele não é o único a quem a alma de Sêneca se dirige. A correspondência transporta uma autoestilização com fins didáticos, a qual antecipa as confissões de Agostinho: "Para convencer a seus leitores de que a educação moral tem o efeito desejado, diz de si mesmo que se encontra numa transformação interna" (G. Misch, *Geschichte der Autobiographie*, 1/2, 1950, p. 429). Se o outro como destinatário é um outro concreto, existente ou não, a autoestilização exige pelo menos a presença de um outro (virtual). K. H. Bohrer (*Der romantische Brief. Die Entstehung ästhetischer Subjektivität*, 1987, p. 214–215) tem analisado esta função de autoencenação nas correspondências romanticas: "Estas cartas não procuravam realmente um diálogo, uma verdadeira correspondência [...], mas apresentavam respectivamente encenações narcisistas [...]. O caráter dialógico, determinante nas cartas do século XVIII [...], perdeu-se em benefício de construtos monológicos de um eu que propriamente não permite nenhuma resposta senão sempre novas entradas da autoapresentação para o papel da construção do eu." O papel do destinatário é o do "refletor" da "identidade linguístico-metafórica respetivamente adotada" (ibid., p. 238).

consciência ou amigo. A tradição cristã incorpora essa relação com o outro na forma de um vínculo de obediência. Esta conduzirá, junto com o exame de consciência e a confissão, à constituição de uma relação consigo mesmo, cujo objetivo é a renúncia de si, a autoanulação. Visto que para Foucault se trata de uma reabilitação da estética da existência da Antiguidade, que deve ter a forma da amizade, então a questão da intersubjetividade desempenha na cultura antiga um papel importante. A intersubjetividade como tarefa de trabalhar em conjunto no cuidado de si do outro distingue-se claramente das relações com o outro cristãs e modernas, orientadas para o poder pastoral e para o biopoder: relações des-cuidantes.

Os pontos seguintes, sobre Heidegger e Lévinas, constituem uma tentativa de complementar a tematização da intersubjetividade em Foucault e, ao mesmo tempo, um momento importante na passagem para a problemática da amizade.

Cuidado (*Sorge*) e Ser-com (*Mitsein*)

O quarto capítulo do primeiro parágrafo da primeira parte de *Ser e tempo* (*Sein und Zeit*), "O Ser-no-mundo como Ser-como e Ser-si-mesmo" (*Das In-der-Welt-sein als Mit-und Selbstsein*), analisa a estrutura intersubjetiva do *Dasein*. A estrutura ontológica do ser-no-mundo (*In-der-Welt-sein*) exclui a possibilidade de encontrar um sujeito isolado.[29] O objetivo será, para Heidegger, interpretar ontologicamente esse modo do ser-com (*Mitsein*) outros.

29 Cf. Martin Heidegger, op. cit., p. 116.

Primeiramente, Heidegger distingue o encontro do outro do encontro de entes intramundanos (*innerweltliche Seinden*) sem caráter de *Dasein*. Estes últimos vêm ao encontro na forma da ocupação (*Besorgen*) como um estar à mão (*Zuhandenen*).[30] Tal forma de encontro diferencia-se do encontro do outro, o qual tem um caráter de *Dasein*: "O mundo do *Dasein* libera, portanto, entes que não apenas se distinguem dos instrumentos (*Zeug*) e das coisas, mas que, de acordo com seu modo de ser (*Seinsart*) de *Dasein*, são e estão 'no' mundo em que vêm ao encontro segundo o modo de ser-no-mundo."[31] Esse ente que é o outro está também aí (*ist auch mit da*). Heidegger acentua precisamente esse "estar também aí" para diferenciá-lo, por um lado, do modo do ser simplesmente dado em conjunto e, por outro, para sublinhar seu caráter de *Dasein*, isto é, de um sendo-no-mundo. O mundo do *Dasein* é um mundo compartilhado, o ser-em (*In-Sein*) é *ser-com* (*Mitsein*) com outros. Nisso Heidegger se distancia de uma experiência da intersubjetividade como a de Husserl. Posto que o *Dasein* não se encontra a si mesmo como um *cogito* isolado, mas "no que está imediatamente à mão (*Zuhandenen*) no mundo circundante, em sua *ocupação*, ou seja, "no que faz, precisa, espera, preserva"; ele encontra o outro "no trabalho" (*bei der Arbeit*), no seu "ser-no-mundo".[32]

Em contraposição a Husserl, a intersubjetividade não nasce, para Heidegger, mediante a empatia (*Einfühlung*);[33]

---

30 Cf. Ibid., p. 72–76.

31 Ibid., p. 118.

32 Ibid., p. 118–120, 126.

33 Cf. H. Dreyfus, *Being-in-the-World*, 1992, p. 148. Diante de Husserl, "Heidegger [...] começa com nossa forma social normal de ser, que ele denomina

ao contrário, a empatia é possível mediante a experiência do ser-com. O fato de compartilharmos práticas (culturais, de comunicação, de si) com outros constitui o contexto intersubjetivo como a base comum que possibilita o encontro do outro.

Importante é que, para Heidegger, o ser-com (*Mitsein*) deve ser apreendido como uma estrutura ontológica, como um existencial (*existenzial*). Mesmo quando não há nenhum outro presente, este ser-sozinho (*Alleinsein*) constitui um modo (deficiente) do ser-com. O *Dasein* é primeiramente ser-com, isto é, aberto para os outros: "Dentro do mundo, esse *co-Dasein* dos outros só se abre para um *Dasein* e assim também para os que estão aí (*Mitdaseienden*), visto que o *Dasein* é, em si, essencialmente, ser-com."[34] Heidegger evita deduzir a constituição do *Dasein* a partir do encontro com o outro, a partir do ser-com (como Lévinas faz); afirma antes que o *Dasein* tem a possibilidade (devido à sua estrutura existencial-ontológica como ser-com) de encontrar outros entes com caráter de *Dasein* (*daseinsmäsigen Seienden*) em seus modos de *Dasein*, ou seja, como sendo-no-mundo e não como seres simplesmente dados ou à mão. O *Dasein* é precisamente *Dasein* por possuir a estrutura de ser-com, ou seja, enquanto *co-Dasein*.

A forma de encontro do outro que Heidegger distingue da ocupação (*Besorgen*), como encontro dos instrumentos à mão (*zuhandenen Zeugs*), será denominada preocupação

---

ser-com. Ele não negaria que em casos de desmoronamento nós podemos formar crenças sobre as crenças dos outros etc. [...]. Na maior parte do tempo, porém, Heidegger afirma que trabalhamos com outros sem ter nenhuma crença sobre eles ou crenças em geral."

34 Martin Heidegger, op. cit., p. 120.

(*Fürsorge*): "O ente, com o qual o *Dasein* se comporta enquanto ser-com, também não possui o modo de ser do instrumento à mão, pois ele mesmo é *Dasein*."[35] O ser-com-o-outro (*Mit-Einandersein*) expresso na preocupação desdobra-se em modos diferentes: em primeiro lugar, nos modos da deficiência e da indiferença, característicos da convivência cotidiana e mediana de um com outro, antes de se dedicar aos modos positivos conduzidos mediante consideração (*Rücksicht*) e tolerância (*Nachsicht*). Segundo, no primeiro modo positivo da preocupação (substituinte-dominante) (*einspringend-beherrschend*), o outro será dispensado de seu cuidado (*Sorge*): "Essa preocupação assume a ocupação que outro deve realizar. Este é deslocado de sua posição, retraindo-se, para posteriormente assumir a ocupação como algo disponível e já pronto (*fertig Verfügbares*)."[36] Essa relação intersubjetiva pode conduzir a um vínculo de dependência e domínio. Diante deste, o segundo modo da preocupação (anteposição liberadora) (vorspringend-befreiend) não dispensa o outro de seu cuidado, senão que este vai lhe ser devolvido. Essa relação com o outro "ajuda o outro a ser diáfano *em* seu cuidado e *livre* para *ele*".[37]

A análise heideggeriana da antecipação da morte (*Vorlaufen zum Tode*) apresenta uma tematização ulterior da intersubjetividade em *Ser e tempo*. No ser-para-a-morte (*Sein zum Tode*), a morte mostra-se como a possibilidade *mais própria* (*eigenste*) do *Dasein*, como seu próprio ser si mesmo (*eigentliches Selbstsein*). Essa possibilidade não é só a *mais pró-*

35 Ibid., p. 121.
36 Ibid., p. 122.
37 Ibid.

pria, mas é também *irremissível* (*unbezüglich*). Isso significa que, em presença da morte, o *Dasein* será devolvido a seu ser singular (*Einzelsein*).

O ser-com como modo do *Dasein* "falha" para Heidegger quando se trata de seu poder-ser mais próprio. Essa falha não significa a renúncia à dimensão intersubjetiva do *Dasein* expressa no ser-com. O ser-com permanece como um modo do *Dasein*. A antecipação da morte como a possibilidade mais autêntica e irremissível do *Dasein* "não significa, contudo, de forma alguma, que esses modos do *Dasein* se descartem de seu ser próprio em sua propriedade", pois, "enquanto estruturas essenciais da constituição do *Dasein*, esses modos também pertencem à condição de possibilidade da existência". A morte oferece ao *Dasein* a oportunidade de "se fazer compreensível como ser-com para o poder-ser (*Seinkönnen*) do outro".[38]

No parágrafo 34 de *Ser e tempo*, "Da-sein e fala: a linguagem" (*Da-Sein und Rede: die Sprache*), é acentuada a dimensão intersubjetiva da linguagem na forma da fala (*Rede*). Precisamente essa linguagem apreendida como fala pressupõe um ouvir (*hören*) como compreender (*verstehen*): "O ouvir é constitutivo da fala."[39] O ouvir constitui a abertura própria do *Dasein*: "como um ouvir da voz do amigo que todo *Dasein* leva consigo". Na fala apreende-se e constitui-se a intersubjetividade,[40] pois no ouvir-um-ao-outro (*Aufeinander-Hören*) constitui-se o ser-com. O importante para Heidegger não

38 Ibid., p. 263, 264.
39 Ibid., p. 163.
40 Cf. ibid., p. 162.

será o componente linguístico da intersubjetividade, mas os diferentes modos possíveis mostrados pelo ser-com constituído neste ouvir-um-ao-outro. Modo que, analogamente aos modos do ser-com-o-outro expressos na preocupação (*Fürsorge*), divide-se em formas positivas (seguir, acompanhar) e privativas (não ouvir, resistir, defender-se e fazer frente a). Em outros termos, não ouvir ou resistir à voz do amigo constituem igualmente formas de ouvir a voz do amigo que todo *Dasein* leva consigo. Não é toda relação intersubjetiva que aspira necessariamente ao consenso e ao entendimento. O fato de Heidegger pensar esses modos "privativos" de ouvir-um-ao-outro, de levar consigo a voz do amigo, aproxima sua posição da noção agonística de intersubjetividade e de amizade em Foucault. Para Lévinas, porém, embora a relação com o outro abra um vazio – pois o outro será apresentado na sua absoluta inacessibilidade, como pura alteridade, apesar de sua proximidade (o que lembra a noção de *aura* de Walter Benjamin) – e nos coloque em uma situação assimétrica, seu apelo exige uma resposta e um acolhimento (daí os termos escolhidos por Lévinas para definir essa relação: *hospitalidade, anfitrião*), que não permitem resistência; a voz do outro que todo *Dasein* leva consigo deve ser escutada.

Para Heidegger, a intersubjetividade – na forma do ser-com – constitui uma estrutura ontológica essencial do *Dasein*. Sua fenomenologia hermenêutica do *Dasein* não aponta para um sujeito isolado que recupera ulteriormente o outro mediante a empatia (*Einfühlung*). O *Dasein* possui antes a possibilidade de encontrar outros entes em razão de sua abertura (*Erschlossenheit*). O mundo do *Dasein* liberta entes que o *Dasein* encontra "no trabalho"; ou seja, o mundo compartilhado com os outros atua como estrutura intersubjetiva, que possibilita essa relação com o outro. O importante é o fato de que uma experiência não nasce de um sujeito isolado, mas de um mundo compartilhado.

O ser-com é um modo do *Dasein* também na forma do ser--sozinho (*Alleinsein*). O si mesmo não se constitui mediante relação com outro; a relação consigo mesmo é primária, embora implique ontologicamente a abertura para o outro (na forma do ser-com). Nem Heidegger nem Foucault renunciam à relação com o outro, nem apontam para um sujeito isolado, apesar de a relação consigo mesmo aparecer ontologicamente em primeiro lugar.[41]

A dimensão intersubjetiva não tem sido suficientemente analisada por ambos os autores. Um e outro falam da indispensabilidade do outro, tematizada de formas diferentes, mas essa esfera intersubjetiva ocupa um lugar secundário quando se trata da constituição de esboços de si soberanos. Sublinhá-la parece-me uma tarefa necessária, pois Foucault possuía um interesse especial em apresentar a estilística da existência da Antiguidade – de forma transformada – como um contramodelo às estratégias atuais de individuação. A forma, que, segundo Foucault, a estética da existência deve ter na atualidade não permanece no nível individual do homem dominante de si representativo da Antiguidade, mas aponta para uma subjetivação coletiva, para uma forma de vida ou para, nas palavras de Deleuze, um devir minoritário, que encontra sua expressão na amizade.

---

41 Mas, como afirma Georg Friedmann (P. Hadot, *Philosophie als Lebensform*, 1991), não se deve, "para preparar a revolução", primeiro "fazer-nos dignos dela?". Uma revolução da alma não precede toda revolução mundial?

Fenomenologia do outro

À primeira vista, poderia parecer paradoxal comparar dois pensadores tão diferentes como Michel Foucault e Emmanuel Lévinas.[42] Parece-me, porém, interessante mostrar como determinados elementos da fenomenologia de Emmanuel Lévinas podem servir como complemento para a esfera da intersubjetividade do cuidado de si, não tematizada suficientemente no pensamento foucaultiano. Nas páginas seguintes concentrar-me-ei nos dois aspectos fundamentais do pensamento de Lévinas: 1. *Sua noção de subjetividade*, que se fundamenta na intersubjetividade, na relação com o outro, e se apresenta, ao mesmo tempo, como uma tentativa de minar a filosofia do sujeito moderna. 2. *A experiência da sociabilidade*, a qual será concebida como um desdobramento da experiência ética primária do "face a face" (*face-à-face*). Para Foucault, ambos os aspectos são interessantes, pois Lévinas situa a intersubjetividade num nível pré-subjetivo. Somente mediante o encontro com o outro a subjetividade pode surgir. A concepção da ética (e da sociabilidade) de Lévinas, que nasce da relação face a face e renuncia a proposições de verdades normativas generalizáveis, assemelha-se à função desempenhada pela ética segundo Foucault, que sempre surge de uma situação concreta, renunciando à generalização e universalização de ações morais. A descrição de Lévinas da experiência da sociabilidade a partir dessa relação primária (face a face) como microestrutura constitui um complemento

42 Que Heidegger exerceu grande influência sobre seu pensamento tem sido sublinhado frequentemente por Foucault. Porém, ele não menciona Lévinas.

importante das análises foucaultianas da amizade como forma de subjetivação coletiva.

1. *A intersubjetividade em Lévinas*

A filosofia de Emmanuel Lévinas poderia ser interpretada como uma tentativa de separar linhas da filosofia do sujeito.

Lévinas opõe à subjetividade monádica (também chamada socratismo) da tradição filosófica uma subjetividade antimonádica. A primeira (monádica) será caraterizada pelo fato de que nela o outro será apreendido unicamente como um outro eu, sem ser percebido na sua alteridade, na sua estranheza, como *rosto* (*visage*). Porém, como Lévinas afirma em *Totalidade e infinito*: "O outro é o absolutamente outro."[43] Essa afirmação não representa uma tautologia, mas sugere que o outro só pode ser encontrado na sua alteridade absoluta, fato ignorado pela tradição filosófica. Lévinas opõe a subjetividade antimonádica a esse tipo de subjetividade, na qual o outro não será recuperado como um outro eu, mas apreendido como absolutamente outro.

À ontologia corresponde essa subjetividade monádica (socrática), que devolve o outro a si mesmo. A ética como experiência filosófica originária permite "fazer aparecer a estranheza do outro". A filosofia não começa com a ontologia (Lévinas vai criticar o primado da ontologia em Heidegger, caracterizando-a de egologia), mas com a ética, que se realiza como metafísica. A relação ética surgida do encontro do

43 Emmanuel Lévinas, *Totalität und Unendlichkeit*, 1987, p. 44.

outro na sua alteridade absoluta destroça a soberania do eu. Ela atuará como um projeto des-subjetivante. O encontro do outro põe o egoísmo do eu em questão e engana a intencionalidade do sujeito: "A dialética solipsista da consciência será interrompida. De fato, a relação ética [...] não constitui uma variante da consciência, cujo raio parte do eu. A relação ética põe o eu em questão. Esse questionamento parte do outro."[44]

Sobre a relação com o outro podem ser distinguidos três elementos recorrentes na obra de Lévinas: *exterioridade, proximidade* e *responsabilidade.*

Exterioridade. "O ser é exterioridade." Essa fórmula não pretende destruir a subjetividade – o objetivo de *Totalidade e infinito* é a defesa da subjetividade. A exterioridade é um sinônimo da alteridade: refere-se à origem altrocêntrica da subjetividade humana. O sujeito recebe sua identidade de fora, a exterioridade ou a alteridade serão constitutivas da subjetividade humana.[45]

Por isso, a subjetividade não pode ser pensada como monádica, como autoconsciência. A exterioridade exprime a experiência do outro-no-mesmo ou a abertura de si mesmo para o outro. Ela é a condição de possibilidade do acolhimento do outro como rosto, isto é, na sua absoluta estranheza. A exterioridade caracteriza uma estrutura que encontra sua realização na curvatura do espaço intersubjetivo, o que possibilita o encontro do outro como outro, distinguindo-se da

44 Ibid., p. 280; Idem, *Humanisme de l'Autre Homme*, 1972, p. 49.

45 J. Rolland, "Postface", *La Mort et le temps*, 1991, p. 148. Cf. Emmanuel Lévinas, *Totalität und Unendlichkeit*, 1987, p. 419; H. Treziak, *Die konkrete Intentionalität der Exteriorität. Untersuchungen zur Aprioristruktur der Intersubjektivitä nach E. Lévinas*, 1975, p. 75 ss.

percepção dos objetos. Esse outro vem de fora, como rosto; seu apelo a mim constitui sua verdade.

Proximidade (*proximité*) e *responsabilidade* (*responsabilité*) são dois conceitos inter-relacionados. A proximidade exprime a relação de "um-para-o-outro" (*l'un-pour-l'autre*): "O próximo me atinge antes de qualquer assunção (*assomption*), antes de qualquer obrigação. Estou unido a ele. Relações de parentesco fora de toda biologia, contra toda lógica."[46] Ela atua como uma confusão do eu, como sua nudez.

Lévinas não compreende a proximidade num sentido metafísico, mas como a responsabilidade pelo outro.[47] Ela é uma proximidade não temporal que possui um caráter de responsabilidade. Essa responsabilidade, de origem remota, tem a substituição (*substitution*) como sentido último: "O sentido último da responsabilidade consiste em pensar o eu (*moi*) na passividade absoluta do si (*soi*) – como o fato de *se colocar no lugar do outro* (*se substituer à l'Autre*), de ser seu refém (*otage*)."[48]

Os conceitos fundamentais nessa fenomenologia da intersubjetividade são: *responsabilidade, substituição, refém.*

A substituição constitui a última instância da responsabilidade; ela exprime a subjetividade do sujeito como a inter-

---

46 Emmanuel Lévinas, "De la sensibilité", *Hors Sujet*, 1987, p. 378.

47 Em alguns lugares parece que Lévinas separa proximidade e responsabilidade, enquanto em outros estabelece uma relação de identidade: proximidade = responsabilidade, ou a proximidade como condição de possibilidade da responsabilidade. Eu sinto uma responsabilidade pelo outro – precisamente por me encontrar próximo – em uma proximidade mais originária que a proximidade espacial.

48 Emmanuel Lévinas, *Difficile liberté*, 1976, p. 411–412; cf. Idem, "Questions et réponses", *De Dieu qui vient à l'idée*, 1982, p. 130.

rupção da identidade filosófica, da unicidade do eu. Mediante a responsabilidade pelo outro, culminando na substituição, o sujeito torna-se refém (*otage*), permitindo ao eu sair de si, hipostasiar-se por meio do acolhimento do outro. Lévinas denomina esse eu – transformado mediante o pronome pessoal oblíquo mim – um eu que não é mais eu, mas "mim" – como "acusado".[49]

A subjetividade nasce para Lévinas na dimensão intersubjetiva do encontro do outro. Unicamente por meio do acolhimento do outro na forma da substituição, do "um-pelo-outro", pode surgir a subjetividade. Como consequência disso, Lévinas fala da subjetividade como *hospitalidade* e do sujeito como *anfitrião*. O conceito de *hospitalidade* tem um significado especial, pois exprime o apelo do outro para mim. Ele faz força sobre mim como necessitado e torna-me seu *anfitrião*.

2. *A experiência da sociabilidade*

A ética e a sociabilidade têm sua origem na desdobra da relação primária do face a face. Para Lévinas, a comunidade deve constituir-se sobre a base das relações intersubjetivas, mediante a responsabilidade pelo outro e a substituição. Ao liberalismo opõe-se o pluralismo. O primeiro só apreende o outro como um segundo exemplar do eu, enquanto o pluralismo permite perceber o outro em sua alteridade. Sob o fundamento da proximidade do outro será possível o sur-

49 Cf. Idem, *Autrement qu'être ou au-delà de l'essence*, 1974, p. 143.

gimento da comunidade. Nesse sentido, Lévinas falará de uma "espiritualidade da sociabilidade" entendida como uma possibilidade de se aproximar do outro.[50] A empatia husserliana, que caracteriza para Lévinas um expor-se ao outro (*s'emprunter à autrui*), um assumir seu sofrimento, é pensada como metáfora do social.

O ético é colocado nesse nível primário da relação com o outro; subjetividade e sociabilidade têm um caráter ético. A ética não se exprime nos princípios universais; ela não possui uma forma normativa, mas surge da situação elementar do encontro.

O pensamento de Lévinas oferece a oportunidade de dotar a dimensão intersubjetiva de uma originalidade e afetividade que faltam no pensamento de Foucault e de Heidegger. Por um lado, apresenta a primazia da relação com o outro para o estabelecimento da relação consigo mesmo, um caminho de saída da filosofia do sujeito (passo que Foucault realiza mediante a historicização da subjetividade); por outro, representa uma possibilidade de situar a intersubjetividade no centro da constituição do sujeito. A imprescindibilidade do outro para a produção do si mesmo constitui o núcleo da filosofia de Emmanuel Lévinas. Além disso, a relação intersubjetiva tem um caráter assimétrico, formado na situação do face a face, ou seja, uma situação olho no olho experienciada como proximidade, mas na qual o outro aparece como irredutível, na sua alteridade absoluta.

---

50 Cf. Idem, "De l'intersubjectivité: Notes sur Merleau-Ponty", *Hors Sujet*, 1987, p. 152.

Heidegger salienta, como foi mencionado, a dimensão intersubjetiva da fala, na qual se constituía o ser-com (*Mitsein*) no ouvir-um-ao-outro (*Aufeinander-hören*). Esse "ouvir-um-ao-outro" apresentava diferentes modos. O modelo retórico heideggeriano do "falar-ouvir" corresponde à situação *assimétrica* da *orelha-boca*; a essa situação opõe-se o modelo de Lévinas, ético e não necessariamente transmitido linguisticamente. O modelo de Lévinas, na forma do face a face, corresponde à situação do *olho no olho*. O ser olhado pelo outro constitui uma chamada, um apelo irresistível, pois me obriga e exige de mim uma resposta; daí as duas expressões, uma mais forte, *refém*, e outra mais fraca, *hospitalidade*. O mero fato de ser olhado introduz o indivíduo numa relação ético-social. Assim, Lévinas afirma que a sociabilidade surge da relação originária do face a face. Para Heidegger, no entanto, existem mais possibilidades que a situação ideal do *olho no olho* de Lévinas. Pode-se não ouvir a chamada, ou resistir a ela.

A dimensão intersubjetiva está sempre presente nos últimos trabalhos de Foucault, embora não seja suficientemente desenvolvida. Cuidado de si não é simultaneamente cuidado dos outros: a presença do outro é necessária para constituir a relação consigo mesmo expressa no cuidado de si. A apresentação da problemática da intersubjetividade em Heidegger permite realçar o ser-com (*Mitsein*) como um modo imprescindível do *Dasein*. Em contraposição, a fenomenologia de Emmanuel Lévinas dota a dimensão intersubjetiva de um significado especial, ausente em Heidegger e em Foucault.

8

RESISTÊNCIA SEXUAL

James Miller acentua, em sua biografia intitulada *A paixão de Michel Foucault*, a relevância filosófica do sadomasoquismo para Foucault, entendido como uma possibilidade de situar a resistência contra o dispositivo da sexualidade nos corpos e os prazeres. Com isso, Miller violentou um tabu existente nos círculos intelectuais europeus e americanos e originou uma intensa polêmica, a qual, infelizmente, está ainda longe de acabar.[1] O livro de Miller é, em certa medida, sensacionalista, tendendo a exageros e a passagens francamente constrangedoras (por exemplo, quando ele descreve a experiência pessoal de Foucault com LSD como uma "epifania"). Apesar da literatura existente sobre múltiplos aspectos da obra de Foucault, e de ele mesmo ter tematizado em diversas ocasiões o sadomasoquismo e a ascese homossexual, existem poucos textos que se ocupem dessas questões.[2] Isso

1 Como mostra Didier Eribon, que dedica 65 páginas de seu livro *Michel Foucault e seus contemporâneos* (na tradução brasileira, 1996) à crítica de Miller e outros autores que nos últimos anos escreveram sobre Foucault. Isso constitui um bom exemplo do infantilismo reinante na filosofia acadêmica, muito distante do espírito de Foucault, que sentia aversão pelas polêmicas, como mostra numa bela entrevista: "Polémique, politique et problématisations", DE, IV, p. 591–598.

2 Desde a publicação da primeira edição desse livro, apareceram diversos trabalhos sobre o tema. Ver, entre outros, Bob Plant, "Playing Games/Playing Us: Foucault on Sadomasochism", *Philosophy & Social Criticism*, 2007, p. 531–561;

é fruto, como James Miller observa, de "um tributo perverso a uma homofobia latente nas academias americanas e europeias: até nos intelectuais supostamente 'liberais' encontra-se obviamente um sentido surpreendentemente fora de moda do que é 'vergonhoso'".[3] Meu interesse consiste em preencher o vazio existente na literatura foucaultiana sobre essa temática, mostrando como o sadomasoquismo e outras tecnologias de si sexuais constituem uma ascese sexual, que se opõe à implantação de uma identidade via sexualidade. Foucault nunca ocultou seu particular "uso dos prazeres", falando em várias entrevistas sobre a importância de uma ascese homossexual na constituição de uma forma de vida gay, como base de uma nova compreensão da amizade.

Para Foucault, a sociedade ocidental considera o sexo como o fundamento do prazer. Trata-se de um tema de origem estoica que conduz a reconhecer o sexo como código do prazer. A codificação do prazer mediante o sexo, ou seja, sua canalização e genitalização, que limita e impede a imaginação da capacidade do corpo de experimentar prazer, conduziu historicamente ao dispositivo da sexualidade, a um prazer sexual, à formação de uma *scientia sexualis*.[4] Em contrapartida, a *ars erótica* representa uma forma de dirigir

Ofer Parchev, "Biopower, Sadomasochism, and Pastoral Power: Acceptance via Transgression", *Sexuality and Culture*, 2019, p. 337–355; Nelson M. Rodriguez, "Michel Foucault and Queer Ascesis: Toward a Pedagogy and Politics of Subversive Friendships", in: D. Carlson, N. Rodriguez. (orgs.), *Michel Foucault and Sexualities and Genders in Education: Queer Studies and Education*, 2019.

3 J. Miller, op. cit., 1993, p. 440. Decorridos mais de trinta anos da publicação do livro de Miller, essa observação tornou-se anedótica.

4 Cf. VS, p. 77 ss.; "L'Occident et la vérité du sexe", DE, III, p. 104.

a intensificação do prazer para a dessexualização do corpo e de inventar uma economia dos prazeres "não normatizada sexualmente",[5] passível de opor resistência ao dispositivo da sexualidade e ao sexo-desejo. As últimas páginas de *A vontade de saber* relacionam-se com essa dessexualização do corpo.

Foucault era consciente das críticas que seriam feitas ao postulado da "dessexualização", pois este representa uma forma de considerar a sexualidade que aparentemente ignora o próprio sexo. Porém, o sexo (genitais) não constitui uma base segura, limite último da sexualidade, não passível de superação mediante um descentramento genital:

> O sexo (genital) é, sem dúvida, somente um ponto ideal, necessário para o dispositivo da sexualidade e seu funcionamento. [...] O sexo é o elemento mais especulativo, ideal e interno em um dispositivo da sexualidade, que o poder organiza em seu controle

---

5 Em diferentes partes de seu livro, James Miller (cf. op. cit. 1993, p. 269, 272–273) observa que na língua francesa, como na portuguesa, a palavra *sexe* tem um significado duplo, pois refere-se tanto ao sexo quanto aos órgãos genitais. Essa diferenciação é fundamental para entender a construção que realizo neste capítulo. Cf. C. A. MacKinnon, *Feminism Unmodified: Discourses on Life and Law*, 1987; A. Dworkin, *Intercourse*, citado por Bersani (cf. "Is the Rectum a Grave?", *AIDS: Cultural Analysis/Cultural Activism*, 1988, p. 214–215). Ambas as autoras advogam "a criminalização do sexo até que este seja reinventado", recusando os prazeres genitais, pois "se existe uma relação entre o ato sexual e o baixo *status* da mulher, e se o ato sexual é imune à reforma, então não deve existir mais penetração". O ato sexual representa o meio de uma sociedade falocêntrica exercer seu poder. Foucault se manifesta de forma semelhante: "os homens pensam que as mulheres unicamente podem sentir prazer reconhecendo os homens como seus amos" ("Choix sexuel, acte sexuel", DE, IV, p. 322), e reivindica uma nova invenção do sexo mediante a dessexualização do corpo. Contudo, Foucault critica a criminalização do sexo, exigida por grupos feministas.

sobre os corpos, sua materialidade, suas forças, suas energias, suas sensações, seus prazeres.[6]

Em *A vontade de saber*, Foucault apresenta a possibilidade de localizar a história da sexualidade no nível do corpo, no qual o sexo teria unicamente uma função externa; pois o sexo (genitais) não constitui um solo firme para essa história: ele depende historicamente da sexualidade, que precisa dele para seu funcionamento. Sua existência é, porém, apenas ideal.

A fixação nos genitais, no contexto da compreensão do corpo, corresponde à concepção do marquês de Sade, para quem o corpo está fortemente ancorado organicamente e em uma hierarquia, organizada não a partir da cabeça, mas do sexo. A erótica formulada por Sade pertence a uma sociedade disciplinar hierarquizada e regulamentada, uma sociedade soberana. Foucault recusa esse tipo de erótica, advogando pela criação de uma nova erótica "não disciplinada", uma economia do prazer não normatizada sexualmente.

Na espiral incessante do poder e do prazer, na multiplicidade de centros de poder, de pontos de interseção e de contato entre o poder e o prazer, pode nascer uma "anarquização do corpo", uma "dissolução do orgânico", diametralmente oposta à erótica genital, orgânica e hierárquica de Sade. Seu objetivo seria intensificar cada parte do corpo, fazer de cada fragmento do corpo uma fonte de prazer, ou seja, utilizando a terminologia de Deleuze e Guattari, produzir um "corpo sem órgãos".

---

6 VS, p. 205.

As práticas sadomasoquistas constituem, para Foucault, uma forma de dessexualizar o prazer, criando novas possibilidades de obter prazer. Elas representam uma tentativa de multiplicar os centros de prazer no corpo e mostram "como se pode produzir prazer com objetos estranhos, com partes raras do corpo e em situações singulares".[7] O sadomasoquismo recusa a centralização do prazer implicada na redução do prazer corporal ao prazer genital; no jogo sadomasoquista, qualquer parte do corpo pode vir a ser um instrumento sexual.

As práticas sadomasoquistas apontam para um prazer assexual, ou seja, que não culmina no orgasmo, e em que as emoções físicas atingem uma intensidade tão extrema que a maioria das cenas acontece sem ereção dos parceiros. Em conversa com Jean le Bitoux, Foucault mostra seu entusiasmo por essas práticas, denominadas desvirilizantes ou dessexualizantes, que se opõem à valorização dos genitais. Elas oferecem inúmeras possibilidades criativas de trazer à luz um novo si mesmo, de se inventar a si mesmo e de fazer do corpo o lugar da produção de "prazeres polimorfos" – com a ajuda dos instrumentos adequados. A dessexualização atingível por meio dessa ascese sadomasoquista atua como um mecanismo de dessujeição, pois a descentralização do prazer genital constitui simultaneamente uma descentralização de uma subjetividade implantada historicamente pelo dispositivo da sexualidade, como Foucault observa em *A vontade*

7 "Michel Foucault, une interview: sexe, pouvoir et la politique de l'identité", DE, IV, p. 738.

de saber.[8] À imposição da identidade própria do dispositivo sexual o pensador francês opõe um uso original e criativo dos prazeres, isto é, uma nova economia dos prazeres de natureza não genital. As *bathhouses*, um jogo diferente do sadomasoquista, produzem, porém, os mesmos efeitos, ou seja, novas experiências da corporeidade: "Lá encontram-se homens que são para você o que você é para eles: somente um corpo passível de provocar combinações e produções de prazer."[9] Para Foucault, as *bathhouses* possuem um significado político importante, pois nelas localiza-se, analogamente ao sadomasoquismo, uma possibilidade de dessujeição mediante a dessexualização.

O sadomasoquismo permite desenvolver uma nova erótica não orientada para o sexo, uma forma de empregar o corpo e os prazeres contra o dispositivo da sexualidade. A leitura dos diferentes textos nos quais Foucault se manifestou sobre sadomasoquismo, transgressão sexual e outras formas de experiências limite testemunha a importância dessa experimentação na compreensão de seu pensamento. O corpo, tematizado unicamente de forma negativa – como corpo dócil – em *Vigiar e punir* e em *A vontade de saber,*[10] possui agora, em princípio, os meios de ser usado ativamente contra

8 Cf. "Le Jeu de Michel Foucault (entretien sur 'L'Histoire de la sexualité')", DE, III, p. 316: "O que me preocupa, aquilo do que estou falando, é de como acontece às pessoas acreditarem que o segredo de sua verdade reside na região de seu sexo." Sexo, aqui, deve ser entendido na acepção de genitais.

9 Michel Foucault, "Le Gai savoir", *MEC Magazine*, 6–7, 1988.

10 Vários autores criticaram esta compreensão parcial do corpo por Foucault. Do mesmo modo, o corpo feminino será tematizado em *A vontade de saber* unicamente de forma passiva como produto do dispositivo de sexualidade. Cf. McNay, op. cit., p. 40–41, 59–60.

uma subjetividade tematizada via sexualidade. Tal forma de resistência, porém, representa um problema por duas razões principais. *Por um lado,* não encontramos uma tematização consequente e precisa do sadomasoquismo e outros experimentos corporais em Foucault, além de declarações esporádicas e cautelosas em algumas conversas e artigos, difíceis de localizar antes da publicação dos *Ditos e escritos*. Essas práticas constituem uma alternativa – pelo menos a alternativa pessoal de Foucault – para superar o impasse apresentado em *Vigiar e punir* e em *A vontade de saber,* qual seja, o da impossibilidade de o corpo, produto de uma tecnologia de poder, oferecer resistência à mesma tecnologia (disciplinas, dispositivo sexual) que o formou. A natureza esporádica e periférica das declarações de Foucault sobre o sadomasoquismo, sua não tematização em *A vontade de saber,* o caráter tabu dessas questões, todos esses fatores tiveram como consequência que a alternativa foucaultiana não fosse aceita ou, quando muito, fosse mal compreendida, como podemos deduzir da escassa bibliografia existente sobre o tema e das dificuldades de desenvolver uma análise filosófica dessa temática.[11] *Por outro lado,* a alternativa foucaultiana é uma maneira elitista de utilizar o corpo ativamente contra o dispositivo de sexualidade. Podemos concordar com a genealogia foucaultiana do corpo como produto de um poder disciplinar e do dispositivo sexual que o atravessa e constitui, contudo, se a única alternativa de usar o corpo ativamente, se

11 Como já foi mencionado, essa situação mudou desde a publicação da primeira edição deste livro, existindo, agora, literatura abundante sobre o tema.

a única possibilidade de se defender está no sadomasoquismo e outros jogos semelhantes,[12] ela é uma solução problemática e, sobretudo, difícil de generalizar, para ser apreendida como uma "ferramenta". Abstraindo a fruição pessoal de Foucault, podemos entender o entusiasmo filosófico com que tais práticas serão descritas, pois elas constituem uma possibilidade de "desprender-se de si", ou seja, de se dessujeitar, que, como sabemos, representa o alvo da filosofia segundo a introdução de *O uso dos prazeres* e outros textos. Elas são também uma forma de romper com um dualismo e um gnosticismo tradicional que apreende a dor como algo negativo e o prazer como positivo. O sadomasoquismo permite transmutar a dor em prazer, ligar ambos e mostrar como seu dualismo e antagonismo foi constituído historicamente. Foucault nunca perdeu de vista esta possibilidade: "Mas, e se, em contrapartida, o diabo, o outro, fosse o mesmo? E se a tentação não fosse um episódio do grande antagonismo mas a suave insinuação do sósia? O gênio maligno da terceira meditação é não um resumo levemente exagerado das forças enganadoras que vivem no homem, mas o que é mais semelhante a Deus."[13]

A temática do sadomasoquismo exerce uma função importante nos últimos textos de Foucault, centrados na ascese homossexual, constituindo uma prática de si. Na problemática da amizade, o sadomasoquismo representa, como veremos, um exemplo de encontro permeado de relações de poder, mas que não se transformam num estado de domi-

12 Assim pensam também Artaud, Bataille, Sade e até Deleuze e Guattari.

13 "La Prose d'Actéon", DE, I, p. 326–327.

nação. Ele pode ser uma "metáfora" da relação de amizade, entendida como um jogo intenso, às vezes arriscado, em que as regras são estabelecidas pelos parceiros no momento mesmo de jogar e são apenas válidas para esse jogo. A amizade representa uma procura e uma experimentação de novas formas de relacionamento e de prazer; uma forma de respeitar e intensificar o prazer próprio e do amigo, como veremos no próximo capítulo.

sa. Ela pode ser uma metáfora da relação de amizade entendida como um jogo, mesmo às vezes arriscado, em que as regras são estabelecidas pelos parceiros, de maneira tal que e só serão válidas para esse jogo. A única regra preestabelecida é a de se combinarem [illegible] as regras de relacionamento de cada pessoa, mantendo-se inicialmente o [illegible] prazer próprio e do outro como [illegible] no processo amoroso.

9

ÉTICA E POLÍTICA DA AMIZADE

> "Depois de haver estudado a história da sexualidade, creio que se deveria tentar compreender a história da amizade, ou das amizades."[1]

1 "Michel Foucault, une interview: sexe, pouvoir et la politique de l'identité", DE, IV, p. 744.

Gostaria de começar este capítulo com um episódio singular que Didier Eribon relata no seu último livro sobre Foucault,[2] uma cena que já conhecíamos da autobiografia de Louis Althusser, *L'Avenir dure longtemps* (*O futuro dura muito tempo*): Althusser faz referência a uma conversa a três por ocasião de uma visita de Foucault e do padre Breton, religioso da ordem Passionista e professor nas faculdades católicas de Lyon e Paris. No decorrer da conversa, Foucault menciona suas investigações sobre a ética cristã do século IV, constatando a extrema valorização do amor por parte da Igreja, negligenciando a amizade, sob suspeita de homossexualidade. Nisso, o padre Breton interveio, evocando sua juventude, e confirmando as observações de Foucault. Aqui termina a descrição de Althusser. Eribon transmite-nos o desenvolvimento ulterior: Althusser escreve uma longa e estranha carta a Foucault e Breton com o objetivo de prolongar a conversa. Nessa carta, Althusser menciona como, na École Normale, Foucault sobreviveu a várias tentativas de suicídio graças ao equilíbrio que a amizade representa frente ao *ágape* cristão.

Althusser comunica a Foucault o desejo "fervente" do padre Breton de colaborar com o pensador: "Foucault, meu

2 Cf. Didier Eribon, *Michel Foucault e seus contemporâneos*, 1996, p. 200–202.

amigo, o que você diz sobre Suarez eu conheço de cor, [...] estou com 69 anos, [...] o único sobrevivente do produto puro dessa moral cristã, da qual você fala tão bem [...] eu a vivi como minha vida cotidiana, da manhã à noite e através da noite, e que por isso [...] eu me ponho à sua inteira disposição". E a carta prossegue da seguinte forma: "Se esta comunicação toma a forma esquisita de uma carta de Louis Althusser a Michel Foucault, que é na verdade um oferecimento aberto do padre Breton a Michel Foucault, é porque depois de uma longa reflexão (um mês), Althusser chegou à convicção de que essa comunicação e esse intercâmbio Breton-Foucault pode constituir um documento *sem nenhum precedente*, digno de figurar nos arquivos de nossa história ocidental".

Atualização da estilística da existência

A investigação genealógica foucaultiana da antiga *estética da existência* não constitui uma mera análise histórica, tendo antes o caráter de um programa ético-político. Estabelecer um equilíbrio entre esses dois elementos provoca uma certa tensão no texto, como tentarei demonstrar.

Os últimos escritos de Foucault têm como objetivo a reabilitação da noção de filosofia como *ascese*, própria da Antiguidade, como mostra especialmente a introdução a *O uso dos prazeres*, na qual o ensaio é apresentado como corpo vivo da filosofia.

Esse projeto integra-se, segundo Foucault, no âmbito dos trabalhos históricos, apesar de não ser realizado com olhos de historiador. Trata-se do "protocolo de um exercício", do exercício da própria autotransformação. A atualização da estilística da existência não traz consigo a incorporação do modelo ético greco-romano. A Antiguidade representa, para ele, "um erro profundo"; os gregos não são nem admiráveis,[3] nem oferecem uma alternativa. Não deve ser buscada a solução de um problema na solução de outro problema colocado em outra época. Foucault não procura um princípio esquecido que a filosofia deve redescobrir; sublinha, porém, a importância do contato com a filosofia antiga e acentua o valor exemplar de semelhantes experiências éticas.

Como se pode explicar a reticência em adotar o modelo ético da Antiguidade, erigindo-o ao mesmo tempo em exemplo? A razão está no fato de que Foucault, apesar de contemplar uma possível atualização da estética da existência, pretende situá-la no contexto sobreindividual da amizade.

A Antiguidade apresenta uma experiência moral centrada na relação consigo (Ética) não ligada a nenhum sistema social, jurídico ou institucional. A situação atual mostra uma paisagem similar: "A maioria de nós já não acredita que a ética se fundamente na religião, mas também não queremos que um sistema jurídico intervenha em nossa vida pessoal, moral, privada. Os movimentos de libertação atuais sofrem pelo fato de não poderem encontrar um fundamento sobre o qual se possa basear a elaboração de uma nova ética."[4]

O problema de uma ética entendida como a forma que se pode dar à própria vida torna-se assim atual. A ideia de *bios*

---

3 Cf. "Le Retour de la morale", DE, IV, p. 698.

4 "À propos de la généalogie de l'éthique: un aperçu du travail en cours", DE, IV, p. 611.

como matéria da obra de arte fascina Foucault.[5] O sujeito constitui-se mediante "práticas analisáveis historicamente" existentes em toda a cultura.[6] Consequentemente, Foucault concebe o cuidado de si como o ponto de resistência preferencial e útil contra o poder político, e localiza o objetivo político no fomento de *novas* formas de subjetividade. O indivíduo alcança autonomia mediante as práticas de si e mediante a união da própria transformação com as mudanças sociais e políticas. Não se deve entender essa relação consigo, autônoma e não normalizada, em um sentido liberal;[7] ela constitui antes uma *subjetividade anárquica*, pois se trata, em última

---

5 Cf. Ibid., p. 617; "Une interview de Michel Foucault par Stephen Riggins", DE, IV, p. 536. Até o suicídio será visto dessa perspectiva (cf. "Un plaisir si simple", DE, III, p. 777–779). Wilhelm Schmid tem investigado em várias publicações a superação da divisão entre arte e vida: "Exerzitien der Existenz. Kunst und Lebenskunst bei Edgar Degas", *Wegezu Edgar Degas*, 1988, p. 348 ss.; *Auf der Suche nach einer neuen Lebenskunst*, 1991a, p. 243, 302 ss.; "Das Dasein – ein Kunswerk: Zum Verhältnis von Kunst und Lebenskunst bei Nietzsche", *Deutsche Zeitschrift für Philosophie*, 6, 1991b, p. 650; "Kunst und Leben: Anmerkungen zu einer wieder auflebenden Diskussion", *Merkur*, 502, 1991c, p. 82–87; *Was geht uns Deutschland an?*, 1993, p. 74 ss.

6 Cf. "À propos de la généalogie de l'éthique: un aperçu du travail en cours", DE, IV, p. 616; "L'Éthique du souci de soi comme pratique de la liberté", DE, IV, p. 719.

7 Richard Rorty (cf. "Moral Identity and private Autonomy", *Michel Foucault, Philosopher*, 1992, p. 328–33) lamenta que a recepção francesa interprete Foucault como "anarquista" e não como um "bom liberal", como ele e W.E. Connolly fazem (cf. *The Augustinian Imperative*, 1993, p. 151–58) – este último mediante a comparação da "sensibilidade foucaultiana" com um "*ethos* democrático". Nesse contexto é acertada a seguinte observação de James Miller: "O trabalho de Foucault durante toda sua vida, tal como eu chego a compreendê-lo, é muito mais inconvencional *ethos* e muito mais disconforme – do que estão dispostos a admitir alguns de seus admiradores 'progressistas'. A não ser que eu esteja profundamente errado, Foucault representou um desafio básico e audaz frente a tudo o que parece ser correto na cultura ocidental – incluindo quase tudo o que parece ser correto entre um grande número de acadêmicos americanos de esquerda" (James Miller, *The Passion of Michel Foucault*, 1993, p. 384).

análise, de se libertar do Estado e das formas de subjetivação ligadas ao Estado (como mostrará a análise da amizade).

Foucault advoga a criação de novos esboços de si mesmo que não tenham obrigatoriamente como resultado a formação de um sujeito dócil, pois poder-se-iam perfeitamente imaginar formas de existência que não sejam moralmente "boas", mas que sejam muito intensas. Trata-se de um fato que se deve considerar.[8] Foucault era um "guerreiro" e a tarefa da filosofia consiste em "fazer a guerra".[9] A "guerra" como metáfora da sociedade, cunhada por Foucault nos anos 1970, segue tendo validade nos 1980.[10]

A *amizade* é a forma de existência considerada por Foucault quando pensa em uma possível atualização da estética da existência, apesar de limitar a sua análise quase exclusivamente à cultura homossexual, falando assim de um "estilo de vida gay" – o que, por outro lado, não exclui uma ampliação a outros grupos. Trata-se de chegar a uma nova forma de

8 Na Antiguidade, a *estética da existência* estava limitada a um pequeno grupo de homens que pretendia dotar a sua vida de uma forma bela. Mulheres, crianças, escravos e estrangeiros estavam excluídos da possibilidade de fazer de sua vida uma obra de arte. Quando se considera sua possível atualização, deve-se colocar a questão do elitismo e dos perigos potenciais que traz consigo semelhante reabilitação, como mostram as tentativas de atualização representadas pelo dandismo ou pelo anarquismo político. Deleuze (cf. "A vida como obra de arte", C, p. 123–124; "Rachar as coisas, rachar as palavras", C, p. 116–117) vai ao cerne da questão caracterizando o sujeito como "modo de intensidade".

9 Cf. P. Veyne, "Le Dernier Foucault et sa morale", 1986, p. 934, 937.

10 Cf. A. Honneth; W Seitter, "Foucault = Kant minus X?", *Spuren*, 26/27, 1989, p. 24–25. Walter Seitter observa que Foucault defende a manutenção do estado de guerra para que a pergunta pela forma do acabamento da guerra permaneça aberta. Foucault não é, portanto, um pacifista, pois a forma da paz não é indiferente para ele. Foucault denomina de catastrófica a procura de uma moral de validade geral. Cf. "Le Retour de la morale", DE, IV, p. 706.

existência mediante a sexualidade. Essa forma de existência alcançável por meio de certo trabalho sobre si mesmo, de certa *ascese*, tem a forma da amizade.

Um renascimento da amizade

A ocupação sociológica e social-filosófica com o fenômeno da amizade tem uma curta história. Como Neera Kapur Badhwar observa,[11] existe um crescimento do interesse pela amizade desde os anos 1970. Até esse momento, a literatura limitava-se ao âmbito ensaístico do elogio e do culto da amizade. A sociologia tem desqualificado a amizade como objeto da análise, acusando-a de ser um assunto privado[12] e dedicando-se a fenômenos mais "sólidos" para a descrição da sociedade como domínio, família, instituições etc.[13]

Ulrich Beck caracteriza a sociedade moderna mediante uma individualização tripla:[14] a. deslocamento das formas sociais historicamente prescritas, como a família, o matrimônio, a profissão; b. perda da segurança obtida mediante normas, crenças e conhecimento da ação; c. estabelecimento de novos vínculos na forma de dependência do mercado de trabalho, do consumo e da mídia. Esse processo triplo sig-

---

11 Cf. Neera Kapur Badhwar, *Friendship: A Philosophical Reader*, 1993, p. ix.

12 Cf. F.H. Tenbruck, "Freundschaft: Ein Beitrag zu einer Soziologie der persönlichen Beziehungen". In: *Kölner Zeitschrift für Soziologie und Sozialpsychologie*, 16, 1964, p. 435.

13 Cf. U. Nötzoldt-Linden, *Freundschaft: Zur Thematisierung einer vernachlässigten soziologischen Kategorie*, 1994, p. 56.

14 Cf. ibid., p. 9.

nifica, para o indivíduo, a dissolução de um contexto social relativamente seguro. Ele pode contar apenas consigo próprio e deve configurar sua vida de forma a poder superar as novas condições de existência surgidas como consequência desses múltiplos processos de diferenciação.

A mobilidade como experiência típica da modernidade origina um processo de descomposição das formas tradicionais de relacionamento (família e matrimônio) que valiam como garantia de estabilidade. Esses modos da convivência serão submetidos a processos de erosão,[15] pois os processos da modernização dissolvem, na atualidade, as formas de vida e os conceitos que organizavam a dinâmica da sociedade industrial: classe, família, profissão, matrimônio, sexualidade etc. A figura que melhor caracteriza nossa época é, para Ulrich Beck, o solteiro, capacitado a cultivar uma intensificação de sua rede de amizade.

Como consequência dessas tendências de desprendimento e individualização, típicas da sociedade moderna, o indivíduo pode escolher em uma multiplicidade de campos; ele será o arquiteto de uma rede, o iniciador de suas relações sociais em um universo construído por ele mesmo. A experimentação com diferentes formas de existência será possível – sem ter, por isso, de esboçar uma tipologia das relações primárias como Beck propõe.[16] A amizade constitui uma alternativa às velhas e rígidas formas de relação institucionalizadas: "A

15 Cf. H. Keupp. "Einleitung. Subjekt und Gesellschaft", *Verunsicherungen: Das Subjekt im gesellschaftlichen Wandel*, 1989, p. 11–12.

16 Cf. "Der späte Apfel Evas oder die Zukunft der Liebe", *Das ganz normale Chaos der Liebe*, 1990, p. 217.

formação de amizades poderia prevenir o trato instrumental e manipulativo em extensão. Poderia apresentar uma alternativa a vínculos tradicionais como o matrimônio e na ausência ou separação espacial da família e dos parentes. [...] com base na amizade são satisfeitas necessidades, sem cortar a autonomia social e a independência que acaba de ser ganha."[17] A amizade representa uma saída para o dilema entre uma saturação de relações surgidas da dinâmica da modernização e uma solidão ameaçadora. Dessa maneira, Nötzoldt-Linden apela para uma noção de amizade baseada nas "amizades diferenciadas" de Simmel ("de curto prazo, orientadas para um projeto, mas voltadas para o indivíduo") como "uma relação em processo dinâmica, multidimensional no tempo". Ela orienta-se para as novas análises da amizade, as quais recusam a pergunta pela "verdadeira" amizade e apontam para uma concepção da amizade processual e diferenciada historicamente. Por essa razão, a literatura filosófica sobre a amizade não pode ter utilidade para o referido projeto, pois concentra-se principalmente na procura da verdadeira amizade, isto é, boa em si, negligenciando com isso sua dimensão sociopolítica. A amizade será definida pelas seguintes características: espontaneidade, reciprocidade simétrica, não fixação em um contexto determinado, igualdade, controle interativo (como consequência da pouca normalização e sanção exterior).[18]

---

17 Notzoldt-Linden, op. cit., p. 11.

18 Cf. ibid., p. 146, 156, 189. Boa parte da literatura sobre a amizade coincide nesse ponto. Às mencionadas características pode-se somar a confiança. Cf. Kapur Badhwar, op. cit.; Porter; Tomaselli, *The Dialectics of Friendship*, 1989;

As análises sociológicas da amizade concedem-lhe uma função de crítica social, pois ela é transversal à ordem da instituição, sem ser, porém, revolucionária e funciona como uma "válvula" que permite um espaço para o desvio. Em poucas palavras, a amizade é uma forma de se esquivar das convenções sociais: "Toda amizade verdadeira é uma espécie de secessão, até uma rebelião [...]. Em cada conjunto de amigos existe uma 'opinião pública' seccional, que fortifica seus membros contra a opinião pública da comunidade em geral". Toda amizade é, por conseguinte, um ponto de resistência potencial.[19] Além disso, a amizade tem uma função compensadora, pois age entrelaçando, integrando, estabilizando e igualando.

Em contrapartida a essas análises sociológicas, as reflexões de Foucault sobre a amizade localizam nela um elemento transgressivo, como será mostrado. Ele não se interessa tanto pela função compensatória da amizade quanto pela alternativa que ela representa a formas de relacionamento prescritas e institucionalizadas. Aliás, a amizade não é vista como uma forma de relação e de comunicação além das relações de poder; representa antes um jogo agonístico e estratégico, que consiste em agir com a mínima quantidade de domínio. Falar de amizade é falar de multiplicidade, intensidade, experimentação, desterritorialização.

I. Kon, *Geschichte und Sozialpsychologie der Freundschaft als soziale Institution und individuelle Beziehung*, 1979.

19 C. S. Lewis, "Friendship: The Least Necessary Love", *Friendship: A Philosophical Reader*, 1993, p. 46. Cf. G. D. Suttles, "Friendship as a Social Institution", *Social Relationships*, 1970, p. 132; G. Meilander, *Friendship: A study in theological Ethics*, 1981, p. 82.

Mais de acordo com Foucault se encontram algumas análises da filosofia social atual, concentradas na questão do privilégio da comunidade sobre a sociedade. Visto que Foucault não realizou uma elaboração sistemática da categoria de amizade, essas análises oferecem interessantes sugestões. Nesse contexto, Joseph Vogl apela pela recuperação do político para a comunidade,[20] o que significa liberar o conceito de comunidade da ocupação por deformações mitológicas, ou seja, nacionais, totalitárias ou naturais e reconhecer a "irrepresentabilidade" como sua única forma possível. Além disso, ela é o lugar da "contingência irrevogável" e se encontra em uma situação hostil ante o Estado. Em poucas palavras, comunidade entendida não como "bem comum", "acordo universal", "existência imperdível", mas como "espaço de uma política intensa e impaciente", como "catálogo exato das rupturas e perdas".

Giorgio Agamben introduz o conceito de *forma de vida* (*forma-di-vita*) para caracterizar uma vida inseparável de sua forma e no qual precisamente a forma de vida é o importante.[21] O conceito exprime um tipo de comunidade definido por meio das possibilidades de vida. O poder político, outrora soberano – hoje, porém, ligado a explicações pseudocientíficas do corpo, à doença, à saúde e à medicalização crescente de cada vez mais esferas da vida –, precisa dissociar a vida do contexto das formas de vida. Uma nova política antiestatal teria, na atualidade, a seguinte forma: "Há hoje algo como

---

20 Cf. Joseph Vogl, *Gemeinschaften: Positionen zu einer Philosophie des Politischen*, 1994, p. 22–23.

21 Cf. Giorgio Agamben, *Mezzi senza fine: Note sulla politica*, 1996.

uma forma de vida possível, existem hoje formas de vida? Isto é, uma vida em que o importante é como se vive, uma vida das possibilidades."[22] A amizade como forma livre de comunidade que interessava a Foucault corresponde a esses critérios aqui apresentados. A amizade é uma forma de vida cuja importância reside nas inúmeras formas que pode encarnar.

Amizade e estética da existência

Vivemos uma conjuntura favorável para pensar e experimentar a amizade. Foucault não teve a oportunidade de realizar uma análise arqueológico-genealógica desse fenômeno, apesar de ter sublinhado sua importância.[23] Acentua – analogamente a certos estudos sociológicos contemporâneos – as diferentes noções de amizade na tradição ocidental. Uma história da amizade mostraria, como fez a história da subjetividade, as diferentes formas adotadas por esse fenômeno. A amizade representa uma possibilidade de utilizar o espaço aberto pela perda de vínculos orgânicos, de experimentar a multiplicidade de formas de vida possíveis. Para isso Foucault não oferece nenhuma receita, concentrando sua atenção nas diferentes formas de existência: cultura homossexual, vanguardas artísticas etc. Em *O uso dos prazeres* e *O cuidado de si*, não se refere à amizade, apesar de esta ter gozado de grande importância na Antiguidade.

22 Ibid., p. 17.

23 Cf. "Michel Foucault, une interview: sexe, pouvoir et la politique de l'identité", DE, IV, p. 744.

Nas últimas entrevistas, em contrapartida, a amizade será mencionada no contexto de uma possível reabilitação da estética da existência. Trata-se de um anacronismo? Minha tese a respeito é a seguinte: a noção de amizade característica da Antiguidade encontrava-se perante o dilema de poder introduzir a reciprocidade na relação somente mediante a supressão das relações sexuais. A ética sexual antiga, definida pela atividade, assimetria e obrigação de penetração, não oferece nenhum lugar para a *philia* – especialmente desde que Platão concebera a reciprocidade às expensas de *eros*.[24] A separação de *philia* e *eros* permanece constante em toda a história da amizade.[25] Foucault tenciona inverter essa história, pois sua reabilitação da amizade como forma da estilística da existência visa à recuperação de *eros*, recusado desde a Antiguidade para a dinâmica da amizade.

Em conversa com Dreyfus e Rabinow, Foucault permanece na noção tradicional da amizade. A razão pela qual a amizade não é tematizada na *História da sexualidade* não está – como Dreyfus e Rabinow pensam – no fato de Foucault não

---

24 Para Platão, *eros* designa sempre uma atividade da alma, enquanto *philia* representa uma condição. *Eros* como atividade conduz à *philia*, evoca a amizade, mas somente na alma justa (Cf. H. Hutter, *Politics as Friendship: The origins of classical notions of politics in the theory and practice of friendship*, 1978, p. 75 ss.). Trata-se de uma sublimação de *eros* que na relação de *philia* perde toda sua carga sexual, transformando-se em um amor pela verdade. Na ética sexual platônica, da qual Foucault se ocupa, a amizade representa a única possibilidade de conceber uma relação de reciprocidade entre um adulto e um rapaz, como mostra o último capítulo de *O uso dos prazeres*.

25 De fato, entre todas as concepções da amizade na Antiguidade (platônica, aristotélica, epicúrea, estoica), somente a platônica concebe essa relação entre *philia* e *eros*, em que *eros* constitui a força motriz que, mediante sua sublimação, permite alcançar a *philia*. Para Aristóteles, os epicuristas e estoicos, *eros* e *philia* não aparecem relacionados.

prestar atenção às práticas marginais na sua insistência sobre os sistemas, mas em que estes livros são estudos sobre ética sexual, e não sobre amor, amizade e reciprocidade, elementos que excluem correntemente a sexualidade. Trata-se do esquema da dualidade tradicional *eros* versus *philia*. Afirma, porém, Foucault na mesma conversa: "A minha pergunta é a seguinte: podemos nos dar uma ética das ações e de seus prazeres suscetível de considerar o prazer do outro? É o prazer do outro algo que pode ser integrado em nosso próprio prazer – sem relação à lei, ao matrimônio e a não sei que mais?"[26] Nessas linhas Foucault passa de uma descrição histórica das relações de amizade na Antiguidade greco-latina a sua possível atualização, como uma relação afetiva, intersubjetiva, capaz de respeitar o prazer do outro. É disso precisamente que trata a diferente "economia dos corpos e dos prazeres" como resistência ao poder moderno, evocada nas últimas páginas de *A vontade de saber*.[27]

26 "À propos de la généalogie de l'éthique: un aperçu du travail en cours", DE, IV, p. 388.

27 Cf. VS, p. 211. O mérito de Dreyfus e Rabinow consiste em haver acentuado a amizade como elemento de resistência no contexto de uma nova "economia dos corpos e dos prazeres": "A nova economia dos corpos e dos prazeres deverá possivelmente aproveitar, entre seus elementos, formas de práticas marginalizadas que acompanharam o cristianismo como triviais e irreais, e que precisamente por essa razão superaram sua dissipação [...]. O impulso da substituição de práticas centrais por aquelas que agora são marginais pode servir como fundamento de uma descrição mais satisfatória de uma forma não reativa de resistência do que a que Foucault até agora podia oferecer." (Dreyfus e Rabinow, *Jenseits von Strukturalismus und Hermeneutik*, 1983, p. 306). Eles, porém, parecem não ter reparado em dois aspectos importantes: por um lado, o fato de que Foucault já tinha pensado na amizade como "fundamento de uma descrição mais satisfatória de uma forma não reativa de resistência"; por outro lado, que Foucault submete o fenômeno da amizade a um processo de transformação com o objetivo de recuperar o componente *eros*.

A amizade praticada na Antiguidade não tem interesse para Foucault por duas razões:

a. Tratava-se, por um lado, de um tipo de relação institucionalizada, a qual não deixava espaço para a experimentação. A relação de amizade tinha um contexto institucional suplementar que implicava um sistema de coações, hierarquias, tarefas e obrigações, o que torna impossível a imitação do modelo da *philia-amicitia* próprio da Antiguidade.[28]

A amizade tinha na pólis clássica grega uma função de integração social. As relações de amizade constituíam os átomos da pólis e a condição de sua sobrevivência: "Seja qual for a importância dos valores emocionais e expressivos para a amizade, não constituem nenhum grupo em si, mas pertencem ao sistema das relações sociais que a regulam por fora (mediante leis) e por dentro (mediante o ideal de virtude)."[29] Hoje em dia será possível, mediante os processos de diferenciação característicos da sociedade contemporânea, "passar bem sem o amor pelo orgânico", pois existem possibilidades de fugir dos vínculos orgânicos representados pela religião, a família, o trabalho e a comunidade que tradicionalmente garantiam a coesão de muitas sociedades. O fenômeno da

28 Cf. "Le Triomphe social du plaisir sexuel: une conversation avec Michel Foucault", DE, IV, p. 310.

29 I. Kon, op. cit., p. 40, 44. Cf. M. Onfray, *La Sculpture de soi. La Morale esthétique*, 1993, p. 236; U. Nötzoldt-Linden, op. cit., p. 37–38; P. Easterling, "Friendship and the Greeks", *The Dialectics of Friendship*, 1989, p. 11 ss.; J-C. Fraisse, *Philia. La Notion d'amitié dans la philosophie antique*, 1974, p. 202 ss. Na atualidade, o interacionismo simbólico de Suttles (cf. op. cit.) representa uma posição similar, tratando a amizade como uma "instituição social". Para Foucault, em contrapartida, a amizade oferece uma possibilidade de traçar "linhas de fuga" (Deleuze) no tecido institucional.

amizade é, sobretudo, atraente em um contexto moderno: "Onde a sociedade tradicional estabelece as relações afetivas normativamente e as tarefas da amizade estão institucionalizadas, a sociedade individualizada permite a produção autônoma de relações íntimas com as pessoas mais diferentes e nos âmbitos de interesse mais díspares."[30]

b. A amizade na Antiguidade baseava-se na supressão das relações sexuais. Reabilitá-la significa, para Foucault, introduzir o componente *eros* na relação de amizade, o que não implica que toda amizade deva ter um caráter sexual. Porém, devem ser considerados os seguintes pontos: 1. A discussão foucaultiana da amizade ocorre no contexto da análise de novas formas de vida homossexual, pois "a homossexualidade oferece a ocasião histórica de reabrir as possibilidades existentes de relações e emoções, o que não acontece como consequência das qualidades 'verdadeiras' dos homossexuais, mas porque esta se encontra em uma posição transversal, permitindo a inscrição de diagonais no tecido social, que permitam o aparecimento dessas possibilidades".[31] 2. As práticas sadomasoquistas (como componente importante de uma ascese homossexual) oferecem a Foucault um modelo especial para sua noção de amizade: presença e controle das relações de poder, reciprocidade, fixação situacional e *ad hoc* das regras da relação etc. 3. A reabilitação foucaultiana da amizade baseia-se no fato de utilizar a sexualidade para criar múltiplas relações. 4. Uma nova "economia dos corpos

30 U. Nötzoldt-Linden, op. cit., p. 216.

31 "De l'amitié comme mode de vie", DE, IV, p. 166.

e dos prazeres" deve superar a divisão existente, desde a Antiguidade, entre desejo e prazer, e o consequente privilégio do desejo, em favor de uma relação que vise à intensificação mútua do prazer. Portanto, discordo de W. Schmid quando afirma que "a ética da amizade, na qual Foucault pensa e que tem o caráter de uma ética da simpatia, não pode ser definida mediante relações sexuais".[32] Também não concordo com Frédéric-Yves Jeannet,[33] que analisa a noção foucaultiana de amizade e critica o livro *The passion of Michel Foucault*, de James Miller, pela relação estabelecida por este entre sadomasoquismo e filosofia na biografia de Foucault. A única definição de amizade proposta por Foucault (no contexto da discussão de formas de existência homossexuais) é a seguinte: "Amizade, isto é, a soma de todas as coisas mediante as quais se pode obter um prazer mútuo."[34]

Nos últimos cursos no Collège de France sobre a temática da *parrhesía* (o dizer verdadeiro), Foucault acentua, como já vimos, o papel do amigo, cuja presença era imprescindível para o sucesso dessa prática. Apresentar-se ao juízo do outro pressupunha a confiança de uma relação pessoal e uma relação comum com a verdade. Aos olhos do outro aparecia a estética da própria existência, e era, dessa forma, apreensível, refletindo-se no outro. Quando a prática *parrhesiástica* se transformou na prática de confissão, a relação institucionalizada com o confessor ou com o psicanalista substituiu a relação

---

32 W. Schmid, *Auf der Suche nach einer neuen Lebenskunst*, 1991a, p. 346.

33 Cf. Frédéric-Yves Jeannet, "La muerte de Michel Foucault", *La Jornada Semanal*, 250, 1994, p. 33.

34 "De l'amitié comme mode de vie", DE, IV, p. 164.

de amizade. Foucault pretende mostrar como uma relação que desempenhou um papel importante na Antiguidade tem sido totalmente desvalorizada e neutralizada no mundo moderno.

Foucault alude à ambivalência entre amizade e amor no cristianismo. A amizade tinha um caráter suspeito, o amor (a Deus e ao próximo) era a forma de se libertar dela.[35] O primado da amizade como virtude suprema na Antiguidade desaparece com a extensão do cristianismo.[36] Especialmente Agostinho encarna o arquiteto dessa transformação. No vínculo humano intenso representado pela amizade será reconhecido um elemento de egoísmo, contemplado como um desvio do amor a Deus.[37]

A desconfiança de Agostinho em relação às amizades "mundanas" pode ser constatada em dois exemplos. O primeiro é representado pela comunidade de amigos fundada segundo um modelo neoplatônico em *Cassiacum* (Milão). Tratava-se de uma atmosfera de retiro e reflexão, aparentemente uma forma perfeita de vida para Agostinho, mas que, se tivesse continuado, "teria sido prejudicial para a sua perfei-

35 Cf. L. Althusser, *O futuro dura muito tempo*, 1993, p. 238–240.

36 Esse processo coincide temporalmente com a recusa da homossexualidade: "[...] O *status* legal dos homossexuais e de suas relações não ia ser negado oficialmente até o século VI, mas a situação estava-se voltando contra eles no início do século IV" (I. Boswell, *Christianity, Social Tolerance and Homosexuality*, 1980, p. 172). A desvalorização da amizade coincide com a problematização da homossexualidade.

37 Cf. Dreyfus e Rabinow, op. cit., p. 305; U. Nötzoldt-Linden, op. cit., p. 39; M.A. McNamara, *Friends and Friendship for Saint Augustine*, 1964, p. 106; Fraisse, op. cit., p. 466; R. Eglinger, *Der Begriff der Freundschaft in der Philosophie*, 1916, p. 17 ss.; F. Nolte, *Augustins Freundschaftsideal in seinen Briefen*, 1939, p. 7 ss.

ção última".[38] A amizade, possibilidade de atingir a perfeição conjunta na sociedade greco-latina, torna-se precisamente seu impedimento no mundo cristão. Aparentemente Agostinho encontrava-se, nesse estado de seu desenvolvimento (*ante conversionem*), ainda longe de atingir o amor de Deus, tendo de se contentar com o afeto dos amigos. Encontramos o outro exemplo na dor de Agostinho perante a morte de um amigo, o que mostra o caráter transitório do amor humano ante o amor de Deus. Podemos estabelecer três diferentes noções de amizade em Agostinho: a. amizade segundo o modelo greco-romano; b. amizade de tipo neoplatônico; c. amizade baseada na *caritas christiana*. Os exemplos aqui apresentados corresponderiam ao primeiro tipo de amizade, criticado por Agostinho nas *Confissões*, obra que representa uma tentativa de desvalorizar esse tipo de amizade, acentuando seu caráter efêmero, mundano, físico.

Agostinho coloca-se o problema de reconciliar a *philia* com o amor a Deus. A *philia* será substituída pelo *ágape* e o amor ao próximo (o próximo é um indivíduo abstrato):

> O amor ao próximo é mais uma atitude moral do que uma forma de relação. O desvio do terreno, corporal, inter-humano e a translação da amizade para o interior do indivíduo e para sua atitude espiritual traz consigo uma passividade social, apesar de se tratar de uma amizade relativamente intelectual. Mediante oração e sacrifício pelos amigos, mal se põe em pe-

38 McNamara, op. cit., p. 106–107.

> rigo o sistema estabelecido; mediante ação cotidiana
> e solidária; sim.[39]

A *philia* será rejeitada por seu caráter egoísta e instrumental, ao passo que a *ágape* representa a amizade verdadeira, por não manifestar uma atração interpessoal. A amizade natural, isto é, a atração individual, não é uma virtude, porque se baseia em valores efêmeros e terrenos. Transformar-se-á em uma virtude quando estiver a serviço do amor de Deus e da credibilidade. Em outras palavras, a atração individual pelo amigo deve se transformar, o amigo não deve ser amado por si mesmo, mas por Deus. A *philia* torna-se assim a *caritas christiana*, o amor de Deus que une todos os homens. *Caritas* constitui a essência do amor do amigo no cristianismo.

O mérito de Agostinho consiste em ter submetido a amizade a um processo de abstração que lhe tira o componente emocional e social: "Se a amizade [...] perde terreno e se dissuade da amizade individual, chegando até a discriminação do amigo nos conflitos de fé, [...] isso acontece decerto porque a amizade vivida pode significar poder e rebelião. A amizade de Deus, vista como amor do próximo – em última consequência – somente entre cristãos, conduz ao fortalecimento da comunidade eclesiástica e à estabilização do clero e da sociedade."[40]

Outros comentários de Foucault sobre a história da amizade limitam-se à decomposição das sociedades monos-

39 U. Nötzoldt-Linden, op. cit., p. 48.
40 Ibid.

sexuais no século XVIII,[41] época em que outros autores constatam uma extensão do culto da amizade.[42] Entre 1750 e 1850 surge no espaço cultural alemão uma série de grupos de amigos. Trata-se, nessa noção da amizade – e essa é possivelmente a razão de não ter sido mencionado por Foucault –, mais de uma sociabilidade exibida do que de uma relação interpessoal.

Segundo Foucault, o desaparecimento da amizade deve-se ao fato de ela desempenhar certas tarefas sociopolíticas na sociedade aristocrática, interrompidas com a implantação de novas estruturas políticas: "O exército, a burocracia, a administração, o ensino (no sentido moderno da palavra) não podem funcionar com relações intensas. Creio que se pode observar em todas essas instituições um certo esforço por reduzir ou limitar essas relações afetivas."[43]

Ao passo que a amizade foi aceita social e culturalmente, a homossexualidade não representava problema, mas, desde que a amizade se desfaz como forma de relação tolerada culturalmente, a seguinte pergunta torna-se atual: "Que fazem os homens juntos?" A homossexualidade torna-se um problema médico e sociopolítico. Essas considerações, que para Foucault possuem apenas um caráter hipotético, são importantes ao suscitar a questão da forma de existência implicada em toda relação sexual.

---

41 Cf. "Entretien avec Michel Foucault", DE, IV, p. 288.

42 Cf. U. Nötzoldt-Linden, op. cit., p. 50–51, 54; F. H. Tenbruck, op. cit., p. 436–437, 443–444.

43 "Michel Foucault, une interview: sexe, pouvoir et la politique de l'identité", DE, IV, p. 744.

A amizade entre mulheres será também mencionada por Foucault. O desenvolvimento da amizade feminina ocorre de forma análoga à masculina, apesar de não corresponder temporalmente. O amor entre mulheres foi tolerado até o século XX. Na passagem do século XIX ao XX, a amizade feminina começa a ser problematizada. O novo status da mulher e os novos conhecimentos médicos (que culminam na criação de um terceiro sexo como arma contra o amor pelo mesmo sexo) conduzem à condenação de uma emoção que era considerada um prazer inofensivo. A suspeita em relação às amizades femininas coincide com o surgimento do feminismo. Sua patologização tem conduzido, em nosso século, à condenação de quaisquer emoções entre mulheres, que serão qualificadas de lésbicas e doentias.

Para uma ascese e uma forma de vida homossexual

A amizade tem, para Foucault, principalmente o sentido de uma amizade homossexual. Sua atenção concentra-se, principalmente, nas possibilidades disponíveis hoje na cultura homossexual para criar novas formas de amizade. A democratização da estilística da existência, como Hans-Herbert Kögler propõe,[44] não se pode realizar na amizade, pois seu potencial transgressivo reside precisamente na sua natureza minoritária. Democratizá-la significaria outorgar-lhe um caráter majoritário: "Por isso devemos diferenciar o majori-

44 Cf. Hans-Herbert Kögler, *Michel Foucault*, 1990, p. 190.

tário como um sistema homogêneo e constante, as minorias como subsistemas e o minoritário como devir potencial e criativo."[45]

As análises foucaultianas da antiga estilística da existência conduzem-no à reabilitação e revalorização da práxis ascética da Antiguidade. A ascese é a tarefa de autoelaboração. Na discussão atual sobre a amizade, a ascese deve desempenhar uma função importante, pois mediante as *práticas de si*[46] pode-se alcançar uma *ascese homossexual* que permita inventar um modo de vida até agora improvável. As decisões sexuais possuem uma dimensão existencial, atravessam a totalidade da vida e são susceptíveis de transformá-la. Trata-se, portanto, de criar formas de existência por meio dessas decisões; ser homossexual significa, para Foucault, ser em devir. Por isso, o problema da homossexualidade transforma-se no problema da amizade.

Foucault compara as relações heterossexuais institucionalizadas com o caráter aberto das relações homossexuais, nas quais os homens encontram-se "uns em face dos outros sem armas nem palavras adequadas, sem algo que possa confirmar o sentido do movimento que os atrai mutuamente. *Eles*

45 Deleuze, "Philosophie und Minorität", *Gemeinschaften: Positionen zu einer Philosophie des Politischen*, 1994, p. 205.

46 O conceito de prática de si oferece uma denominação diferente e atualizada da ascese, a qual inclui na cultura homossexual práticas sadomasoquistas (entendidas como uma relação de poder recíproca que aspira a um prazer dessexualizado além do discurso da sexualidade). Cf. "Hermeneutik des Subjekts", p. 55; "Choix sexuel, acte sexuel", DE, IV, p. 330–331; H.-H. Kögler, *Michel Foucault* p. 149–150; J. Miller, op. cit., 1993, p. 253–254; J. Champagne, "Interrupted Pleasure: A Foucauldian Reading of Hard Core/A Hard Core (Mis) Reading of Foucault", *Boundary*, 2, 18, 1991, p. 185 ss.

devem inventar uma relação do A ao Z que ainda não tem forma: a amizade".[47] Os conceitos de *forma de vida* (homossexual) e de *amizade* permitem recusar toda uma cultura homossexual concentrada na libertação do desejo e na procura da própria identidade sexual, em favor do uso da homossexualidade para a criação de novas formas de existência:

> O conceito de forma de vida parece-me importante. Não se deveria introduzir uma diferenciação mais sutil, que não procedesse segundo classes sociais, grupos profissionais ou níveis culturais, mas orientada para o tipo de relação, ou seja, para o "modo de vida"? Um modo de vida pode ser compartilhado por indivíduos que se diferenciam em relação à idade, ao *status* e à atividade social. Pode conduzir a relações intensas que não se assemelham a nenhuma relação institucionalizada. E um modo de vida pode culminar, creio, em uma ética e uma cultura.[48]

A ética da amizade aponta para a intensificação da experimentação. A experimentação como fundamento ético concentra-se na percepção e no aumento do prazer próprio e do outro (do amigo), em vez de numa hermenêutica do desejo. Foucault encontra esse fenômeno na cultura homossexual de Nova York e San Francisco, cidades onde surgiram "laboratórios de experimentação sexual".

47 "De l'amitié comme mode de vie", DE, IV, p. 164 (o grifo é meu).
48 Ibid., p. 165.

Função da amizade na ética negativa de Foucault

A virada ética realizada por Foucault nos anos 1980 é ao mesmo tempo estética: seu objetivo consiste em sublinhar a possível criação de relações sociais, pois não existe nada dado nem necessário em nossa pertença a determinados grupos sociais. Se a reflexão sobre o fenômeno da amizade supõe, como eu penso, o ponto final da meditação ético-política foucaultiana (que aponta para a atualização da *estilística da existência*), esta pode acentuar unicamente a capacidade de formação estética das relações humanas.

A ética da amizade só pode ser uma ética negativa, cujo programa deve ser vazio, isto é, capaz de oferecer ferramentas para a criação de relações variáveis, multiformes, e concebidas de forma individual. Cada indivíduo deve formar sua própria ética; a ética da amizade prepara o caminho para a criação de formas de vida, sem prescrever um modo de existência como correto. Propor um programa[49] significaria proibir outros esboços e sobretudo relativizar a configurabilidade individual: "Eu não gostaria de desanimar a experimentação, não gostaria que os homossexuais deixassem de pensar que a organização de suas próprias relações depende deles mesmos mediante a descoberta do que é adequado

---

49 A ideia do programa "vazio" (Cf. ibid., p. 167) tem uma central importância na ética foucaultiana. Propor um programa traz consigo a normatização de determinados modos de existência. A noção de "programa vazio" é interessante porque conserva somente a forma, a ideia (nesse caso, a invenção possível de novos tipos de relações), criando uma "cavidade" que pode ser preenchida em cada caso, segundo o indivíduo, de forma diferente.

em sua situação."[50] O fato de Foucault falar sobre formas concretas de amizade e dirigir sua atenção a determinadas formas de vida não quer dizer que esses modos de existência sejam os corretos. Se certas formas de vida são sublinhadas, isso acontece, unicamente, porque esses modos de existência exprimem a noção de "programa vazio", como acontecera, por exemplo, em 1968. Os anos 1960 podem ser definidos por uma vontade de renovação, de criação e de experimentação política, além dos partidos e seus programas. As formas de vida resultantes possuem um valor exemplar, simplesmente por se colocar a forma antes da vida.

Para Foucault, a amizade representa uma relação com o outro que não tem a forma de unanimidade consensual nem de violência direta. Trata-se de uma relação agonística, oposta a um antagonismo essencial, uma "relação que é ao mesmo tempo incitação mútua e luta, tratando-se não tanto de uma oposição frente a frente quanto de uma provocação contínua".[51] Relações agonísticas são relações livres que apontam para o desafio e para a incitação recíproca e não para a submissão ao outro.

O poder é um jogo estratégico. A nova ética da amizade procura jogar dentro das relações de poder com um mínimo de dominação e criar um tipo de relacionamento intenso e móvel, que não permita que as relações de poder se transformem em estados de dominação. Precisamente esse jogo com o poder (entendido como possibilidade de dirigir e

50 "Choix sexuel, acte sexuel", DE, IV, p. 334.
51 "Le Sujet et le pouvoir", DE, IV, p. 238.

mudar o comportamento do outro) torna a amizade algo fascinante. Uma concepção de amizade como a foucaultiana contradiz a ideia comum na sociologia e na filosofia social de que a amizade representa uma relação voluntária baseada na transparência da comunicação e na verdade da informação. Desigualdade, hierarquia e rupturas são componentes importantes da amizade. Nesse contexto é sugestiva a noção de amizade de Michel Onfray,[52] que se caracterizaria pelo seu caráter *eletivo, aristocrático* e *antissocial,* acentuando sua natureza desigual e hierárquica. A amizade opõe-se aos princípios democráticos que conduziram à sua codificação. Ela encontra-se além do direito, das leis, da família e das instâncias sociais: "Alguém é amigo antes de ser cidadão e às vezes apesar do *status* de cidadania. Daí advém sua radical função atômica e seu caráter antissocial."[53]

A amizade, esse "egoísmo a dois" (*égoisme à deux*), como pensava Benjamin Constant, devido ao seu caráter afetivo, apresenta uma ameaça ao funcionamento harmônico de uma ordem social dada. A sociedade reage a esse perigo canalizando a amizade em formas permitidas. Esses mecanismos de regulação e de desativação de seu potencial transgressivo definem a amizade em nossa sociedade como um assunto privado do indivíduo, fora de todo significado político, em que as instituições sociais determinam seus limites: status social, classe, educação etc., destruindo todas as suas possibilidades criativas. Daí a importância outorgada por Foucault

52 Cf. Michel Onfray, *La Sculpture de soi. La Morale esthétique*, 1993, p. 233.
53 Ibid., p. 235.

ao conceito de forma de vida, além dessas categorias. Não surpreende que Derrida sonhe "com uma política que continue sendo efetiva, sem violentar a possibilidade, por mais improvável que seja, dessa amizade, além da reciprocidade, da proximidade ou da identificação. Isto é, uma política que não seja injusta com essa amizade".[54]

Amizade como forma livre de sociedade

As possibilidades criativas da homossexualidade não se esgotam, se contemplarmos sua luta como uma luta pela igualdade de direitos com os heterossexuais (matrimônio, direito de adoção, de herança etc.).[55] Isso significaria a ampliação, a círculos homossexuais, das formas de comunidade e de relacionamento reduzidas, na atualidade, aos heterossexuais, em vez de inventar novas formas de existência não institucionalizáveis:

> Que a uma pessoa seja permitido fazer o que queira em nome do respeito pelos direitos individuais, parece-me estupendo. Mas se o que queremos é a criação de uma nova forma de vida, então é irrelevante a questão dos direitos individuais. De fato, vivemos

54 Jacques Derrida, "Entrevista", *El Mundo*, 3 dez. 1994.

55 Foucault diz que a tentativa dos homossexuais de se organizarem como uma classe social segundo o modelo político tem fracassado porque os homossexuais não constituem uma classe social. Cf. "Choix sexuel, acte sexuel", DE, IV, p. 321–322.

> num mundo legal, social e institucional, no qual as únicas relações possíveis são extremamente limitadas, extremamente simplificadas e extremamente pobres. Naturalmente existem as relações fundamentais de matrimônio e de família, mas quantas relações poderiam existir se fôssemos capazes de encontrar suas próprias leis não nas instituições, mas em outros portadores? O que evidentemente não acontece.[56]

Segundo Foucault, vivemos em um mundo onde as instituições sociais têm contribuído para limitar o número possível de relacionamentos. A razão dessa restrição reside no fato de que uma sociedade que permitisse o crescimento das relações possíveis seria mais difícil de administrar e de controlar. A luta homossexual deve (nisto consiste seu poder transgressivo ampliável a outros tipos de conflitos sociais: movimentos antirracistas, ou feministas etc.) aspirar à criação de um novo "direito relacional", que permita todo tipo possível de relações, em vez de impedi-las ou bloqueá-las.

A possibilidade de constituir formas novas de sociedade é também possível para a comunidade heterossexual, que tem de ser incluída na luta por um novo "direito relacional".[57] Em razão de seu caráter "minoritário", os homossexuais estão capacitados para efetuar um devir criativo que permita a construção de novas formas de relação, um "devir homossexual"

56 "Le Triomphe social du plaisir sexuel: une conversation avec Michel Foucault", DE, IV, p. 309.

57 Cf. ibid., p. 311.

que afete até mesmo os heterossexuais;[58] pois precisamente no "devir homossexual", isto é, no fato de se deixar afetar por seu potencial, reside uma possibilidade de resistência importante. Esse caráter minoritário opõe-se diametralmente à demanda de igualdade de direitos, característica da maioria dos grupos homossexuais (assim como dos feministas e antirracistas). A dimensão ético-transgressiva da amizade consiste na recusa das formas impostas de relacionamento e de subjetividade. Já em 1977 Foucault sublinha os ganhos do movimento feminista, que foi capaz de se distanciar do discurso do "aparelho da sexualidade" e se orientar para novas formas de comunidade e de prazer. Na discussão feminista o conceito de amizade tem um significado importante,[59] oferecendo uma alternativa ao discurso repetitivo da libertação sexual. A amizade representa uma possibilidade de constituir a comunidade e a sociedade no nível individual de um tipo de relação livre e não institucionalizada.

O projeto foucaultiano de uma ética da amizade no contexto de uma possível atualização da estética da existência permite transcender o marco da autoelaboração individual para se colocar em uma dimensão coletiva. A amizade supera a tensão entre o indivíduo e a sociedade mediante a criação de um espaço intersticial (uma subjetivação coletiva) suscetível de considerar tanto necessidades individuais quanto objetivos coletivos e de sublinhar sua interação. Processos de

58 Cf. Gilles Deleuze, "Controle e devir", C, p. 212–214; "Philosophie und Minorität", op. cit., 1994, p. 205–206.

59 Cf. M. Friedman, "Feminism and Modern Friendship: Dislocating the Community", *Ethics*, 99, 1989, p. 275 ss.

subjetivação dão conta da produção de formas de vida e de sociedade. Nem todas as subjetivações têm um tipo de sujeito como objetivo; existem subjetivações sem sujeito (de tipo acontecimento) e subjetivações coletivas, às quais a amizade pertence. O projeto de uma ética da amizade consiste na busca de lugares de produção de subjetividade: "Qual é nossa ética? Como produzimos uma existência artística? Quais são nossos processos de subjetivação não redutíveis a nossos códigos morais? [...] Pode-se esperar alguma coisa das comunidades atuais?"[60] Em torno dessas perguntas deve girar a reflexão sobre a amizade na atualidade.

Concluindo, podemos dizer que as tentativas de atualização da antiga estilística da existência culminam em uma ética da amizade. A amizade supera, para Foucault, a dicotomia tradicional *eros/philia* e traz consigo a possibilidade de construir uma forma de vida a partir de uma escolha sexual. Especialmente os homossexuais possuem uma oportunidade histórica de utilizar sua sexualidade para criar novas formas de comunidade. Esses novos tipos de relacionamento e de sociedade multiformes, compreendidos sob a noção de amizade, opõem-se às formas de relação prescritas e normalizadas. Portanto, para Foucault, o objetivo das lutas homossexuais, feministas e antirraciais não deve consistir na exigência de igualdade de direitos, mas na criação de um novo direito relacional. O pensador francês acreditava que os heterossexuais deveriam experimentar um "devir homossexual" que também conduz à procura de formas alternativas de sociedade.

---

60 Gilles Deleuze, "Um retrato de Foucault", C, p. 142.

A recepção da obra de Foucault não tem privilegiado a reflexão sobre a problemática da amizade. Realçar esse importante elemento de sua filosofia apresenta a ocasião de compreender a dimensão social e política de seu pensamento. Um pensamento que não culmina no individualismo, como muitos afirmam, mas que tenta introduzir movimento e fantasia nas deterioradas e rígidas relações sociais. Foucault pretende mostrar, com sua reabilitação da amizade, como as formas possíveis de vida em comum em nossa sociedade não se esgotam na família e no matrimônio. É possível criar novas formas de existência produtoras de uma intensidade e de um prazer especiais. Aqui reside o desafio de uma reflexão sobre a amizade como a de Michel Foucault.

BIBLIOGRAFIA

Abraham, T. "Nacimiento del cristianismo". In: T. Abraham (org.). *Foucault y la ética*. Buenos Aires: Editorial Biblos, 1988.

Agamben, G. *La comunità che viene*. Turim: Einaudi, 1990.

______. *Mezzi senza fine. Note sulla politica*. Turim: Bollatti Boringuieri, 1996.

Allen, B. "Government in Foucault", *Canadian Journal of Philosophy*, 21 (4), 1991.

Allo, E. "Les Dernières paroles du philosophe", *Actes de la recherche en Sciences socials*, 61, 1986.

Althusser, L. *O futuro dura muito tempo*. São Paulo: Companhia das Letras, 1993.

Arendt, H. "Philosophie und Politik", *Deutsche Zeitschrift für Philosophie*, 2, 1993.

Ariès, P. "Die unauflösliche Ehe". In: P. Ariès, A. Béjin (orgs.). *Die Masken des Begehrens und die Metamorphosen der Sinnlichkeit*. Frankfurt/Main: Fischer, 1990.

Barker, P. *Michel Foucault. Subversion of the subject*, Hertfordshire: Harvester Wheatsheaf, 1993.

Barret-Kriegel, B. "De l'Etat de police à l'Etat de droit", *Le Monde*, 13 out. 1989.

______. "Michel Foucault and the Police State". In: Timothy J. Armstrong (ed.). *Michel Foucault, Philosopher*. Nova York, Londres: Routledge, 1992.

Barthes, R. "Autoportrait de Barthes. Entretien avec Jean Montalbetti", *Magazine Littéraire*, 184, 1982.

Baumann, G. *Selbstentwurf: Gestalt und Schrift*. Frankfurt/Main: Fischer, 1993.

Beck, U. "Von der Vergänglichkeit der Industriegesellschaft". In: T. Schmidt (org.). *Das pfeifende Schwein: Über weitergehende Interessen der Linken*. Berlim: Wagenbach, 1985.

______. *Risikogesellschaft. Auf dem Weg in eine andere Moderne*. Frankfurt/Main: Suhrkamp, 1986.

______. "Der späte Apfel Evas oder die Zukunft der Liebe". In: U. Beck, E. Beck-Gernsheim. *Das ganz normale Chaos der Liebe*. Frankfurt/Main: Suhrkamp, 1990.

______. *The Reinvention of Politics: Rethinking Modernity in the Global Social Order*. Cambridge, UK; Oxford, UK; Cambridge, MA: Polity Press, 1997.

Behr, J. "Shifting Sands: Foucault, Brown and the Framework of Christian Asceticism", *Heythrop Journal*, 34 (1), 1993.

Béliard, A.; Ortega, F.; Velpry, L. "Beyond controversies in child mental health: negotiating autism and ADHD diagnosis in France and Brazil". *BioSocieties*, 17, 2022.

Benjamin, W. *Charles Baudelaire. Ein Lyriker im Zeitalter des Hochkapitalismus*. Frankfurt/Main: Suhrkamp, 1990.

Bernauer, J. W. "The prisons of Man: Introduction to Foucault's Negative Theology", *International Philosophical Quarterly*, 27 (4), 1987.

______. *Michel Foucault's Force of Flight*. Nova Jersey, Londres: Humanities Press International, 1990.

Bersani, L. "Pedagogy and Pederasty", *Raritan*, 1, 1985.

______. "Is the Rectum a Grave?". In: D. Crimp (org). *AIDS: Cultural Analysis/Cultural Activism*. Cambridge, MA: MIT Press, 1988.

Blanchot, M. *L'Amitié*. Paris: Gallimard, 1971.

Blum, L. "Friendship as a Moral Phenomenon". In: N. Kapur Badhwar (org.). *Friendship: A Philosophical Reader*. Ithaca e Londres: Cornell University Press, 1993.

Bodei, R. "Pouvoir, politique, maîtrise de soi", *Critique*, 471–472, 1986.

Bohrer, K. H. *Der romantische Brief. Die Entstehung ästhetischer Subjektivität*. Munique: Carl Hanser, 1987.

Boswell, J. *Christianity, Social Tolerance and Homosexuality*. Chicago: The University of Chicago Press, 1980.

Breuer, S. "Foucaults Theorie der Disziplinargesellschaft. Eine Zwischenbilanz", *Leviathan*, 3, 1987.

Brown, P. *Agustin de Hipona*. Madri: Revista de Occidente, 1969.

______. *The Making of Late Antiquity*. Cambridge, MA: Harvard University Press, 1978.

______. "The Rise and function of the Holy Man in Late Antiquity". In: *Society and the Holy in Late Antiquity*. Berkeley: University of California Press, 1982.

______. "Antiquité tardive". In: P. Ariès, G. Duby (orgs.). *Histoire de la vie privée. 1. De l'Empire romain à l'an mil*. Paris: Éditions du Seuil, 1985.

______. *The Body and Society*. Nova York: Columbia University Press, 1988.

______. "Bodies and Minds: Sexuality and Renunciation in early Christianity". In: D. M. Halpering, J. J. Winkler, I. Froma (orgs.). *Before Sexuality. The construction of Erotic experience in the Ancient Greek World*. Princeton, Nova Jersey: Princeton University Press, 1990.

Burckhardt, J. *Die Kultur der Renaissance in Italien*. Stuttgart: Reclam, 1987.

Bürger, P. "Die Wiederkehr der Analogie". In: C. Bürger, P. Bürger (orgs.). *Postmoderne: Alltag, Allegorie und Avantgarde.* Frankfurt/Main: Suhrkamp, 1987.

Cameron, A. "Redrawing the Map: Early Christian Territory After Foucault". *The Journal of Roman Studies*, 76, 1986.

Cassirer, E. *Individuum und Kosmos in der Philosophie der Renaissance.* Leipzig: Teubner, 1927.

Certeau, M. de. "Das Lachen Michel Foucaults". In: W. Schmid (org.). *Denken und Existenz bei Michel Foucault.* Frankfurt/Main: Suhrkamp, 1991 ("Le Rire de Michel Foucault", *Le Débat*, 41, 1986).

Champagne, J. "Interrupted Pleasure: A Foucauldian Reading of Hard Core/A Hard Core (Mis)Reading of Foucault", *Boundary 2*, 18 (2), 1991.

Champion, F.; Hervieu-Léger, D. *De l'émotion en religion: Renouveau et traditions.* Paris: Centurion, 1990.

Chibon, E. "Entre Dandys". In: T. Abraham (org.). *Foucault y la ética*, Buenos Aires: Editorial Biblos, 1988.

Clements, N. K. "Foucault and Brown: Disciplinary Intersections". *Foucault Studies*, (32), 1–27, 2022.

Connolly, W. E. *The Augustinian Imperative.* Newbury Park, CA: SAGE Publications, 1993.

Cook, D. "Umbrellas, Laundry Bills, and Resistance: the place of Foucault's interviews in his corpus", *Clio*, 21 (2), 1991.

Costa, J. "Pragmática e processo psicanalítico". In: *Redescrições da psicanálise.* Rio de Janeiro: Relume-Dumará, 1994.

______. *A face e o verso: estudos sobre o homoerotismo II.* São Paulo: Escuta, 1995.

______. *Sem fraude nem favor: Estudos sobre o amor romântico.* Rio de Janeiro: Rocco, 1998.

Cousins, M.; Hussain, A. *Michel Foucault.* Londres: Macmillan, 1984.

Davidson, A. I. "Spiritual Exercises and Ancient Philosophy. An Introduction to Pierre Hadot", *Critical Inquiry*, 16 (3), 1990.

Deleuze, G. *Différence et répétition.* Paris: PUF, 1968.

______. *Foucault.* Paris: Minuit, 1986.

______. *Le Pli. Leibniz et le baroque.* Paris: Minuit, 1988.

______. "Qu'est-ce qu'un dispositif?". In: *Michel Foucault Philosophe*: Rencontre internationale. Paris, 9, 10 e 11 jan. 1988. Paris: Éditions du Seuil, 1989.

______. "Controle e devir". In: *Conversações.* São Paulo: Editora 34, 1992a.

______. "Os intercessores". In: *Conversações.* São Paulo: Editora 34, 1992b.

______. "Rachar as coisas, rachar as palavras". In: *Conversações.* São Paulo: Editora 34, 1992c.

______. "Sobre a filosofia". In: *Conversações.* São Paulo: Editora 34, 1992d.

______. "Um retrato de Foucault". In: *Conversações.* São Paulo: Editora 34, 1992e.

______. "A vida como obra de arte". In: *Conversações.* São Paulo: Editora 34, 1992f.

______. "Philosophie und Minorität". In: J. Vogl (org.). *Gemeinschaften. Positionen zu einer Philosophie des Politischen.* Frankfurt/Main: Suhrkamp, 1994 ("Philosophie et minorité", *Critique*, 369, 1978).

Deleuze, G.; Guattari, F. *Mille Plateaux.* Paris: Minuit, 1980.

______. *Qu'est-ce que la philosophie?.* Paris: Minuit, 1991.

Deleuze, G.; Parnet, C. *Dialoge.* Frankfurt/Main: Suhrkamp, 1980 (*Dialogues.* Paris: Flammarion, 1977).

Derrida, J. "Entrevista", *El Mundo*, 3 dez. 1994.

______. *Politiques de l'amitié.* Paris: Galilée, 1994.

Detel, W. *Foucault and Classical Antiquity: Power, Ethics and Knowledge*. Cambridge: Cambridge University Press, 2005.

Detienne, M. "Ébauche de la personne dans la Grèce archaïque". In: I. Meyerson (org.). *Problèmes de la personne*. Colloque du Centre de Recherches de Psychologie Comparative. Paris: Mouton, 1973.

Dománski, J. "Ethischer Praktizismus als eine Kategorie zum Beschreiben des Bewuβtseins der Philosophen im ausgehenden Mittelalter", *Miscellanea Mediaevalia*, XII, 1, 1979.

Douglas, M. *Reinheit und Gefährdung*. Frankfurt/Main: Suhrkamp, 1988.

Dreyfus, H. L. *Being-in-the-World*. Cambridge, MA: MIT Press, 1992a.

______. "On the ordering of things: Being and Power in Heidegger and Foucault". In: T. J. Armstrong (ed.). *Michel Foucault, Philosopher*. Nova York, Londres: Routledge, 1992b.

Dreyfus, H. L.; RABINOW, P. *Jenseits von Strukturalismus und Hermeneutik*. Frankfurt/Main: Athenäum, 1987 (Michel Foucault: *Beyond Structuralism and Hermeneutics*. Chicago: The University of Chicago Press, 1983).

______. "Was ist Mündigkeit?". In: E. Erdmann, R. Forst, A. Honneth (orgs.). *Ethos der Moderne. Foucaults Kritik der Aufklärung*. Frankfurt/Main: Campus Verlag, 1990.

Dumézil, G. *Der schwarze Mönch in Varennes: Nostradamische Posse und Divertissement über die letzten Worte des Sokrates*. Frankfurt/Main: Suhrkamp, 1989 (*Le Moyne noir en gris dedans Varennes*. Paris: Gallimard, 1984).

Easterling, P. "Friendship and the Greeks". In: R. Porter, S. Tomaselli (orgs.). *The Dialectics of Friendship*, Londres e Nova York: Routledge, 1989.

Eglinger, R. *Der Begriff der Freundschaft in der Philosophie*, Inaugural-Dissertation, Basileia, 1916.

Eribon, D. *Michel Foucault*. São Paulo: Companhia das Letras, 1990.

_____. *Michel Foucault e seus contemporâneos*. Rio de Janeiro: Jorge Zahar, 1996.

Erdmann, E. "Die Literatur und das Schreiben". In: E. Erdmann, R. Forst, A. Honneth (orgs.). *Ethos der Moderne. Foucaults Kritik der Aufklärung*. Frankfurt/Main: Campus Verlag, 1990.

Eurípides. *Ion*, Munique, 1968.

Eusébio. *Schrift über die Märtyrer in Palästina*. Munique, 1913.

Ewald, F. "Foucault verdauen". *Spuren*, 26–27, 1989.

_____. "Ethik und Politik". *Deutsche Zeitschrift für Philosophie*, 38 (90), 1990.

Faderman, L. *Surpassing the Love of Men*. Nova York: QUILL/William Morrow & Company, 1981.

Faustino, M.; Telo, H. (orgs.). *Hadot and Foucault on Ancient Philosophy: Critical Assessments*. Leiden: Brill, 2024.

Fink-Eitel, H. "Zwischen Nietzsche und Heidegger". *Philosophisches Jahrbuch*, 97, 1990.

_____. "Nietzsches Moralistik". *Deutsche Zeitschrift für Philosophie*, 5, 1993.

Flandrin, J. L. *Un temps pour embrasser*. Paris: Editions du Seuil, 1983.

Flynn, T. "Foucault as Parrhesiast". *Philosophy and social criticism*, 12, 1987.

_____. "Foucault and the Politics of Postmodernity". *Noûs*, 23, 1989.

Forst, R. "Endlichkeit, Freiheit, Individualität". In E. Erdmann, R. Forst, A. Honneth (orgs.). *Ethos der Moderne. Foucaults*

Kritik der Aufklärung. Frankfurt/Main: Campus Verlag, 1990.

Foucault, M. *L'Ordre du discours*. Paris: Gallimard, 1972.

______. *Surveiller et punir*. Paris: Gallimard, 1975.

______. *La Volonté de savoir*. Paris: Gallimard, 1976.

______. *Le Souci de soi*. Paris: Gallimard, 1984a.

______. *L'Usage des plaisirs*. Paris: Gallimard, 1984b.

______. "Hermeneutik des Subjekts" (transcrição e tradução por H. Becker e L. Wolf-stetter de trechos do curso do Collège de France, ano 1981–1982, cursos de 6, 13, 27 de janeiro; 3, 10, 17, 24 de fevereiro e 10 de março de 1982). In: Michel Foucault. *Freiheit und Selbstsorge*. Frankfurt/Main: Materialis Verlag, 1985.

______. "Le Gai savoir", *MEC Magazine*, 6–7, julho–agosto 1988a.

______. *Das Wahrsprechen des Anderen* (transc. de duas lições no Collège de France 1983-1984). Frankfurt/Main: Materialis Verlag, 1988b.

______. *Was ist Kritik?*, Berlim, Merve, 1992 ("Qu'est-ce que la critique?". *Bulletin de la Société Française de Philosophie*, 84 année, nº 2, abril–junho 1978).

______. "À propos de la généalogie de l'éthique: un aperçu du travail en cours". In: *Dits et écrits*, IV. Paris: Gallimard, 1994.

______. "À propos de la prison d'Attica". In: *Dits et écrits*, II. Paris: Gallimard, 1994.

______. "Archéologie d'une passion", In: *Dits et écrits*, IV. Paris: Gallimard, 1994.

______. "Choix sexuel, acte sexuel". In: *Dits et écrits*, IV. Paris: Gallimard, 1994.

______. "Conversation avec Werner Schroeter". In: *Dits et écrits*, IV. Paris: Gallimard, 1994.

Foucault, M. "Cours du 7 janvier 1976". In: *Dits et écrits*, III. Paris: Gallimard, 1994.

______. "De l'amitié comme mode de vie". In: *Dits et écrits*, IV. Paris: Gallimard, 1994.

______. "Du gouvernement des vivants". In: *Dits et écrits*, IV. Paris: Gallimard, 1994.

______. "Entretien avec Michel Foucault" (entrevista com D. Trombadori). In: *Dits et écrits*, IV. Paris: Gallimard, 1994.

______. "Entretien avec M. Foucault". In: *Dits et écrits*, IV. Paris: Gallimard, 1994.

______. "Est-il donc important de penser?". In: *Dits et écrits*, IV. Paris: Gallimard, 1994.

______. "Face aux gouvernements, les droits de l'Homme". In: *Dits et écrits*, IV. Paris: Gallimard, 1994.

______. "Foucault". In: *Dits et écrits*, IV. Paris: Gallimard, 1994.

______. "Il faut défendre la société". In: *Dits et écrits*, III. Paris: Gallimard, 1994.

______. "La Maison des fous". In: *Dits et écrits*, II. Paris: Gallimard, 1994.

______. "La Prose d'Actéon". In: *Dits et écrits*, I. Paris: Gallimard, 1994.

______. "La Technologie politique des individus". In: *Dits et écrits*, IV. Paris: Gallimard, 1994.

______. "La Vie des hommes infâmes". In: *Dits et écrits*, III. Paris: Gallimard, 1994.

______. "Le Combat de la chasteté". In: *Dits et écrits*, IV. Paris: Gallimard, 1994.

______. "L'Écriture de soi". In: *Dits et écrits*, IV. Paris: Gallimard, 1994.

______. "L'Esprit d'un monde sans esprit". In: *Dits et écrits*, III. Paris: Gallimard, 1994.

Foucault, M. "L'Éthique du souci de soi comme pratique de liberté". In: *Dits et écrits,* IV. Paris: Gallimard, 1994.

______. "L'Herméneutique du sujet". In: *Dits et écrits,* IV. Paris: Gallimard, 1994.

______. "L'Occident et la vérité du sexe". In: *Dits et écrits,* III. Paris: Gallimard, 1994.

______. "L'Oeil du pouvoir". In: *Dits et écrits,* III. Paris: Gallimard, 1994.

______. "Le Philosophe masqué". In: *Dits et écrits,* IV. Paris: Gallimard, 1994.

______. "Les Rapports de pouvoir passent à l'intérieur des corps". In: *Dits et écrits,* III. Paris: Gallimard, 1994.

______. "Le Retour de la morale". In: *Dits et écrits,* IV. Paris: Gallimard, 1994.

______. "Le Souci de la vérité" (Sur la mort de l'historien P. Ariès). In: *Dits et écrits,* IV. Paris: Gallimard, 1994.

______. "Le Souci de la vérité". In: *Dits et écrits,* IV. Paris: Gallimard, 1994.

______. "Le Sujet et le pouvoir". In: *Dits et écrits,* IV. Paris: Gallimard, 1994.

______. "Les Techniques de soi". In: *Dits et écrits,* IV. Paris: Gallimard, 1994.

______. "Le Triomphe social du plaisir sexuel: une conversation avec Michel Foucault". In: *Dits et écrits,* IV. Paris: Gallimard, 1994.

______. "Michel Foucault, une interview: sexe, pouvoir et la politique de l'identité". In: *Dits et écrits,* IV. Paris: Gallimard, 1994.

______. "Omnes et singulatim: vers une critique de la raison politique". In: *Dits et écrits,* IV. Paris: Gallimard, 1994.

Foucault, M. "Polemique, politique et problématisations". In: *Dits et écrits*, IV. Paris: Gallimard, 1994.

______. "Politique et éthique: une interview". In: *Dits et écrits*, IV. Paris: Gallimard, 1994.

______. "Qu'est-ce que les Lumières?". In: *Dits et écrits*, IV. Paris: Gallimard, 1994.

______. "Sade, sergent du sexe". In: *Dits et écrits*, II. Paris: Gallimard, 1994.

______. "Sexualité et solitude". In: *Dits et écrits*, IV. Paris: Gallimard, 1994.

______. "Structuralisme et post-structuralisme". In: *Dits et écrits*, IV. Paris: Gallimard, 1994.

______. "Subjectivité et vérité". In: *Dits et écrits*, IV. Paris: Gallimard, 1994.

______. "Sur la justice populaire. Débat avec les maos". In: *Dits et écrits*, II. Paris: Gallimard, 1994.

______. "Une esthétique de l'existence". In: *Dits et écrits*, IV. Paris: Gallimard, 1994.

______. "Une interview de Michel Foucault par Stephen Riggins". In: *Dits et écrits*, IV. Paris: Gallimard, 1994.

______. "Un plaisir si simple". In: *Dits et écrits*, III. Paris: Gallimard, 1994.

______. "Un système fini face à une demande infinie". In: *Dits et écrits*, IV. Paris: Gallimard, 1994.

______. "Va-t-on extrader Klaus Croissant?". In: *Dits et écrits*, III. Paris: Gallimard, 1994.

______. "Vérité, pouvoir et soi". In: *Dits et écrits*, IV. Paris: Gallimard, 1994.

______. *Diskurs und Wahrheit. Die Problematisierung der Parrhesia*. Berlin: Merve, 1996. (*Discourse and Truth. The Problematization of Parrhesia*. Evanston, Illinois: Northwest University – transcrição de seis conferências dadas em outubro e novembro de 1983 na universidade de Berkeley; texto estabelecido por J. Pearson.)

______. *Mal faire, dire vrai. Fonction de l'aveu en justice: Cours de Louvain 1981*. Louvain: Presses Universitaires de Louvain, 2012.

______. *L'Origine de l'herméneutique de soi, conférences prononcées à Dartmouth College, 1980*. Paris: Vrin, 2013.

______. *Qu'est-ce que la critique? Suivie de* La Culture de soi. Paris: Vrin, 2015.

______. *Discours et vérité précédé de la Parresia*. Paris: Vrin, 2016;

______. *Dire vrai sur soi-même: Conférences prononcées à l'Universite Victoria de Toronto, 1982*. Paris: Vrin, 2017.

______. *La Sexualité, suivi de* Le Discours de la sexualité. Paris: Le Seuil, 2018;

______. *Folie, langage, littérature*. Paris: Vrin, 2019.

______. *Le Corps utopique, les hétérotopies*, apresentação de Daniel Defert. Paris: Éditions Lignes, 2009; reed. 2019.

______. *Le Pouvoir psychiatrique (1973–1974)*. Paris: EHESS, Gallimard, Le Seuil, 2003. (Trad. brasileira. *O poder psiquiátrico*. São Paulo, Martins Fontes, 2019.)

______. *Les Aveux de la chair*. Paris: Gallimard, 2018. (Ed. brasileira: *As confissões da carne*. Rio de Janeiro: Paz e Terra, 2020.)

______. *Binswanger et l'analyse existentielle*. Paris: Le Seuil, 2021a.

______. *Phénoménologie et psychologie*: Cours 1953–1954. Paris: Le Seuil, 2021b.

______. *La Question anthropologique:* Cours 1954–1955. Paris: Le Seuil, 2022.

______. *Le Discours philosophique*. Paris: Le Seuil, 2023.

______. *Nietzsche: Cours, conférences et travaux*. Paris: Le Seuil, 2024.

Foxhall, L. "Pandora Unbound: A Feminist Critique of Foucault's History of Sexuality". In: D. H. J. Larmour, P. A. Miller, C. Platter (orgs.). *Rethinking Sexuality: Foucault and Classical Antiquity*. Princeton: Princeton University Press, 1989.

Fraisse, J-C. *Philia. La notion d'amitié dans la philosophie antique*. Paris: Vrin, 1974.

Friedman, M. "Feminism and Modern Friendship: Dislocating the Community", *Ethics*, 99, 1989.

Funk, R. *Sprache und Transzendenz im Denken von Emmanuel Lévinas. Zur Frage nach einer neuen philosophischen Rede von Gott*. Freiburg/Munique: Alber, 1989.

Gigante, M. *Ricerche Filodemee*. Nápoles: Gaetano Macchiaroli, 1969.

_____. *La Bibliothèque de Philodème et l'épicurisme romain*. Paris: 1987.

Glucksmann, A. "En horreur de la servitude", *Libération*, 30 Jun.–I Jul. 1984.

Gordon, C. "The Soul of the Citizen: Max Weber and Michel Foucault on Rationality and Government". In: S. Lash, S. Whimster (orgs.). *Max Weber, Rationality and Modernity*. Londres: Allen & Unwin, 1987.

Goulet-Cazé, M. O. *L'Ascése cynique*. Paris: Vrin, 1986.

Greenblatt, S. *Renaissance Self-fashioning: From More to Shakespeare*. Chicago: The University of Chicago Press, 1984.

Grimal, P. *Seneca. Macht und Ohnmacht des Geistes*. Darmstadt: Wissenschaftliche Buchgesellschaft, 1978.

Groffy, C. "Eigenwillig: Zu Peter Browns Darstellung der Sexualität in frühen Christentum". *Merkur*, 517, 1992.

Guibert, H. *À l'ami qui ne m'a pas sauvé la vie*. Paris: Gallimard, 1990.

Hadot, P. *Exercices spirituels et philosophie antique*. Paris: Études Augustiniennes, 1987.

______. *Philosophie als Lebensform* (edição acrescentada de *Exercices spirituels et philosophie antique*). Berlim: Mathias Gatza Verlag, 1991.

______. "Réflexions sur la notion de 'culture de soi'". In: *Michel Foucault Philosophe*. Encontro Nacional Paris 9, 10, 11 janeiro 1988. Paris: Éditions du Seuil, 1989.

Hegel, G. W. *Einleitung in der Geschichte der Philosophie*. Hamburgo: Meiner, 1966.

Heidegger, M. *Sein und Zeit*. Tübingen: Max Niemeyer, 1986.

Heiter, B. "Intersubjektivität und die 'Sorge um sich'. Kommentierende Bemerkungen zu Foucaults interpretativer Analytik der antiken Ethik". In: U. Reuter, L. Wolfstetter, H. Kocyba (orgs.). *Das Wahrsprechen des Anderen*. Frankfurt/Main: Materialis Verlag, 1988.

Henle, M. *Verhaltenstheoretischer Reduktionismus*. Inaugural--Dissertation, Hamburgo, 1978.

Hennis, W. "Max Webers Fragestellung". *Zeitschrift für Politik*, 3, 1982.

______. "Personality and Life Orders: Max Webers Theme". In: S. Lash, S. Whimster (orgs.). *Max Weber, Rationality and Modernity*, Londres: Allen & Unwin, 1987.

Holmes, B. *The Symptom and the Subject: The Emergence of the Physical Body in Ancient Greece*. Princeton e Oxford: Princeton University Press, 2010.

Honneth, A. "Zur philosophisch-soziologischen Diskussion um Michel Foucault". In: E. Erdmann, R. Forst, A. Honneth (orgs.). *Ethos der Moderne. Foucaults Kritik der Aufklärung*. Frankfurt/Main: Campus Verlag, 1990.

Honnet, A.; Seitter, W. "Foucault = Kant minus X?". *Spuren*, 26–27, 1989.

Hoy, D. C. "Critical Resistance: Foucault and Bourdieu". In: G. Weiss, H. F. Haber (orgs.). *Perspectives on Embodiment. The Intersections of Nature and Culture*. Londres e Nova York: Routledge, 1999.

Huizing, K. *Das Sein und der Andere: Lévinas' Auseinandersetzung mit Heidegger*. Frankfurt/Main: Athenäum, 1988.

Hutter, H. *Politics as Friendship: The Origins of Classical Notions of Politics in the Theory and Practice of Friendship*. Ontário: Wilfrid Laurier University Press, 1978.

Hutton, P. H. "Foucault, Freud and the Technologies of the Self". In: *Technologies of the Self: A Seminar with Michel Foucault*. Londres: Tavistock Publications, 1988.

Imbach, R. "La philosophie comme exercise spirituel". *Critique*, 454, 1985.

Jäger. C. *Michel Foucault: Das Ungedachte denken. Entwicklung und Struktur des kategorischen Zusammenhangs in Foucaults Schriften*. Munique: Wilhelm Fink, 1994.

Jaeger, W. *Paideia: Die Formung des griechischen Menschen*, vol. 1. Berlim: Walter de Gruyter & Co, 1959.

Jeannet, F-Y. "La muerte de Michel Foucault". *La Jornada Semanal*, 250, 27 mar. 1994.

Jermann, C. *Philosophie und Politik: Untersuchungen zur Struktur und Problematik des platonischen Idealismus*. Stuttgart Bad Cannstatt: Frommann-Holzboog, 1986.

Jusmet, L. R. *Ejercicios espirituales para materialistas: El diálogo (im)posible entre Pierre Hadot y Michel Foucault*. Barcelona: Terra Ignota Ediciones, 2017.

Kammler, K.; Plumpe, G. "Antikes *Ethos* und postmoderne Lebenskunst". *Philosophische Rundschau*, 34 (3), 1987.

Kapur Badhwar, N. (org.). *Friendship: A Philosophical Reader*. Ithaca e Londres: Cornell University Press, 1993.

Keupp, H. "Einleitung. Subjekt und Gesellschaft". In: H. Keupp, H. Bilden. *Verunsicherungen: Das Subjekt im gesellschaftlichen Wandel*. Göttingen: Hogrefe, 1989.

Knoche, U. "Der Gedanke der Freundschaft in Senecas Briefen an Lucilius". In: G. Maurach (org.). *Seneca als Philosoph*. Darmstadt: Wissenschaftliche Buchgesellschaft, 1975.

Kögler, H-H. "Fröhliche Subjektivität". In: E. Erdmann, R. Forst, A. Honneth (orgs.). *Ethos der Moderne: Foucaults Kritik der Aufklärung*. Frankfurt/Main: Campus Verlag, 1990.

______. *Michel Foucault*. Stuttgart/Weimar: J. B. Metzler, 1994.

Kon, I. S. *Freundschaft: Geschichte und Sozialpsychologie der Freundschaft als soziale Institution und individuelle Beziehung*. Hamburgo: Rowohlt, 1979.

______. *Die Entdeckung des Ichs*. Colônia: Pahl-Rugenstein, 1983.

Levin, J. *Bodies and Subjects in Merleau-Ponty and Foucault: Towards a Phenomenological/ Poststructuralist Feminist Theory of Embodied Subjectivity*. (Tese de doutorado). The Pennsylvania State University – The Graduate School, College of the Liberal Arts, 2008.

Lévinas, E. *Humanisme de l'Autre Homme*. Montpellier: Fata Morgana, 1972.

______. *Autrement qu'être ou au-delà de l'essence*. La Haye: Martinus Nijhoff, 1974.

______. *Difficile liberté*. Paris: Albin Michel, 1976.

______. "La Pensée de l'être et la question de l'autre". In: *De Dieu qui vient à l'idée*. Paris: Vrin, 1982a.

Lévinas, E. "Questions et réponses". In: *De Dieu qui vient à l'idée.* Paris: Vrin, 1982b.

______. "Gespräch mit Lévinas". In: P. Engelmann (org.). *Philosophien.* Viena: Passagen, 1985.

______. "De la intersubjectivité: Notes sur Merleau-Ponty". In: *Hors Sujet.* Montpellier: Fata Morgana, 1987a.

______. "De la sensibilité". In: *Hors Sujet.* Montpellier: Fata Morgana, 1987b.

______. "Entretiens Emmanuel Lévinas/Francois Poirié". In: F. Poirié. *Emmanuel Lévinas Qui êtes-vous?*. Lyon: La Manufacture, 1987c.

______. *Totalität und Unendlichkeit.*Freiburg/Munique: Karl Alber Verlag, 1987d (*Totalité et infini.* Paris: Livre de Poche).

Lewis, C. S. "Friendship: The Least Necessary Love". In: N. Kapur Badhwar (org.). *Friendship: A Philosophical Reader.* Ithaca e Londres: Cornell University Press, 1993.

Loraux, N. "Das Band der Teilung". In: J. Vogl (org.). *Gemeinschaften: Positionen zu einer Philosophie des Politischen.* Frankfurt/Main: Suhrkamp, 1994 ("Le Lien de la division". *Cahier du Collège International de Philosophie,* 4, 1987).

Machado, R. *Impressões de Michel Foucault.* São Paulo: n-1 edições, 2017.

Macho, T. H. "Umsturz nach innen: Figuren der gnostischen Revolte". In: P. Sloterdijk, T. H. Macho. *Weltrevolution der Seele.* Zurique: Artemis & Winkler, 1993.

MacKinnon, C. A. *Feminism Unmodified: Discourses on Life and Law.* Cambridge, MA: Harvard University Press, 1987.

McNamara, M. A. *Friends and Friendship for Saint Augustine.* Nova York: Alba House, 1964.

McNay, L. *Foucault and Feminism.* Cornwall: Northeastern University Press, 1992.

Mallea, G. "El uso de los placeres". In: T. Abraham (org.). *Foucault y la ética*, Buenos Aires: Editorial Biblos, 1988.

Martin, L. H. "Technologies of the self and self-knowledge in the Syrian Thomas tradition". In: *Technologies of the self: A Seminar with Michel Foucault*. Londres: Tavistock Publications, 1988.

Maurach, G. (org.). *Seneca als Philosoph*. Darmstadt: Wissenschaftliche Buchgesellschaft, 1975.

Meilander, G. *Friendship. A Study in theological Ethics*. Londres: University of Notre Dame Press, 1981.

Meslin, M. *L'Homme romain. Des origines au 1er siècle de notre ère*. Paris: Hachette, 1978.

Miller, B. (org). *Apophthegmata Patrum. Weisung der Väter*. Freiburg: Lambertus Verlag, 1965.

Miller, J. *The Passion of Michel Foucault*. Nova York: Simon & Schuster: 1993.

______. "From Socrates to Foucault: The problem of the philosophical life". *New Formations* (25): *Michel Foucault: J'accuse*, 1995.

______. "The Prophet and the Dandy: Philosophy as a Way of Life in Nietzsche and Foucault", *Social Research*, 65 (4), 1998.

Miller, P. A. (org.). *Foucault's Seminars on Antiquity: Learning to Speak the Truth*. Londres: Bloomsbury, 2022.

Minson, J. *Genealogies of Morals*. Basingstoke: Macmillan, 1985.

______. "Strategies for Socialists? Foucault's Conception of Power". In: M. Gane (org.). *Towards a Critique of Foucault*. Londres e Nova York: Routledge & Paul, 1987.

Mirandola, P. della. *De hominis dignitate. Uber die Würde des Menschen*. Hamburgo: Meiner, 1990.

Misch, G. *Geschichte der Autobiographie*, 1–2. Berna, 1950.

Montanari, M. *Hadot e Foucault nello specchio dei greci: La filosofia antica come esercizio di trasformazione.* Milão: Mimesis, 2009.

Morello, C.; Ferrer, C. "El sí y los otros en la obra de Richard Sennett". In: T. Abraham (org.). *Foucault y la ética.* Buenos Aires: Editorial Biblos, 1988.

Murray, A. "Peter Brown and the Shadow of Constantine". *The Journal of Roman Studies,* 73, 1983.

Nehamas, A. *Nietzsche: Life as Literature.* 10ª reimpressão. Cambridge, MA; Londres: Harvard University Press, 1966.

Niehues-Pröbsting, H. *Der Kynismus des Diogenes und der Begriff des Zynismus,* Munique: Wilhelm Fink, 1979.

Nola, A. die. *Der Teufel.* Munique: dtv, 1993.

Nolte, V. *Augustins Freundschaftsideal in seinen Briefen.* Inaugural-Dissertation, Würzburg, 1939.

North, H. *Sophrosyne: Self Knowledge and Self-Restraint in Greek Literature.* Ithaca, Nova York: Cornell Studies in Classical Philology, XXXV, 1966.

Nötzoldt-Linden, U. *Freundschaft: Zur Thematisierung einer vernachlässigten soziologischen Kategorie.* Opladen: Westdeutscher Verlag, 1994.

Nunner-Winkler, G. "Identität und Individualität". *Soziale Welt,* 4, 1985.

Onfray, M. *Der Philosoph als Hund.* Frankfurt/Main: 1991 (*Cynismes. Portrait du philosophe en chien.* Paris: Grasset, 1990).

______. *La Sculpture de soi: La Morale esthétique.* Paris: Grasset, 1993.

O'Neill, J. "The Disciplinary Society: From Weber to Foucault". *The British Journal of Sociology,* 37 (1), 1986.

Ortega, F. *Michel Foucault. Rekonstruktion der Freundschaft*. Munique: Wilhelm Fink, 1997.

______. *Intensidade: para uma história herética da filosofia*. Goiânia: Editora da UFG, 1998.

______. *Para uma política da amizade: Arendt, Derrida, Foucault*. Rio de Janeiro: Relume-Dumará, 2000.

______. *Genealogias da amizade*. São Paulo: Iluminuras, 2002.

______. "Biopolíticas da saúde: reflexões a partir de Michel Foucault, Agnes Heller e Hannah Arendt". *Interface*, 8, 2004.

______. *O corpo incerto: corporeidade, tecnologias médicas e cultura contemporânea*. Rio de Janeiro: Garamond, 2008.

______. "The Cerebral Subject and the Challenge of Neurodiversity". *Biosocieties*, 4, 2009.

______. "Cerebralizing Autism within the Neurodiversity Movement: A Challenge for Critical Autism Studies?" In: Joyce Davidson e Michael Orsini (orgs.). *Critical Autism Studies: Enabling Inclusion, Defending Difference*. Minneapolis: University of Minnesota Press, 2013.

______. *Corporeality, Medical Technologies and Contemporary Culture*. Londres: Routledge, 2014.

______. "'Why not Both?': Negotiating Ideas About Autism in Italy, Brazil, and the US". In: Elizabeth Fein e Clarice Rios (orgs.). *Autism in Translation: An Intercultural Conversation on Autism Spectrum Conditions*. Cham, Suíça: Palgrave MacMillan, 2018.

Ortega, F.; Choudhury, S. "'Wired Up Differently'? Autism, Adolescence and the Politics of Neurological Identities". *Subjectivity* (special issue: Neurosciences and Subjectivity), 4, 2011.

Ortega, F.; Vidal, F. (orgs.). *Neurocultures. Glimpses into an Expanding Universe*. Frankfurt e Nova York: Peter Lang, 2011.

Ortega, F.; Zorzanelli, R. Rios, C. "The Biopolitics of Autism in Brazil". In: Katherine Runswick-Cole, Rebecca Mallett (orgs.). *Re-thinking Autism: Diagnosis, Identity and Equality*. Londres e Philadelphia: Jessica Kingsley Publishers, 2016.

OSTASZ, L. *Zur Struktur des Bewußtseins und zum Problem der Auflösung des Ich*. Frankfurt/Main: Lang, 1987.

Paez, A. "Ética y prácticas sociales: La genealogía de la ética según Michel Foucault". In: T. Abraham (org.). *Foucault y la ética*. Buenos Aires: Editorial Biblos, 1988.

Parchev, O. "Biopower, Sadomasochism, and Pastoral Power: Acceptance via Transgression". *Sexuality & Culture* 23, 2019, p. 337–355.

Pasquino, P. "Moderne, Subjekt und der Wille zum Wissen". In: D. Gesa (org.). *Anschlüsse. Versuche nach Michel Foucault*. Tübingen: Edition Diskord, 1985.

Petrarchi, L. *Rovine dell'amicizia. Il progetto incompiuto di Michel Foucault*. Nápoles, Salerno: Orthotes Edittice, 2022.

Philippson, R. "Philodemus". *Paulys Realencyclopädie der classischen Altertumswissenschaft*, Stuttgart, 1938.

Plant, B. "Playing Games/Playing Us: Foucault on Sadomasochism". *Philosophy & Social Criticism, 33* (5), 2007, p. 531-561.

Platão. *Phaidon*, Darmstadt: Wissenschaftliche Buchgesellschaft, 1968.

______. *Alkibiades I*. Sämtliche Werke, Band I. Darmstadt: Wissenschaftliche Buchgesellschaft, 1969.

______. *Der Staat*. Darmstadt: Wissenschaftliche Buchgesellschaft, 1971.

______. *Apologie*. Darmstadt: Wissenschaftliche Buchgesellschaft, 1973.

Polibios. *Histoires*. Paris: Les Belles Lettres, 1970.

Porter, R.; Tomaselli, S. (orgs.). *The Dialectics of Friendships*. Londres e Nova York: Routledge, 1989.

Rajchman, J. *Truth and Eros: Foucault, Lacan and the question of Ethics*. Nova York e Londres: Routledge, 1991.

Ramberg, B. "Post-ontological Philosophy of Mind: Rorty *versus* Davidson". In: Robert B. Brandom (org.). *Rorty and His Critics* (Col. Philosophers and Theirs Critics). Malden, Massachusetts: Blackwell Publishing, 2000.

______. *Naturalizing Idealizations: Pragmatism and the Interpretivist Strategy*. Contemporary Pragmatism, 2, v.1. Amsterdam: Editions Rodopi, 2004.

Richlin, A. "Foucault's History of Sexuality: A Useful Theory for Women?". In: D. H. J. Larmour, P. A. Miller, C. Platter (orgs.). *Rethinking Sexuality: Foucault and Classical Antiquity*. Princeton: Princeton University Press, 1998.

Roach, T. *Friendship as a Way of Life: Foucault, AIDS, and the Politics of Shared Strangement*. Albany: State University of New York Press, 2012.

Rodriguez, N. M. "Michel Foucault and Queer Ascesis: Toward a Pedagogy and Politics of Subversive Friendships". In: D. Carlson, N. Rodriguez. (orgs.). *Michel Foucault and Sexualities and Genders in Education: Queer Studies and Education*. Cham: Palgrave Pivot, 2019.

Rolland, J. "Postface". In: E. Lévine. *La Mort et le temps*. Paris: Livre de Poche, 1991.

Rorty, R. "Moral Identity and Private Autonomy". In: *Michel Foucault, Philosopher*, Nova York, Londres: Routledge, 1992.

Rüb, M. "Von der Macht zur Lebenskunst". *Leviathan*, 16(1), 1988.

Rubenson, S. "Christian Asceticism and the Emergence of the Monastic Tradition". In: V. L. Wimbush, R. Valantasis (orgs.). *Asceticism*. Nova York: Oxford University Press, 2002.

Rubidge, B. "Descartes' Meditations and Devotional Meditations". *Journal of the History of Ideas*, 51 (1), 1990.

Scarpat, G. *Parrhesia. Storia del termine e delle sue traduzioni in latino*. Bréscia: Paideia, 1964.

Schluchter, W. "Max Webers Religionssoziologie. Eine werkgeschichtliche Rekonstruktion". In: W. Schluchter (org.). *Max Webers Sicht des antiken Christentums*. Frankfurt/Main: Suhrkamp, 1985.

Schmid, W. *Die Geburt der Philosophie im Garten der Lüste*. Frankfurt/Main: Suhrkamp, 1987.

______. "Exerzitien der Existenz. Kunst und Lebenskunst bei Edgar Degas". In: W. Schmid (org.). *Wege zu Edgar Degas*. Munique: Matthes & Seitz, 1988.

______. "Foucault: La forme de l'individu". *Magazine Littéraire*, 264, 1989.

______. *Auf der Suche nach einer neuen Lebenskunst*. Frankfurt/Main: Suhrkamp, 1991a.

______. "Das Dasein – ein Kunstwerk: Zum Verhältnis von Kunst und Lebenskunst bei Nietzsche". *Deutsche Zeitschrift für Philosophie*, 6, 1991b.

______. "Kunst und Leben: Anmerkungen zu einer wieder auflebenden Diskussion". *Merkur*, 502, 1991c.

______. "'Ich bin mein Stil': Zum Verhältnis von Kunst und Lebenskunst bei Paul Klee". *Merkur*, 510/511, 1991d.

______. "'Alle Widersprüche finden sich in mir'. Lebenskunst als Ethik der Selbstfindung bei Montaigne". *Deutsche Zeitschrift für Philosophie*, 9, 1992.

Schmid, W. *Was geht uns Deutschland an?*. Frankfurt/Main: Suhrkamp, 1993.

Schmidt, W.; Schmidt, H. "Philosophieren über Lebenskunst". *Deutsche Zeitschrift für Philosophie*, 1, 1993.

Schäfer, T. "Aufklärung und Kritik". In: E. Erdmann, R. Forst, A. Honneth (orgs.). *Ethos der Moderne. Foucaults Kritik der Aufklärung*. Frankfurt/Main: Campus Verlag, 1990.

Schottländer, R. "Epikureisches bei Seneca. Ein Ring um den Sinn von Freude und Freundschaft". In: G. Maurach (org.). *Seneca als Philosoph*. Darmstadt: Wissenschaftliche Buchgesellschaft, 1975.

Schürmann, R. "On Constituting Oneself an Anarchistic Subject". *Praxis International*, 6, 1986.

Sennett, R. "Sexualität und Einsamkeit". In: M. Foucault. *Von der Freundschaft*. Berlim: Merve, 1984.

______. *Verfall und Ende des offentlichen Lebens*. Frankfurt/Main: Fischer, 1987 (*The Fall of Public Man*. Nova York: Alfred A. Knopf, Inc., 1974).

______. *The Conscience of the Eye*. Nova York: W. W. Norton & Company, 1990.

Smart, B. *Foucault, Marxism and Critique*. Londres, Boston: Routledge & Kegan Paul, 1983.

Sontag, S. *Kunst und Antikunst*. Frankfurt/Main: Fischer, 1995.

Sorensen, V. *Seneca. The Humanist at the Court of Nero*. Bath: Littlehampton Book Services, 1984.

Stauth, G. "Revolution in Spiritless Times: An Essay on Michel Foucaults Enquiries Into the Iranian Revolution". *International Sociology*, 6 (3), 1991.

Suttles, G. D. "Friendship as a Social Institution". In: G. J. McCall *et. al.* (orgs.). *Social Relationships*. Chicago: Aldine, 1970.

Taureck, B. *Französische Philosophie im 20. Jahrhundert*. Hamburgo: Rowohlt, 1988.

______. *Lévinas zur Einführung*. Hamburgo: Junius, 1991.

Taylor, C. *Sources of the Self*. Cambridge: Cambridge University Press, 1989.

Tenbruck, F. H. "Freundschaft: Ein Beitrag zu einer Soziologie der persönlichen Beziehungen". *Kölner Zeitschrift für Soziologie und Sozialpsychologie*, 16, 1964.

Treziak, H. *Die konkrete Intentionalität der Exteriorität: Untersuchungen zur Apriori-Struktur der Intersubjektivität nach E. Lévinas*, Inaugural-Dissertation, Munique, 1975.

Turner, B. S. "The Rationalization of the Body: Reflections on Modernity and Discipline". In: S. Lash, S. Whimster (orgs.). *Max Weber, Rationality and Modernity*. Londres: Allen & Unwin, 1987.

Turner, B. S. (org.). *Routledge Handbook of Body Studies*. Londres, Nova York: Routledge, 2012.

Turner, T. "Bodies and Anti-bodies: Flesh and Fetish in Contemporary Social Theory". In: Thomas J. Csordas (org.). *Embodiment and Experience. The Existential Ground of Culture and Self*. Cambridge: Cambridge University Press, 2001.

Valantasis, R. *The Making of the Self: Ancient and Modern Asceticism*. Eugene, Oregon: Cascade Books, 2008.

Vandenbroucke, F. "Démon". *Dictionnaire de Spiritualité*, Tome III. Paris: Aubier, 1957.

Vernant, J. P. *Myth and Thought Among the Greeks*. Cornualha, 1983.

______. "Nouvelle Histoire de la Grèce ancienne". *Magazine Littéraire*, 231, 1986.

______. *L'Individu, la mort, l'amour. Soi-même et l'autre en Grèce ancienne*. Paris: Gallimard, 1989.

Veyne, P. "L'Empire romain". *Histoire de la vie privée. 1. De l'Empire romain à l'an mil.* Paris: Éditions de Seuil, 1985a.

______. "Essai sur les moeurs". *Magazine Littéraire*, 225, 1985b.

______. "Le Dernier Foucault et sa morale". *Critique*, 471–472, 1986.

______. "Homosexualität im antiken Rom". In: P. Ariès, A. Béjin (org.). *Die Masken des Begehrens und die Metamorphosen der Sinnlichkeit.* Frankfurt/Main: Fischer, 1990.

______. *Weisheit und Altruismus.* Frankfurt/Main: Fischer, 1993.

Veyne, P. (org.) *Seneca.* Paris, 1993.

Vidal, F.; Ortega, F. *Being Brains: Making the Cerebral Subject* (Series "Forms of Living"). Nova York: Fordham University Press, 2017. (Trad. brasileira: *Somos nosso cérebro? Neurociências, subjetividade, cultura.* São Paulo: n-1 edições, 2019.)

Visker, R. *Michel Foucault: Genealogie als Kritik.* Munique: Wilhelm Fink, 1991.

Voelke, A. J. *Les Rapports avec autrui dans la philosophie grecque.* Paris: Vrin, 1961.

Vogel, C. J. de. "The Concept of Personality in Greek and Christian Thought". In: J. K. Ryan (org.). *Studies in Philosophy and the History of Philosophy*, Vol. 2. Washington D.C.: Catholic University of America Press, 1963.

Vogl, J. (org.). *Gemeinschaften: Positionen zu einer Philosophie des Politischen.* Frankfurt/Main: Suhrkamp, 1994.

Vycinas, V. *Earth and Gods: An Introduction to the Philosophy of Martin Heidegger.* Haia: Nijhoff, 1969.

Ware, K. "The Way of the Ascetics: Negative or Affirmative?". In: V. L. Wimbush, R. Valantasis (orgs.). *Asceticism.* Nova York: Oxford University Press, 2002.

Weber, M. *Gesammelte Aufsätze zur Religionssoziologie I.* Tübingen: J. C. B. Mohr, 1989.

Wetzstein, T. A.; Steinmetz, L.; Reis, C.; Eckert, R. *Sadomasochismus. Szenen und Rituale.* Hamburgo: Rowohlt, 1993.

Williams, S. J.; Bandelow, G. *The Lived Body. Sociological Themes, Embodied Issues.* Londres e Nova York: Routledge, 1998.

Wolfstetter, L. "Foucaultiade II". In: U. Reuter, L. Wolfstteter, H. Kocyba (orgs.). *Das Wahrsprechen des Anderen.* Frankfurt/Main: Materialis Verlag, 1988.

Zachhuber, J. "Sexuality and the Christian Self: Michel Foucault's Reading of the Church Fathers". *Toronto Journal of Theology*, 2020, 36:2, p. 170-182.

______. "Intériorité de la Conscience et Extériorité des Aveux. Le Sujet Chrétien Selon Foucault." In: P. Büttgen, P. Chevallier, A. Colombo e A. Sforzini (orgs.). *Foucault, les res, le sexe.* Paris: Éditions de la Sorbonne, 2021, p. 53-65.

Este livro foi composto na tipografia Scala Pro, em corpo 10,5/14,5, e impresso em papel off-white na Plena Print.